逻辑买卖

严为民 著

浙江教育出版社·杭州

图书在版编目（CIP）数据

逻辑买卖 / 严为民著. -- 杭州：浙江教育出版社，2021.12
ISBN 978-7-5722-2751-6

Ⅰ．①逻… Ⅱ．①严… Ⅲ．①投资－通俗读物 Ⅳ．①F830.59-49

中国版本图书馆CIP数据核字(2021)第237950号

| 责任编辑 | 赵露丹 | 美术编辑 | 韩 波 |
| 责任校对 | 马立改 | 责任印务 | 时小娟 |

逻辑买卖
LUOJI MAIMAI

严为民 著

出版发行　浙江教育出版社
　　　　　（杭州市天目山路40号　电话：0571-85170300-80928）
印　　刷　北京世纪恒宇印刷有限公司
开　　本　700mm×980mm　1/16
成品尺寸　166mm×235mm
印　　张　17
字　　数　230千
版　　次　2021年12月第1版
印　　次　2021年12月第1次印刷
标准书号　ISBN 978-7-5722-2751-6
定　　价　88.00元

如发现印装质量问题，影响阅读，请与本社市场营销部联系调换。
电话：0571-88909719

序言
凡事都是我错了

2020年秋，我与家人一起慕名拜访了重庆铜梁波仑寺的方丈觉根法师。法师的微信名是"凡事都是我错了"，浅薄如老严，一见此语顿感醍醐灌顶，直抵心底！原来世界是自己的，原来我们大有希望，错了就改，打造自己的极乐世界。

犯错易，知错难；认错易，改错难。人到中年，再不干点难事就辜负了这来之不易的暇满人身。我们知错而改，我们天天向上。照君子，亦照小人；照高山大海，亦照犄角旮旯。原来没有条件的爱，就是大慈大悲。

子曰："五十而知天命。"在下刚刚五十，可惜智商中等偏下，尚不知天命，但我深知，过往岁月好多的"谢谢"还没有说，好多的"对不起"还没有讲，再不感恩、忏悔，怕来不及！

我自1992年从西南财经大学毕业至今，一直投身于中国股市，三十年如一日，"小鲜肉"已变为"老腊肉"。如此天长日久必是真爱，主要是爱名、爱利，抑或别无他长，只好赖在此处。感恩证券行业的高成长掩盖了我的无知浅薄，我竟能以此安身立命，忝为人师。围观者笑称吾为"中国股市第一按摩师"，吾深以为然，当不辱使命也。

感恩伟大祖国的庇佑，人生喜乐安康。虽处江湖之远，必报国恩，尽我此生之力助力中国资本市场的理性繁荣，助力中国证券投资者的福慧双修。

感恩所有合作伙伴给予我的全面考验和教导，雷霆雨露，获益良多。

感恩天下股民长期并不情愿却义无反顾的奉献。感恩与日俱增的支持者宽容、善良，风雨无阻地与老严勠力同心。

"老严，说好的忏悔呢？"

鄙人顶礼十方、五体投地，发露忏悔：凡事都是我错了！

如何推广我多年来的投资理念呢？写好《逻辑买卖》就是我感恩和忏悔的实际行动。《吾股丰登》出版已过10年，股市人才辈出，创新不止，吾当铸新剑以会天下英雄，更当为天下散户铸镰刀也！为剑者当行剑道，为镰者当行镰道。以道御术，畅行无碍。

在《逻辑买卖》中，我将把我从2009年至2015年这6年间，获得60倍收益的完整实盘交易记录附在后面，这些都是我的实战经验。希望这些交易记录可以给你以积极的鼓励："老严可以，你就可以。"站在巨人的肩上很牛，其实站在凡夫的肩上也会比昨天高。敬请各位看官大人移步老严的肩上，领略不一样的风光。

认己好处，找人不是即是地狱；认己不是，找人好处即是天堂。"凡事都是我错了！"真乃大智慧也，当与诸君共勉同修。

恰逢辛丑清明，此乃国人感恩之大节也，为民有感而记之。

  祭天祭地祭过往，有山有水有风光。
  桃李不言高大上，绽放何须富贵乡。
  名闻利养皆虚妄，喜怒哀乐梦无常。
  莫问他年谁祭我，青鸟犹唱杏花香。

严为民

2021年清明于成都

目录

引　言 　　　　　　　　　　　　　　　　001
总　述 　　　　　　　　　　　　　　　　009

1 观念篇：树立正确的财富观 　　　011

第一章
财由心生 　　　　　　　　　　　　　013

幸福公式：控制你的分母 　　　　　　　018
财富法则1：吸引力法则 　　　　　　　020
财富法则2：作用力与反作用力法则 　　023
财富的因果：找到发财的"钥匙" 　　　025
积累能量，收获财富，改变命运 　　　　029

第二章
财富是有能量的 　　033

心量越大，财富越多 　　033
找到自己的使命 　　035
心真想，事必成 　　037

第三章
理解他人的需求 　　041

成人达己，皆大欢喜 　　041
树立正确的"人死观" 　　042
理性投资，做情绪的主人 　　046

2 实操篇：财富方法论 　　051

第四章
逻辑买卖心法 　　053

清空自己，重新寻找投资路径 　　053
投资三板斧："进可攻，退可守"的秘诀 　　054
心法一：波动常在 　　056
随机波动和无效波动 　　062
管好自己的"菜"，把握确定性差价 　　063
心法二：四季花开 　　067

把握峰谷轮动的原则	068
心法三：概率为王	078
如何用概率帮自己赚钱	080
心法四：否极泰来	082

第五章
投资的戒律　　　　　　　　　　　　　087

算准自己的"亏损基因"	087
买入不急：投资股票也要学会砍价	089
卖出不贪：找准信号，该卖就卖	096
止损不拖：警惕系统性风险	106
判断市场的平衡状态，避免系统性风险	113
如何判断"逃顶"的时机	121
品种不散："股票猎人"是怎样炼成的	126
【逻辑买卖笔记】	129

第六章
逻辑选股法则　　　　　　　　　　　　131

选大盘环境：避开系统性风险	132
选行业：如何判断经济趋势	141
选个股：选择个股的三原则	143
如何选择"妈优股"	148
如何选择买点和卖点	156

第七章
手把手教你实操赚钱　　　　　　　　　　157

如何提高赚钱的效率　　　　　　　　　　157

抓住大事件，选择好股票　　　　　　　　169

实战运用1：要想发，"骑熟马"　　　　　172

实战运用2：弱水三千，只取一瓢饮　　　177

实战运用3：构建财富流水线　　　　　　179

实战运用4：手握开关，敢上天山——准备好投资的
　　　　　"降落伞"　　　　　　　　　183

后记　没有永远的价值，只有永远的价差　　185

跋　　　　　　　　　　　　　　　　　　191

附录　6年盈利60倍实录　　　　　　　　193

引　言

2016年春，成都的银杏树萌发新绿。

证券市场都在为一个发财机会而激动不已——部分在境外上市的中概股[1]有望回归A股。既然王者要归来，必然身藏巨财。藏在哪里？

中概股回归A股必然选择借壳上市，被借壳的A股上市公司就是阿里巴巴的"藏宝洞"。全市场都在寻找开门的密码，只可惜暗语不是"芝麻开门"。

我和我的团队也踏上了寻宝的征途。2016年4月22日，我在我的微信公众号第108期里详细地汇报了我们的寻宝思路。

借壳上市需要具备两大条件：第一，被借壳公司没有财务陷阱，就是说"基本面干净"，让借壳方放心；第二，保密工作是重点，一旦走漏消息，大事难成。

怎么才能找到符合条件的"壳公司"呢？显然很多研究员认为自己选择的公司符合条件，这些公司自己也这么认为。可是，要让中概股公司认可才

---

[1] 中概股：中国概念股，是指在海外注册和上市，但最大控股权（通常为30%以上）或实际控制人直接或间接隶属于中国内地的民营企业或个人的公司。

是重点，也是难点。那么，怎么能找准中概股公司认可的"壳公司"呢？当然要去寻找中概股公司和"壳公司"之间信任的"公约数"。通俗点讲，找到那个双方信任的"媒婆"，就找到了打开宝藏的钥匙。

比较幸运的是，我们当时正在研究600779ST水井坊的摘帽机会，对于这家外资控股的上市公司聘请某全球知名会计师事务所印象深刻。众所周知，全球四大会计师事务所名头响亮、信誉卓著，他们出具的报告足以令交易双方放心。中概股公司也大多聘请全球四大会计师事务所审计。也就是说，以会计师事务所为"媒婆"即可完美地满足寻宝的两大条件：一、信誉卓著，全球四大会计师事务所可让双方放心交易；二、境外磋商，全球四大会计师事务所满足双方交易过程保密的要求。

找到了钥匙，接下来的工作可谓"春风得意马蹄疾"。我的搭档马力先生把所有外资控股的聘请全球四大会计师事务所的上市公司都找了出来。马力先生不仅很快列出了符合条件的上市公司的名单，而且挖掘出A股唯一同时控股两家上市公司的法国拉法基集团！（此处可以有掌声）这是挖掘宝藏的逻辑链条中非常关键的一步。

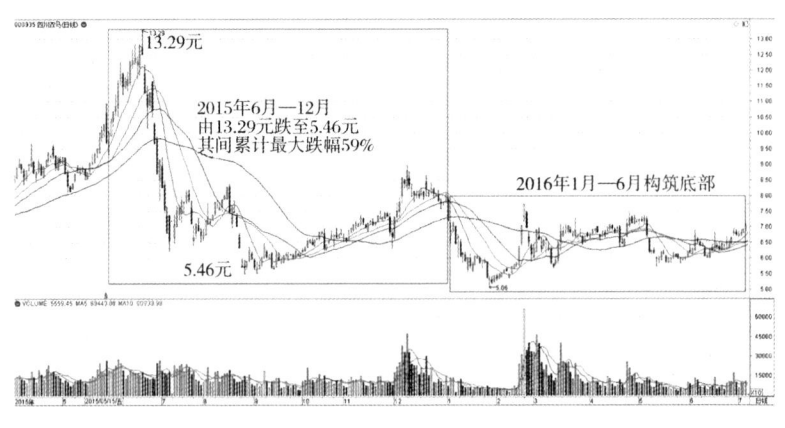

图1　2015年5月—2016年6月，四川双马（000935）日K线图

中国市场对于外资公司意义重大，失去中国市场就意味着失去未来。因

此，对于绝大多数外资公司而言，放弃自己控股的上市公司等于天方夜谭。可这个我心中最大的难点被同时控股两家上市公司的拉法基给轻松化解了。喜上加喜的是，拉法基控股的华新水泥和四川双马都做水泥，同业竞争是它们面临的困惑。而要消除这个困惑，当然是一家在水泥行业做大、做强，另一家"腾笼换鸟"。

当找到宝藏的概率从1/3000提升到1/2时，不激动是不可能的，但必须做的是寻找线索、继续"破案"。此时，你不可能从上市公司公开的电话号码中获取线索，因为资本运作不在经营层面，而在大股东。因此，研究大股东的最新信息非常重要。资本运作没有突发事件，一定经过周密的策划，走过必有痕迹。找到蛛丝马迹，逆向推演，真相不远矣！

我们把四川双马和华新水泥2015年的年报翻了个底朝天，烟花三月的月圆之夜，如下线索帮助我们确定了"藏宝洞"。

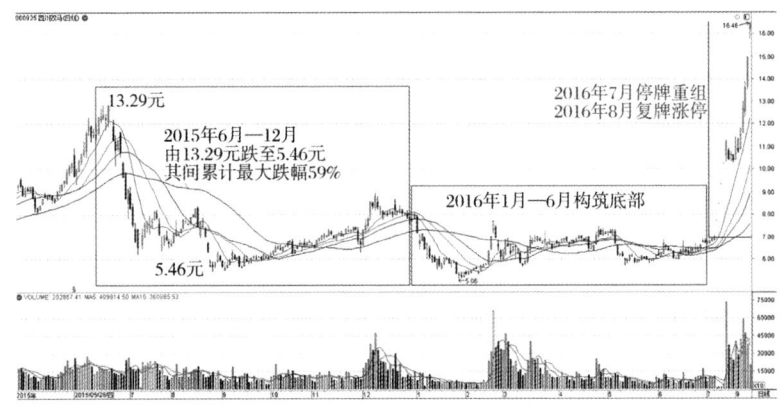

图2　2015年6月—2016年9月，四川双马（000935）日K线图

一、华新水泥的第二大股东是国有股东；二、拉法基集团跟华新水泥如常续签了关联交易的协议，而四川双马则反常地失去了关联交易协议。由此，我们做出判断，拉法基集团的愿景在华新水泥，而四川双马正在做"腾笼换鸟"的准备。

这个寻宝的过程,我在微信公众号多次分享,"破案"的见证人成千上万。局部放大四川双马2016年1月至6月的底部波动如下图所示:

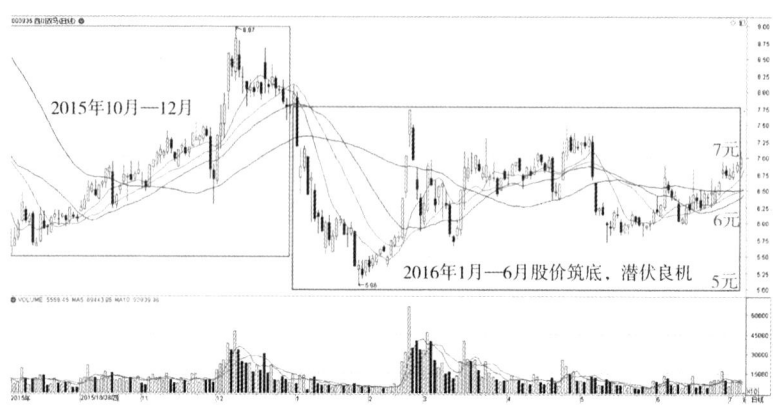

图3　2015年10月—2016年6月,四川双马(000935)日K线图

2016年7月7日,四川双马停牌重组,其后股价飞天。从每股7.01元上涨至最高42元,成为年度股王。

以下是同期日K线图:

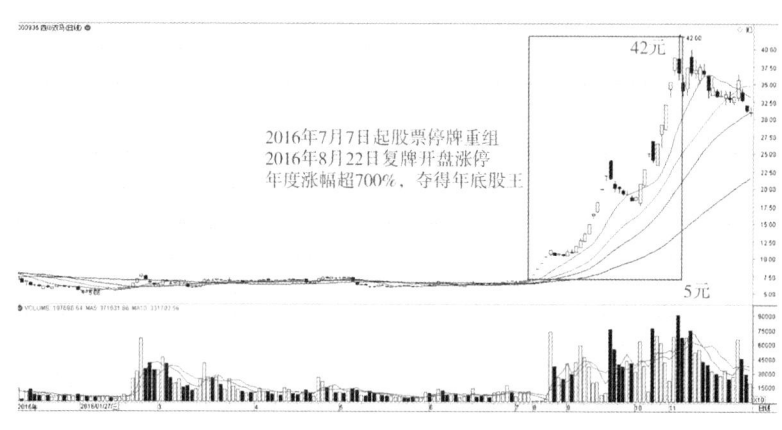

图4　2016年1月—11月,四川双马(000935)日K线图

看到这里,各位看官大人一定有点兴奋,也会有点疑惑。这是偶然,还是必然？是不可复制的运气，还是可复制的财气？来，看续集！

"一个妈妈两个娃"，同业竞争影响彼此的长远发展，于是重点培养一个做强主业，而支持另一个创新发展，结果皆大欢喜。四川双马重组，证明这个逻辑是成立的，那么必然是可以借鉴的。

我在成都，自然对四川的上市公司关注更多。国网四川电力旗下的三家上市公司——岷江水电、西昌电力、明星电力都是同一行业，岷江水电在阿坝羌族藏族自治州，西昌电力在凉山彝族自治州，都是当地唯一的上市公司。

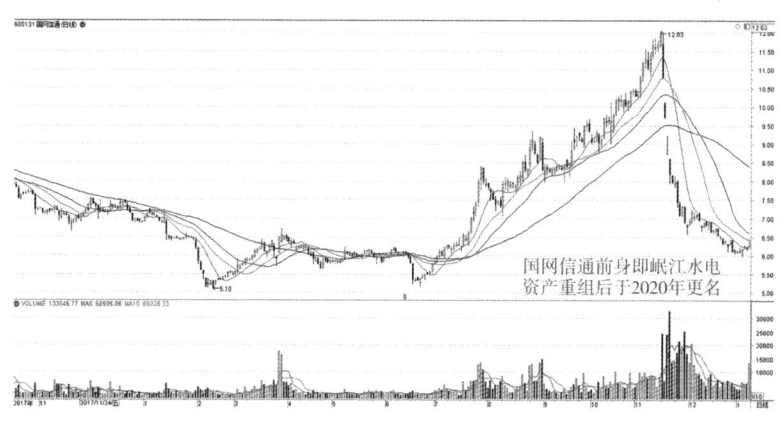

图5　2017年10月—2019年1月，国网信通（600131）日K线图

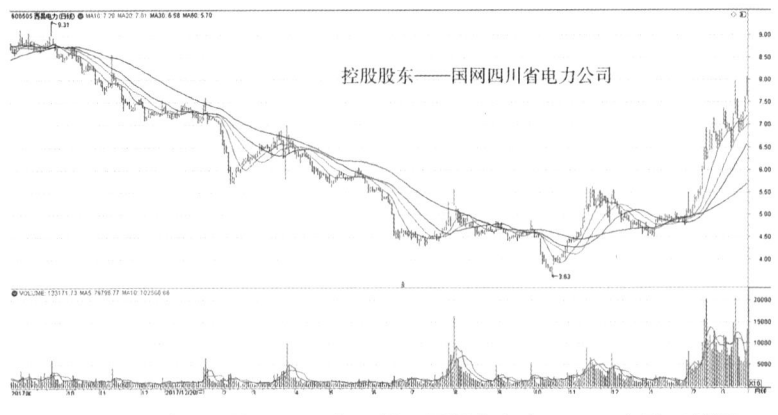

图6　2017年10月—2019年2月，西昌电力（600505）日K线图

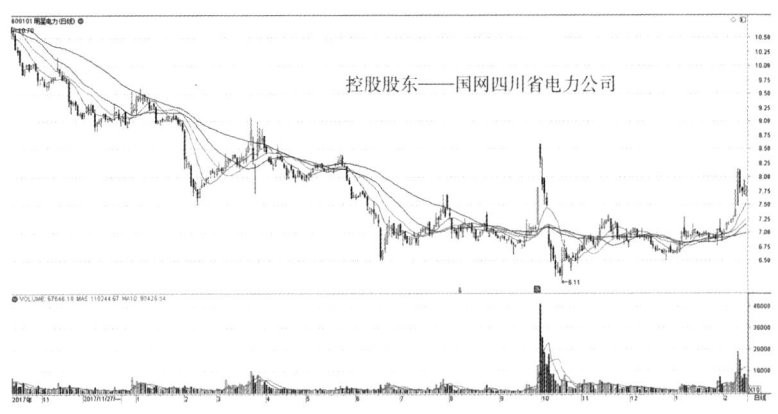

图7　2017年10月—2019年2月，明星电力（600101）日K线图

2008年，汶川大地震对四川上市公司的影响是巨大的，而令我特别震撼且记忆深刻的是，受灾严重的岷江水电居然坚持在当年给股东分红。因为特别厚道，所以善有善报，2019年1月24日停牌重组，国网信通泛在电力物联网资产注入公司，股价起飞，从1月24日每股6.19元涨到3月13日每股27.54元。

国家电网利用资本运作进行创新扶贫，可圈可点，果然皆大欢喜。以下为同期日K线截图：

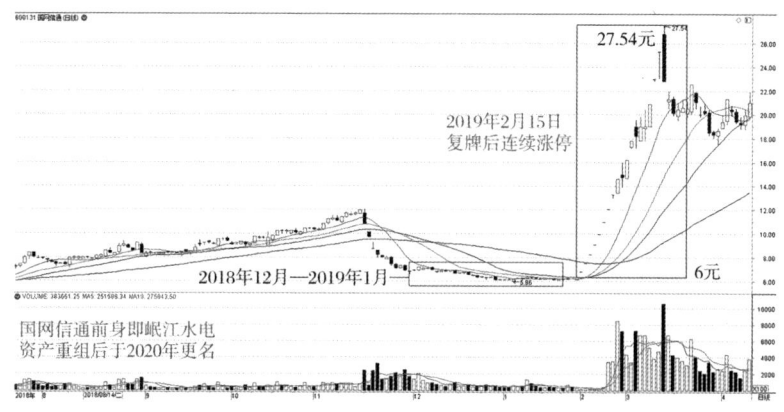

图8　2018年8月—2019年3月，国网信通（600131）日K线图

以这两个真实的案例开篇，就是为了给各位读者一个崭新的视角来看市场。慈善家很多，但股市里没有，抑或说交易行为没有慈善可言，所有市场的参与者都是为了实现自我利益的最大化，这是逻辑买卖的基础和前提。基于此，股市千变万化，皆为逐利而来；基于此，政策面、基本面、技术面一目了然；基于此，曹操必走华容道，云长放生亦自然。

"老严，还有没有续集？这种案子我非常喜欢！我也要去破案。"

此刻，我相信各位朋友已决定读完这本书，因为朋友们开始相信"书中自有黄金屋"。我几乎每天都会在我的短视频账号和微信公众号上发布视频、语音、文字资料，各位可以关注起来，大家一起告别过去，重新出发。

总　述

学习改变人生，智慧创造财富。

很荣幸能跟朋友们一起探索在股市里发财的策略，大家也正因如此，才急匆匆地打开这本书。不过，我能够想象，绝大部分朋友此刻心中激动而略显急躁，急什么呢？

"老严，你有什么样的绝活赶快教我们。我们学到了，就要去抓涨停板，就要去发现涨一倍、涨五倍，甚至涨十倍的大牛股。找到第二个四川双马，找到第二个岷江水电，我们才能翻身啊。"

为啥这么急？的确，这30年的A股市场产生了大量的"苦民"——股民大部分都变成了"苦民"。为什么？我们看到的统计数据是：七成亏损，两成持平，一成盈利。30年来都是这样，不急不行。可惜偏偏"财不入急门"，越急越没戏。

能感觉到朋友们此刻内心早已摆下了"满汉全席"。对未来的希望有没有？有，而且是急切地盼望奇迹出现。还有呢？对过去的不甘心，后悔、埋怨、焦虑、痛苦等。装了那么多的东西，现在还想装新的东西，你觉得还装得下吗？

所以，在我们正式开始之前，我建议大家做一次"清空"，把你过去对股市的一切理解全部清空，把那些导致你失败的一切经验全部清空。如果不把那么多负面的东西清理掉，好东西是装不进去的。

怎么才能清空呢？我们的祖先好聪明，一只小小的铜磬，轻轻一敲，发出的声音，你听懂了吗？"空——""松——""通——"……

我们就借此做一下整理，把过去那么多的"负面经验"都扔掉，让我们放松下来，让我们虚怀若谷，来接受新的、可以改变你投资命运的好模式、好方法。

"凭什么？老严，你说好就好啊，王婆卖瓜——自卖自夸。"

你的急躁也要清空嘛，且听本军师向各位元帅详细汇报。

我们这套方法叫作"逻辑买卖"，因为人和动物最大的不同之一，就是人有逻辑。那为什么不叫"××投资"？为什么不叫"××投机"？为什么要叫买卖这么土呢？

我还是佩服我们的祖先。你看"买卖"这个词多精准啊，天下的一切生意都涵盖在里面了。手机买卖、眼镜买卖、房子买卖……天下一切生意，都是买卖。买好了，卖好了，就成功了。股票也是如此，买好了，卖好了，就成功了。

怎么才能买好、卖好？股性即人性，人做好了，股就做好了。

1

观念篇：
树立正确的财富观

第一章
财由心生

股票是人们的投资工具。只有人，才有逻辑；只有人，才会使用逻辑。股市的所有参与者的一切行为，都是为了使自己的利益最大化，这是逻辑买卖的核心。

逻辑买卖能够改变大家的投资命运，前提是你愿意改变。我首先要告诉你，这本书跟其他的投资类图书有很大的不同。逻辑买卖分为"道篇"（即"观念篇"）和"术篇"（即"实操篇"），"道"是财富观，"术"是方法论。先讲道篇，相当于打地基，我们看懂人性，理解自己的心理弱点，才能在股票投资的过程中不慌乱，不急躁。

没有坚实的基础，就像在沙滩上面建高楼，建得越高，塌得越快。

"道"是基础，以"道"御"术"方能畅行无阻。如果没有"道"这个基础呢？"道之不足，其术必败。"记住这句话。古今中外那么多的英雄人物，只要德不配位，最后总是一番大业覆灭于顷刻之间。眼看他起高楼，眼看他宴宾客，眼看他楼塌了……

也许你会反驳："老严呀，这个'道'会不会太玄？直接告诉我怎么在股市里发财就行了。"

我想问你："有命挣没命花，君愿否？"

什么是财富之道？其实很简单，请思考这两个问题：我们为什么要赚钱？我们为谁赚钱？

想过这些问题吗？可能大家在追求财富的过程中，早已经忘记了初心。我们为什么要赚钱？我们为谁赚钱？

就如同我们一直以来的努力，是希望财富为人所用，但是回顾一下过去10年、20年的经历，到底是我们在用钱，还是我们被钱利用了？当你涉足证券市场，或者是其他的生意时，有没有点疲惫不堪的感觉？我们到底是在为谁辛苦为谁忙？怎么就停不下来，怎么就这么疲惫呢？原来，每个人心中都住着一只名叫"阿贪"的狗，它不停地在追着我们跑。

贪心不止，苦海无边。一年挣10倍，资产暴涨2个亿，怎么看都像幸福人生。但上个月，我这位在"币圈"大获成功的朋友跟我交流的重点却是：

一、当初买少了；

二、可惜卖早了，少赚了10个亿。

三杯酒下肚，他说的第一句话就是："后悔死了。"

其实你知道，人心不足又岂止在财富。

我们为什么要赚钱？我们为谁赚钱？这两个问题要好好地想一想。

有人说："我是为了我和家人的幸福、快乐赚钱。"这个回答很好。

还有呢？"我是为了财务自由而赚钱，我要周游世界，外太空我也想去看一看。"这个想法也很不错。

　　想法都不错,但是为什么结果还是出现了被钱利用的情况呢?问题出在哪里?主要是因为很多人说的和做的不一样。嘴上说的是为了家人的幸福、快乐赚钱,结果股价稍微有点下跌,回到家就摆出一张臭脸,家人看着伤心难过,跟着着急不安,这就违背初心了吧?再想想10年之前,你的梦想是什么? 15年之前,你的梦想是什么? 20年之前,你的梦想又是什么?

　　实际上,每个人都有好多梦想,很多梦想都已经实现了。本来以为有一辆车、一套房,有相亲相爱的家人,就幸福、快乐了呀。但是现在,车有了,房有了,相亲相爱的家人也有了,怎么还是愁容满面呢?

　　因为心里那条名叫"阿贪"的狗不断地追,我们就不停地跑,一定要出人头地。我们也努力超越了好多人,可我们都来不及高兴,因为前面总是有黑压压的人群。不跑不行啊,不跑就没有面子啊。面子到底是啥?面子就是"别人的看法"。原来,我们一直活在别人的看法里,活在自身欲望不断膨胀的贪婪中,初心常变,面目全非。

　　所以,借这难得的机会,老严要认真地提醒你想一想:我们为什么要赚钱?我们为谁赚钱?我们要坚守自己的初心。要记住,金钱永远是奴才,我们必须做主人。如果任由贪心"造反",让金钱做主人,我们就惨了。

　　请相信,通过学习逻辑买卖,你的投资命运将得到极大的改变。因为通过对逻辑买卖术的学习,你会掌握一整套完整的进攻、防守和逃命的方法,这个大概率成功的方法会改变你过去不利的状态,帮助你通过复利增长走向光辉的未来,但我希望你明白,这里所说的光辉绝不仅仅是财富的增长而已。

　　"好!未来仍然是为家人的幸福、快乐而打拼!我要为拥有更高质量的生活,用好钱这个工具……"我听到了你内心的呐喊。我不仅要称赞你,还要给立志改变命运的你打打气。逻辑买卖怎么来的?绝不是纸上谈兵想出来的,而是实战干出来的。

请你"移步"看看附件的内容，我想直接在你面前打开我在股票交易中心的实战记录，看看这一份6年盈利60倍的成绩单，能不能给你带来信心。

成交时间	委托编号	证券账号	买卖方向	证券代码	证券名称	成交数量	成交价格	成交金额	清算金额
103523	69132	A462416407	卖出	600603	ST兴 业	-13700.00	7.513	102927.00	102764.05
103537	69281	A462416407	卖出	600603	ST兴 业	-15000.00	7.520	112800.00	112621.41
103553	69487	A462416407	卖出	600603	ST兴 业	-60000.00	7.530	451799.00	451083.89
103610	69695	A462416407	卖出	600603	ST兴 业	-15000.00	7.540	113100.00	112921.00
103620	69793	A462416407	卖出	600603	ST兴 业	-5000.00	7.550	37750.00	37690.26
103631	69931	A462416407	卖出	600603	ST兴 业	-25000.00	7.548	188707.00	188408.36
103640	70033	A462416407	卖出	600603	ST兴 业	-10000.00	7.550	75500.00	75380.51
103653	70180	A462416407	卖出	600603	ST兴 业	-20000.00	7.550	151000.00	150761.04
103704	70294	A462416407	卖出	600603	ST兴 业	-5000.00	7.550	37750.00	37690.24
103723	70538	A462416407	卖出	600603	ST兴 业	-15000.00	7.550	113100.00	113070.78
103736	70689	A462416407	卖出	600603	ST兴 业	-110000.00	7.549	830432.00	829117.81
103846	71625	A462416407	买入	600777	新潮实业	501400.00	4.457	2234840.00	-2236347.03
134254	92582	A462416407	买入	600777	新潮实业	46000.00	4.463	205144.00	-205282.31
134339	92920	A462416407	买入	600777	新潮实业	50000.00	4.465	223261.79	-223412.26
134355	93030	A462416407	买入	600777	新潮实业	23000.00	4.470	102810.00	-102879.26
134433	93266	A462416407	买入	600777	新潮实业	225200.00	4.490	1011135.00	-1011819.10
134223	92367	0102906777	卖出	000628	高新发展	-223802.00	6.910	1546471.82	1544229.42
131804	85547	A462416407	卖出	600777	新潮实业	-45600.00	5.065	230960.51	230580.03
131824	85626	A462416407	卖出	600777	新潮实业	-20000.00	5.070	101400.00	101232.96
131833	85720	A462416407	卖出	600777	新潮实业	-30000.00	5.070	152100.00	151849.44
131901	85886	A462416407	卖出	600777	新潮实业	-20000.00	5.070	101400.00	101232.98

图9 我在股票交易中心的实战记录（局部）

这份股票交易记录，是从2009年1月到2015年5月的。而且，其中有长达四年的熊市，从2010年1月一直到2014年8月。

这期间，股市起起伏伏。2009年，上证指数从1680点出发，高点涨到3478点，涨了一倍多。然后呢？上证指数跌破2000点。再然后呢？2015年又飞到了5000多点。再后来呢？你都知道了，股灾又发生了，又只剩下2000多点了。这有什么含义？你把上证指数的日K线图打开，另外再打开任意一只股票的日K线图。缩小一点，从远处一看，就看得清清楚楚了。我们能清楚地看到什么？K线图起起伏伏如山水画，既是美丽的风景，也可能是令人生畏的陷阱。

这起起伏伏似乎是一个循环往复的过程，跟上下扶梯一样，也跟心电图一样。10年过去了，2000多点还是2000多点，就算是上了3000点，也多不了多少，因为还有大量新股发行的因素拉高了大盘指数。折腾了这么多年，指数没什么变化，你是不是很怀疑买股票到底赚不赚钱？但请你仔细看看这份成绩单，你就会明白我想教给你的是什么了。我想分享的，是跨越牛、熊股市 6 年时间资产增长达 60 倍的投资模式。

看到"60倍"这个数字，大家会感到很开心。140 万起步，2015 年高峰的时候，最高会有上亿的利润。如果我告诉诸位，这个奇迹能复制，你是否已等不及了？而且，我还要告诉你，这个模式只要你有初中以上文化水平，就学得会、用得上。

其实，这个市场没有那么复杂，什么道理呢？自中国股市起航以来，七成投资者亏损，两成持平，一成盈利。也就是说，大部分人在这个市场失败了。

为什么大部分投资者都失败了呢？是因为大部分投资者都放弃了常识。只要恢复常识，甚至只要把我们生活中能够理解的常识运用到投资中去，你就可以成为成功的少数，实际上也就成为和过去的自己相反的人。只要有常识就可以了，我相信 99% 的人都没有问题。

"老严，太牛了，我们信心百倍！其他的就不要啰唆了，直接教我们 6 年盈利 60 倍的投资模式嘛！"

我的投资模式名叫"逻辑买卖"。逻辑买卖的心法就十六个字：波动常在，四季花开，概率为王，否极泰来。

逻辑买卖的戒律也有十六个字：买入不急，卖出不贪，止损不拖，品种不散。

但你别急，先问问自己炒股是为了啥。当然是为了赚钱！再问问自己赚钱又为了啥。当然是为了自己和家人的幸福、快乐！既然幸福、快乐才是终极目标，那我们先要深入研究一下幸福、快乐。否则，你在股票投资的过程中，一定会经常感到迷茫。

幸福公式：控制你的分母

这里有个"幸福公式"推荐给大家，分母叫作"所欲"，分子叫作"所得"。好理解吗？什么叫"所得"？所得就是我们不断地获得的东西，比如名闻利养，涨工资啦，涨停板啦，升职啦，房子又买了一套。显然，所得是一个变量。所欲呢？所欲就是我们心里实现目标的欲望。它也是一个变量。

我总结出了一个"幸福公式"：

幸福 = 所得 / 所欲

研究一下这个公式，你就会发现，如果得到的越多，幸福就会越多，但是有个前提，你的欲望要保持稳定。分母如果不动，分子越大，幸福就越多。还有一种情况呢？得到的没增加，但是欲望减少了，幸福也会增长。

你说："这一年我想赚10万元。"这是你的目标，那你赚了15万元，开不开心？当然开心，超预期嘛。但如果去年赚了20万元，今年只赚了10万元，得到的少了，自然不开心，因为不如预期嘛。

不过，如果我们的心态能变，也能感到幸福。比如今年退休了，没有压力了，想着今年能赚5万元就不错了，结果赚了10万元，比去年赚20万元还开心，因为分母小了。

搞明白这个公式，幸福、快乐不远矣！显然，通往幸福的路就两条：一条是增大所得，另一条是减少所欲。减少所欲是一件比较难的事情，还好我们的祖先有大智慧，有个成语大家都很熟悉，叫作"知足常乐"。知足就是能够控制分母，能做到知足，幸福、快乐必将源源不断。

我们善不善于控制分母？好像不善于。前面跟大家提到过，10年前的目标已经完成了，车啊，房啊都有了，怎么还不幸福呢？不是你得到的少了，而是你分母（欲望）膨胀的速度太快了。当我们的得到跟不上分母膨胀的速度时，我们必然会坠入苦海。我们要好好地思考在未来如何让自己的幸福指数真正地涨个不停。

我跟大家分享一个故事，这个故事你肯定听过。我们都想成功，都希望人生幸福、快乐，我们来看看这两位大明星成就幸福、快乐的路径有没有值得我们学习的地方。

《西游记》看过没有？其中诸多譬喻，深藏大智慧。还记得八戒与猴哥吧，猪八戒由天蓬元帅变成一只没有前途的猪，孙悟空由齐天大圣变成五行山下一只没有未来的猴子，他们曾经失望但不弃希望，最后他们都成功啦！猪八戒成了净坛使者，孙悟空成为斗战胜佛，了不得，幸福、快乐无穷尽也。猪和猴子都能够成功，尚未成功的我们当然大有希望。

但是，他们怎么成功的，值得我们好好研究。这猪八戒跟别的猪有什么不同？他有八戒呀，他说自己已戒了五荤三厌。戒是什么？戒是约束、是控制，我们要控制的就是分母。长期坚持控制分母，是走向幸福、快乐的必经之路。

孙悟空曾经崇拜并践行绝对的自由，天马行空，横冲直撞，谁也不服，自称"齐天大圣"，守个蟠桃园还监守自盗。被发现了该认尿吧，他依然不服，理直气壮地大闹蟠桃宴。看上去很牛，但是请大家思考，在猴哥怼天怼地的过程中，他快乐吗？显然不快乐。大闹天宫时，他和他的猴家族一直都处在恐惧之中，他尽管也有战胜天庭的短暂快感，但是也活在天庭反击的压力之下。他每天都在想，人家什么时候会来报复我啊？会不会逮住我呀？紧不紧张？后来，被压在五行山下就更没了前途。直到唐僧出现，孙悟空才迎来了转机。虽然挨了不少刀，吃了不少苦，也曾怨恨、反对过师父，还曾逃离师门，但这泼猴最终取经成功，修成正果。

那他是怎么改好的？秘诀在何处？他没有八戒，但他有金箍，这也跟约束有关。犯了戒，唐僧一念紧箍咒，他就受不了。

凭着戒，凭着纪律和约束，凭着控制分母，这猪和猴子都成功了。如果我们做人有控制分母的戒律，我们做股也有控制分母的戒律，自然水到渠成，诸行圆满。

　　我也提醒所有的朋友，我们必须践行这个追求幸福、快乐的方法，千万别辜负了我们祖先的智慧与慈悲。我们要古为今用，要控制分母，要知足常乐。八戒能行，吾辈必行。

　　无戒不足以降"妖"，无戒不足以承惠，无戒不足以持续。所谓"妖精"不在心外，真名"恨怨恼怒烦"。此"五妖"虽猖獗，但有了戒，"妖精"绝无用武之地，用戒可降妖。能戒而后能定，能定而生智慧，故能来者不拒、去者不留、随遇而安。一旦控制分母产生了正反馈，持之以恒将不在话下。猪八戒可以成功，孙悟空可以成功，我们当然也大有希望。以戒为师，叫停这个无限膨胀的欲望，让我们的幸福指数涨个不停。所欲不动，所得却与日俱增，"落霞与孤鹜齐飞，秋水共长天一色"，这个幸福指数的增长想想都让人开心。各位看官，"上士闻道，勤而行之"，必须立即行啊。

　　坚持这个模式，复利增长而天天向上，人人可得大成就。

财富法则1：吸引力法则

　　很多人说："股票投资有没有什么法则呀？是不是照着做就可以发大财？老严赶快分享一下。"

　　老严曰："好的！"

　　一条叫作"吸引力法则"，我把它翻译为"物以类聚"。你是什么样的人，就感召什么样的环境，感召什么样的人，感召什么样的事儿。这是什么道理呢？这是互相寻找的结果。物以类聚，人以群分，志同道合的人，总是容易走到一块儿。

所以，我请大家好好思考一下这个吸引力法则。"我希望成为什么样的人？"你要思考这个问题。

"老严，这个问题不用想，反正我不要吃亏，能多占便宜就更好了。"

其实，爱占便宜的人有一个"祖师爷"，名叫王熙凤。《红楼梦》里的王熙凤可聪明了，八面玲珑，能言善辩，坚决占便宜，绝不吃亏。那么，结果如何呢？机关算尽，反误了卿卿性命。

"我的天，老严，这结果不好啊！"

是啊，这"祖师爷"都没过好，我们仍然朝这个方向走，能够幸福、快乐吗？不可能。这个原理又是什么呢？还是吸引力法则。王熙凤机关算尽，坚决占便宜，绝不吃亏，你说她吸引来的人是什么样的呢？那一定是张熙凤、李熙凤……各种熙凤。她总有一天要遇到天敌呀！在高鹗、程伟元所续写的版本中，王熙凤最终威风尽灭，病重而死。

反观那个大家都瞧不上的刘姥姥，她是贾府乡下贫穷的远亲，没有什么见识，两进大观园，无边的土气却带给众人无边的欢乐。老严曰："莫欺少年穷，莫嫌老人土。"坐牢的是绝顶聪明的王熙凤，去牢里探视的却是大智若愚的刘姥姥。哪个自在？不言自明。其实，我觉得我有点像刘姥姥。为什么呢？我们都有点儿"二百五"。而且，我希望自己越来越像刘姥姥。

"老严，你看着还是挺精明的，怎么以这个为目标呢？"

老严曰："吸引力法则呀。我可不想让我的人生充满了张熙凤、李熙凤……各种熙凤，我希望我的人生到处都是刘姥姥，单纯厚道，简单善良。你可以嫌她土气，但是结果呢？她是人生赢家。"

你想想，这是个什么道理呢？《增广贤文》里有句话："逢人且说三分话，未可全抛一片心。"也许这是对智商比较高的人讲的，但我思考过，我智商偏低，如果这辈子拿一半的精力来提防别人，这辈子根本做不成事儿，还不如全抛一片心。

"可是老严，防人之心不可无啊。"

老严曰："不用防。"

"不防被别人害了怎么办？"

老严曰："上辈子欠别人的，该还，别人平白无故为啥就会害我呢？"

"那吃了亏咋整呢？"

老严曰："以前自己欠别人的，该还，还了，轻不轻松？轻松啊。"

"但是不对，老严你凭什么说自己欠别人呀？万一不欠呢？"

老严曰："那就是别人欠我咯。你是欠别人比较爽一点，还是外面有应收账款比较爽一点呢？反正最后账都要还的嘛。"

我们的人生为什么会有那么多的惊喜？那是因为以前做了好事。为什么惊喜不给别人，要给你呢？有因才有果，因为你以前做了好事。所以，为自己、为子孙后代多种一些福田有何不好？这个"存款"多多益善。仔细思考，是不是这个道理？

"积善之家，家有余庆。积不善之家，家有余殃。"你要积哪样？吸引力法则指引我们：我们是什么样的人，就会感召什么样的人；我们希望得到什么，就要先付出什么。有人说"希望全世界都对我好"，那么你凭什么希望全世界都对你好？

什么叫全世界？每个人的全世界是一样的吗？对大多数人来说，一辈子能够叫出名字的人不超过500个。从某种意义上说，你认识的人，能够叫出名字的人，就是你的世界，也就是能被你改变的世界。

你喜欢榴梿吗？榴梿既然能被称为"水果之王"，肯定有人喜欢，但也有人一闻到榴梿味就捏鼻子，为什么？爱的人欲罢不能，仿佛榴梿散发出天堂的味道；不爱的人提到这个名字都害怕，说它散发出地狱的味道。榴梿还是那个榴梿，为什么一会儿天堂，一会儿地狱啊？这是由我们的认知决定的，是我们的心在创造世界。

公司给你发了50万元年终奖，你欢天喜地："太好了，谢谢老板，明年我要好好为公司工作。"

突然听说同事老张拿到了 80 万元，你当时就翻脸了，怒发冲冠："凭什么他能拿到 80 万元？"

在听到老张的年终奖是 80 万元的消息之前，50 万元是你的天堂。听到这个消息以后，它就成了地狱。50 万元还是 50 万元，怎么一会儿天堂，一会地狱呢？是我们的心改变了世界。

大家看了这部分内容，也许会想：这和我原来想的不一样！从来没有想到，来学证券投资，居然先读到这样的内容，这个老严和别人果然不一样。

我们的心总是如猴哥七十二变，至少像八戒三十六变，心中波涛起伏，何来岁月静好？若能心平如镜，映照的世界自然圆满。因此，如何降伏自己的心，对我们来说很重要。不降伏己心，你的世界怎么美好得起来呢？不降伏己心，股票怎能做得吉祥如意呢？

财富法则 2：作用力与反作用力法则

吸引力法则重要，第二个法则更重要，它叫作"作用力与反作用力法则"。物理学上对它的解释是，两个物体之间的作用力和反作用力总是大小相等，方向相反。你给某物体一个力，它一定会还给你方向相反的作用力。

在人生的层面，我把这个原则称为"天道好还"。

我跟大家分享一个小故事。我刚上高中的时候，人缘特别差。那时候，我的脾气比较怪，长得也比较矮小，都高一了，才一米五一，还戴副眼镜，学习成绩一般，自己都感觉自己没什么前途。女生不待见，那是很正常的，和男同学的关系也不行，为什么？性格不好，急躁，爱摆臭脸，还恃才傲物——也没多大点儿才，却总觉得自己了不起。

哎呀，这就麻烦大了！你说美好青春、流金岁月，怎么就混成四面楚歌那么不得劲儿呢？

还好，天无绝人之路，机缘巧合之下，我读到一本杂志——《读者文摘》，上面有一篇文章叫《微笑可以传递》。文章讲的是一个女孩早晨起来，因为工作、生活等诸多不顺而心情糟糕，上了出租车脸色也不好，结果出租车司机一路上给了她始终如一的灿烂微笑，如春风化雨般改变了她的心情。临走的时候，出租车司机告诉她，如果她感觉到了微笑的力量，是可以把它传递下去的，让它去改变更多的人。这个故事让我震撼，微笑的力量那么强大，我得好好学一学。

那怎么学呢？对着镜子试一下，什么叫微笑。搔首弄姿了半天，总算整明白了，实际上微笑就是苹果肌上提。有人说："老严，你这是假笑，不是真笑啊。"是，刚开始就是假的，但是慢慢地就不是了。对着所有相遇的老师，我都这样。对着所有见面的同学，我也这样。老师和同学看我成天笑脸迎送，他们不知是假，报我以真笑。当我面对这么多真诚的微笑时，我的假笑也就变成了真笑，而且微笑自然而然地成为一种习惯。

事实上，我就微笑了三个星期，就当选为我们班的团支部书记。

一个那么没有人缘的家伙，在那么短的时间内，出现了如此巨大的改变，厉不厉害？所以，请诸位回家好好调整一下自己的表情。我告诉你，微笑才是人生最大的"风水"。

道理何在呢？作用力与反作用力。当身边的每一个人对你都示以真诚的微笑时，气氛真的就变了。

所以，如果你觉得家里的气氛不太好，不要去猜，直接从改变自己的态度开始。公司的气氛不好，同事似乎脸色有异常，不要去猜，直接苹果肌上提，走上前去，春风化雨。就这样从心出发，开始我们崭新的人生。

财富的因果：找到发财的"钥匙"

很多朋友面对这个世界的时候，常常认为乐比较少，苦比较多。那么，苦多的原因是什么？症结在哪里？我们要不要找到它呢？

发财的根本原因是什么？要不要找到发财的"钥匙"呢？

我在前面举的那个 50 万元年终奖的例子，大家感同身受吧？是啊，本来拿到 50 万元年终奖，挺好一件事，结果听说同事老张拿到了 80 万元，当时就急了，这叫对比。我们苦的根源，是我们喜欢和别人进行对比。一对比，发现别人过得更好，烦恼、痛苦就多了。你说奇怪不，人们通常不往有利于自己幸福、快乐的方向去比较，而总是朝不利于自己幸福、快乐的方向去比较。

什么是有利于自己幸福、快乐的比法呢？比如，想想 20 年前生活咋样，现在好多啦。想想还挣扎在温饱线以下的人，我的境遇比他们好多啦。想想还没有找到工作的人，我的工作如此稳定，比他们好多啦。你看，这都是提升幸福、快乐感的比法，但是我们往往不会这样比，我们会怎么比呢？"我怎么才能成为王健林、马云、马化腾、比尔·盖茨这样的富人呢？如果能成为他们，那该多好啊！可是，我为何连一个'小目标'都实现不了呢？"这样的想法，只能让负能量增长，让痛苦指数飙升。

求之不得，辗转反侧，所以痛苦。还有一个苦多的原因就是嫉妒。"他凭什么比我好一点？他凭什么比我多一点？"这个"凭什么"，给我们带来的总是负能量，痛苦的根源就在这里。怎么来做转换，让自己快乐起来？其实，每个人都有一颗大慈大悲的心，比如对孩子，他吃好了，睡好了，长好了，学好了，你比他还高兴。天下父母都是这样，我们的爸妈也是这样。所以说，要说我们中国人没有信仰，我不同意。

中国人太有信仰了，中国人至少信仰家嘛，信仰"修身、齐家、治国、平天下"。什么叫"信仰"？为了它，你可以牺牲生命。我担保绝大多数父母为了自己的孩子都可以不要命，这就是信仰所在。我们心里也常常装着别人，只是心量大小的差别而已。

你会嫉妒你的孩子多赚钱了吗？你今年亏了10%，听说你孩子赚了30%，你会因此而不高兴吗？你会比他还高兴。为什么呢？你没有分别看待，而是将你和他视为一体，所以痛苦没有了，快乐倍增。

儒家有言，"四海之内，皆兄弟也"，这句话就能消除嫉妒给我们人生带来的痛苦。别人成功了，你比他还高兴，如果你把心改变成这样，那不就能得到极致的快乐了吗？人人是好人，事事是好事，日日是好日，天天乐呵呵的。别人发光等于自己发光，学会了替别人开心，那这辈子该多开心啊！

所以，"命运共同体"这个概念太棒了。众生为命运共同体，全世界所有人为命运共同体，一个国家所有的国民为命运共同体，消除了个体的差异，融入这个共同体之中，苦少了，乐多了。

我们知道一个境界叫作"大公无私"，我的词典里还有一个词叫"大私无公"。这两者的差异是什么呢？

什么叫"大私无公"？以前的皇帝说："普天之下，莫非王土；率土之滨，莫非王臣。"一切都是皇帝家的，以天下为私。结果呢？河南一有水灾，皇帝就哭鼻子。

那我想请问你："你家是四川的，河南有水灾，你会哭吗？""不会。"那我再问你："如果你身边的朋友出车祸了，你会非常紧张。如果远一点呢？另外一个城市中一个你不认识的人发生了车祸呢？"你可能悲天悯人，"哎，可惜了这一家人"。再远一点呢？阿富汗一颗炸弹爆炸了，有人伤亡，你可能就把它当成一个故事了。为什么呢？这是我们的心量所决定的，由内而外，由近及远。

而"大私无公"呢？全世界都是我的，哪里有点儿损失，我都心疼。能够心怀天下，但行好事，莫问前程，自然得道多助，天道好还！

"但是，老严，我们是来学发财的呀。我们是财路不太通畅，所以才来找你。你讲的这些内容，好像和发财都没什么关系呀。"

那我告诉你，财路不通畅必然有其原因。

财路不通畅，原因是什么？"我不够聪明。""爸爸妈妈给我留的钱太少了。""我运气不够好。"我告诉你，原因找偏了。如果原因找偏了，那么无论我教你多少挣钱的方法，你的未来也不会有实质性的改变。你不会朝正确的方向去调整自己，这就麻烦了呀。要想知道财路为何不通畅，首先就要知道发财的因是什么。

那么，发财的因到底是什么呢？跟努力关系不是很大，努力只是获取财富的条件之一。就好像我们撒种子，你将苹果树的种子撒在水泥地上，能长出苹果树吗？

种子很重要，但是还要满足其他条件。要有土壤、水、空气、阳光，还要不发生意外事故，比如不遇到熊孩子等。满足了这些条件之后，苹果树才会结出累累硕果。从种子到硕果之间，有很多很多条件。另外，这颗种子还必须是苹果树的种子才行。你放一颗狗尾巴草的种子，再怎么精心培育，它能长出苹果吗？

所以，我们得把财富的种子先找准了。

财富的种子是什么？它叫作"布施"，也就是奉献。用财富去帮助他人脱离困境，这是第一种，叫"财布施"。好多朋友都曾用自己的微薄之力去帮助他人。有人向乞丐施舍钱财，有人捐助贫穷无助的陌生人。这就是财布施，这就种下了财富的种子。

第二种叫"法布施"。不直接给钱，而是传授他人摆脱困境的方法，给他人指路。比如，某人找不到工作，生活很困难，你为他推荐工作，或者教他成功应聘的方法等。

法布施的范围非常广泛，你教你的孩子，也是法布施。你孝顺你的父母，你的孩子也跟着你学，他就会孝顺你。言传身教就是这个道理。

只是我们布施的心量如果更大的话，那种的种子就更多了，未来的苹果树也会更多，甚至成为苹果林。为孩子，你能做到，为家庭，你也能做到。再推而广之，为其他人也能做到，那你的福报就大不一样了，这叫"因果关系"。

第三种布施叫作"无畏布施"，也就是见义勇为，挺身而出，救人于危难之际。很多朋友说，现在有很多讹人的骗局，弄得我们不敢做好事。关于这一点，我的观点是，明明知道邪不压正，结果别人作恶，反成了我们不行善的理由，你觉得是邪胜了，还是正胜了？你善你的，他恶他的，各有各报嘛。

你的心是正的，你的行是善的，结果呢？随缘就好。

行无畏布施，要有方法。你看到老人倒下了，智能手机拿出来，请旁边的路人做个证，你没有后顾之忧了吧？该出手时就出手，该救时必须救。

布施就是财富的种子。撒了多少种子，这关乎你家族未来的收成。有人说："我想布施，但总是碰不到机会。"不急，只要我们的心时刻准备着，机会就无处不在，无时不在。什么样的心？众生平等的慈悲心。先贤大德皆言放生是培养平等心、慈悲心的最佳途径。我有放生的习惯，每年生日，我都会和家人去放生，这是我的一种仪式。如果你赞同的话，你也可以这样做。

如果你能感受到鱼儿从你手中重获新生给你带来的喜悦，感受到生命与生命的交流，就是平等心、慈悲心生起的信号。

通过"道篇"的学习，你积累了福报，坚持去做。后文的"术篇"学好了以后，砍瓜切菜，必然获得财富的稳健持续增长，再也不用担心"挣了钱还不幸福"。

因此，找到财富的因，广撒种子，再加上土壤、水、空气、阳光和正确的方法，财富丰收指日可待。

积累能量，收获财富，改变命运

如果我们对现状是满意的，一定是愿意保持的。只有对现状不满意，我们才会希望改变。那么，现状从何而来，我们因何不满？我们必须搞清楚原因所在。很多人总把过去的失败归罪于自己运气不好、倒霉，常常哀叹："我这个人挺聪明的，也很努力，怎么就不行呢？我做别的都行，好像就做股票投资不行。"

但是，坏运气能够转变吗？如果我今天就告诉你转运的方法，你要不要听？你肯定按捺不住了吧。

怎么做呢？转运需要能量。运是什么？像轨道一样，地球有地球的轨道，人生有人生的轨道。如果你现在在倒霉的轨道，要跳到顺利的轨道，怎么跳呢？需要能量，跟摆脱太阳引力一样，需要加速度，需要燃料。

人生也一样，改变命运需要能量。这个能量有一个名字叫作"德"，积善而成德，这就是能量。

大家都是凡夫俗子，我也一样，有很多臭毛病，改了一些，还有的正在改。有很多毛病，我都没意识到它们。但是，我们都得如履薄冰、认认真真地对待自己所发现的每一个问题。发现了，就勇敢去面对，去改。

人一辈子没有比误以为自己是个"好人"更糟糕的事情了。为什么呢？一旦发现自己是"好人"，还需要改吗？不需要了。同样，你也找不到问题所在了。这个好，未必是真的好。

如果发现自己是"坏人"，反而是好事。你知道自己的问题在哪里，反而有希望成为"好人"。改过而向善，我们做不到圣贤颜回那样"不二过"——一个错误只犯一次，但是，我们多摔几次，总会警醒，总会迷途知返。知道问题在哪里，反而是有希望的。

那么，能量到底从哪里来呢？记住这六个字：感恩，忏悔，行善。

"老严，我这个人挺会感恩的，谁对我好，我就对谁好啊！"乍一想，这很容易，真仔细琢磨，却发现我们做得不够。

对自己的父母，做到感恩了吗？有时候，我也做得欠妥，与父母的观念有差异时，就会跟父母争论，事后挺惭愧的。恩重如父母，我们都没有做到100%感恩，更不要说对朋友或关系更远的人，甚至是敌人了。

对敌人也要感恩吗？有人想："他害我，凭什么我还要感他的恩？我要报复！"但是，你在报复的过程中，有一分的安乐吗？没有。你感到紧张和焦虑，你怕被对方反报复。听闻一句话："恨怨恼怒烦，人生五毒丸。吃了半颗就生病，吃了一颗要你的命。"恨怨恼怒烦不创造快乐，只会生产糟糕的负能量，对自己的健康造成莫大的伤害。

所以，我们应该感恩。不管遇到何种际遇，不管面对朋友还是敌人，都要感恩。

人只要有这个心态，一切便都和谐了。有人在公交车上为一元钱而破口大骂。真的是这一元钱的事儿吗？不，他就是因为一口气。

"你瞅我干啥？""谁瞅你，你那么难看。""你说谁丑？"……就这样，最后你一拳，我一脚，小事酿成大祸。

事后，谁不后悔呢？但是，事情为什么就发生了呢？我告诉你真相，就是因为那一口气——脾气！

我们应该换个思维。"你瞅我干啥？""对不起，我眼睛有点近视，没看清楚。对不起啊，冒犯你了。"冷静下来，说这么一句话挺容易的。所以，我们要自我调整，做情绪的主人，而不是做情绪的奴才。

"积善之家，家有余庆"，善在哪里？在生活的点点滴滴里。而最终则归结于我们的心，我们把心控制好，把情绪控制好，做事情就顺利多了。其中，感恩这个力量就很强大，凡事感恩，说"谢谢"。只要这个词一说，矛盾就化解了。你谢谢别人，别人也会客气地对你，自然皆大欢喜。

中华民族有一个优良传统，那就是感恩。比如，清明时节我们要拜祭祖先。有人说，那不是有点迷信吗？这不是迷信，是寄托哀思，是活着的人调整内心的情绪，是感恩。想想祖先的不易，创业的艰辛。

这种力量非常强大。祭祖是家族的集体行动，扶老携幼，言传身教，代代相传。曾子说："慎终追远，民德归厚矣。"要学会感恩，要追念先贤。

除了感恩，忏悔的力量也很强大。在电影《非诚勿扰》里有这样一个情节：葛优扮演的男主角秦奋在教堂里忏悔了一天一宿，神父都晕了，罪太多了。不要笑，如果每个人把从清晨睁眼到晚上入睡前的所有念头都列出来，罪过不见得比秦奋少。大家都是吃五谷杂粮、受困七情六欲的凡夫，犯错不可怕，知错而不悔过，知错而不改过，才是真正危险的事情。

忏悔就是放下包袱，说"对不起"。谁能够做到做的每一件事情都正确，说的每一句话都妥当？没有人能做到，因为人无完人，每个人都会有瑕疵，甚至是罪恶。你意识不到的时候，就会把过错放在一边。如果你意识到了，"这话我说得不妥""这事儿我做得不妥"，有没有反思？有没有道歉？如果有，这个包袱就放下了。如果不反思、不道歉，这个疙瘩就一直藏在心里。这种负面的情绪对身体也是没有好处的。所以，该清理时就要清理。怎么清理？需要忏悔。

以做股票为喻。上面全部是抛单，100万股，300万股，700万股，你的人生还怎么往上面走啊？这只股票拉不上去呀。有一个办法就是撤单，上面的卖盘如果减少了，你的人生往上走就容易了嘛。靠什么撤单呢？靠忏悔。靠什么增加买盘呢？靠感恩，靠行善。我不知道这个比喻恰不恰当，但不管做什么事情，包括做人、做股票，这就是规律，就是"道"。

增加积极的能量，自己给自己转运。该感恩的就感恩，该忏悔的就忏悔。从今天就开始。如果你觉得不好意思，那就在书房里关上门——感恩。你还没有说"谢谢"的，挨个儿说一遍，对空气说也可以。再——忏悔，你想得起来的自己做错的事，一件件地忏悔，对天、对地、对人，说"对不起"。你会立即感觉到一股浩然之气慢慢充盈，心结解开而神清气爽。

我曾经有一次就自己从小到大做错的事情进行忏悔，包括对家人、朋友、同学、同事，乃至天地万物做错的事，甚至包括恶作剧……我一路忏悔，不停地说"对不起"。你猜最后怎么了？我没想到，我堂堂男儿居然泪流满面。

通过忏悔和流泪，我将内心的负面情绪一点一点地释放了出来。清理垃圾，重新出发。

"时时勤拂拭，勿使惹尘埃。"经常这样做，我们的障碍会越来越少，我们的动力会越来越大。这就是"道"的实证，"德"的积累。有了这个基础，发财其实就是个顺便的事情。

第二章
财富是有能量的

心量越大，财富越多

我们要想发财，首先要建设成功的人气。什么叫"建设成功的人气"呢？那就是使自己具备"得道者多助"的力量。得道者多助，失道者寡助，那么什么叫"得道"呢？我为人人。什么叫"多助"呢？人人为我。一个是因，一个是果。所以，要人气旺盛，关乎我们的心，我们的心量。

我在前文分享过一个公式——幸福公式，分子叫作"所得"，分母叫作"所欲"。在所欲的问题上，我们还可以进一步来研究。怎么研究呢？我们所欲的，是个人的财富、个人的幸福，还是自己家人的财富、家人的幸福，甚至家族的财富、家族的幸福？不同的追求，心量是不一样的。

心量不一样，结果大不一样。为什么呢？因为如果你服务的主体不再是一个人，而是两个人，你的幸福指数也就翻倍了。如果你服务的是一百个人，你的心量就要乘以一百，是一万个人就要乘以一万。

心量越大，事业越大，财富越多，道理正在于此。你造福众生的心量有多大，众生给予你的支持就有多大。不要以为这是喊口号，这是大智大慧之道，大慈大悲之道。

如果只是为了找一份工作而读书，那你毕业之后能不能找到一份满意的工作都不好说。为了家族的繁荣、家族的荣誉而读书，不出意外的话，你一定是整个家族的领袖，有威信。因为你的心量已经照顾到整个家族了。总之，我为人人即得道，人人为我即多助。所以，心量越大，财富越多。

心量是什么？在我看来，心量就是为他人服务的责任感和使命感。如果你愿意为了他人的幸福、快乐而承担责任，那你真的了不起。当我们说某个领导有魄力时，不是因为他一拍脑袋做决定，也不是因为他拍着胸口做保证，而是因为他敢于承担责任。

如何评估一个人想发财的心量有多大？首先是看为谁发财，范围大不大，这很重要。范围大，自然得道者多助，我们的心量大了，财富当然就多了。

以前看过一个法国的故事，讲的是一个大富翁在报纸上刊登了一则告示，他在告示中提出了几个问题，谁能回答正确，他就给谁100万法郎。问题就是：穷人和富人的差别在哪里？穷人为什么不能成为富人呢？障碍在哪里？

回答这些问题的人有很多，有说穷人不够努力的，有说穷人运气不够好的……反正你能想到的答案，都有人回答了。其实，这和平常我们聊的"为什么做不好股票"，原理是一样的。

最后也没有人回答对。这个富翁公布了正确答案，说穷人缺乏成为富人的野心。"野心"是个贬义词，我认为更准确的表达应该是，想致富，必须扩大心量。当然，这可能是因为翻译的问题，我认为"野心"这个词不够准确，至少野心里也应该包含心量。

找到自己的使命

那么，现在大家就可以好好地想一想，你能够担多大的责任，心量能有多大？这决定了你的财富目标有多大。既然如此，我们怎么才能有足够的心量？显然，我们心量的扩大，跟我们的使命感正相关，也跟我们所处的现实环境密切相关。如果现在让你全心全意地为火星人服务，这不现实，因为火星人在哪里我们都不知道，你也不可能生起这样一个念头。

"天将降大任于斯人也。"这是一种使命感。天地父母生我、养我，必有大用也，为天地万物所用，这也是一种使命感。天生我材必有用，一旦有了这种使命感，那心量就大了。我生来就是为众生服务的，尽我所能，得道者多助也。重新审视自己，观自在，打开心扉，明确自己的使命，那么接下来的道路真的就不一样了，我们不再是浑浑噩噩地活在别人的看法里。我们有了使命，有了责任，也必然有了福报。

有点意思了吧？那我告诉你，什么叫作"成功"。当王叫不叫成功啊？当王当然叫成功，封王称霸，了不得啊。那什么叫"王"？先秦时期还没有"皇帝"这个称呼，大王就是地位最高的人。大王有威信，众人都听他的。他如果心里不为着众生，别人能听他的吗？他一定得有担当、有使命感，怎么做呢？那就是王道。

"王"字怎么写的？在我看来，上面一横代表天，底下一横代表地，天地之间有什么？有人，所以中间一横代表人。中间这一竖又代表什么呢？我的理解是和谐天、地、人者，王也。能够使天、地、人达成和谐共融的人，就是领袖，就是众人拥戴的对象。他为人人，人人为他，王也。和谐天、地、人者，行王道，中国文化的精华就在于这个"和"字，和谐才能化解危机、创造奇迹。

与王道相对的，是"霸道"，霸道又被称为"竞争之道"。他比你强，他可以凭借他的强大抢占你的东西，这叫"霸道"。霸道的最大问题是物以类聚，所以行霸道的人，最后总会遇到比他更霸道的人。不管你有多厉害，总有一天你的天敌会出现，那麻烦就大了。在我看来，这就是历史上所有行霸道的帝国都只是昙花一现的原因。

中华民族的优秀文化则推崇王道。王道和霸道，差别在哪里？比如，美国霸道，行竞争之道，认为全世界都搭了它的顺风车，认为被别人占了便宜心里就不得劲儿。而中国却欢迎全世界来搭中国经济发展的顺风车，胸怀不一样。一个是霸道，一个是王道。王道是和谐之道，所以说不用争。"夫唯不争，故天下莫能与之争。"西风渐落，东风乍起，就这么简单。文化决定了命运。

为什么世界上有那么多的矛盾？在我看来，矛盾的根本在于霸道流行，王道缺失。而中国文化一直以来都推崇共荣共存、互相尊重。就算是我们最强大的时候，也只是给世界做一个榜样，绝不欺负弱小。所以，中华民族必然实现伟大复兴。这是王道的复兴，是大势所趋，也是众望所归。

行王道者得天下，因为得人心。那么，我们做事情要不要得人心呢？必须啊。怎么得人心？和谐天、地、人。怎么才能和谐天、地、人呢？一屋不扫，何以扫天下？一屋不"和"，何以"和"天下？从小处做起，我们可以把家"和"好，把邻居"和"好，把公司"和"好，做自己世界的王。

怎么"和"呢？你不是为了家人的幸福、快乐在打拼吗，怎么一回家就黑着个脸呢？其实，你不觉得自己黑着脸，反而是觉得家人对你有点态度不好。

在公司里也是如此，你觉得自己没有黑脸。你疑惑：为什么公司里的同事和领导都对你态度不好呢？我告诉你，别人只是我们情绪的镜子而已。当我们发现别人脸色不好的时候，通常我们自己也臭着脸。

所以，未来我们要"和天下"时，先"和"我们自己这张脸。一旦发现气氛不对，先不要跟别人争，要先调整自己，马上苹果肌上提，把笑脸堆出来。我向你保证，你会马上见证奇迹，前方一切的黑脸，顷刻会多云转晴，气氛完全就不同了。

世界是自己的。建设这个新世界，一切都由心的改变开始。天堂还是地狱，是你说了算，由你的心来定。行王道，前途无量，做人、做事得快乐，得幸福。财富只是小意思，得道者多助，不请自来。

心真想，事必成

"老严，可以开始发财了吧？"

老严曰："可以开始了。"

"你就快教我们怎么抓涨停板，怎么选翻倍牛股吧！"

老严曰："雕虫小技。"

"那你还有什么秘密武器？"

老严曰："我们一起把财富想出来。"

"妈妈，我祝你生日快乐、心想事成！""孩子，爸爸祝你生日快乐、心想事成！""兄弟，心想事成！"这样的祝福遍布我们的生活，但几乎所有人都认为这不过是好听的客套话，怎么可能心想事成呢？

"对啊老严,怎么可能心想事成,这不是异想天开吗?"

别急,那我先问问你,你想做李嘉诚吗?"想啊,但是不可能。"这一次,你差不多想了一秒钟,然后果断地放弃了。

那你想不想成为亿万富翁啊?"想,我也想等一轮牛市,成为亿万富翁,结果股灾又来了,现在啥也不敢想了。"

你想了多久啊?"想了半年。"

以此类推,还有很多很多的目标,你也在想,但是你想完,又进行自我否定。你告诉我,你是真想,还是假想?肯定是假想!假想的事儿能成吗?肯定不能成!这个道理很简单。

我再问你,想不想长命百岁啊?没人不想。但是,我告诉你,其中99%的人都是假想!

"老严,你这话说得不地道,这怎么是假想呢?谁不想长寿啊?谁不想健康?这次我们肯定是真想啊!"

可是,你明明知道吸烟有害健康,你还抽呢;你明明知道过量喝酒有害健康,你还喝呢;你明明知道熬夜有害健康,你半夜还在玩手机呢;你明明知道"恨怨恼怒烦,人生五毒丸,吃半颗生病,吃一颗要命",你天天还"服毒"不止呢。你是真想健康、长寿?你是真想活到一百岁?假的!假想不能成事。

心真想,事必成。什么叫"真想"?所思、所言、所行保持一致。脑袋里的想法,说出来的话,做出来的事,都保持一致,坚持不懈,必然心想事成。能做到这一点,发财这事儿,成为亿万富翁这事儿,就都不难了。

从今天开始认真地想,敢想,还要矢志不渝,不要假想。从我们的想法到说法,再到做法,都保持一致。比如,要想成为亿万富翁,不仅要这么想、这么说,还得这么做。怎么做?你要想,你不能成为亿万富翁的障碍在哪里,有没有去布施、去"撒种子"。还没有。那怎么办?要开始行动啊。

然后呢?有没有建立属于自己的投资模式?有没有堵上那些流失财富的

漏洞？有没有改变过去不良的操作习惯？这些都一点一点地慢慢去改，由此，坚持真想大有希望。

如果你同意的话，此处可以有掌声。我听到了，是从心里面发出来的，反正我听到了。盼望心想事成吗？想！谁不想建立一个美好的新世界，乐观、积极、快乐、幸福，照亮自己，更照亮家人，照亮全世界？好了，从今天开始，你有了努力的方向和努力的方法，行动吧。心真想，事必成。

第三章
理解他人的需求

成人达己，皆大欢喜

我们还要想一想：我们要发财，别人想不想发财？肯定想。我再告诉你一件事情，皇帝也爱财。因为财富对一个国家、一个集体、一个家庭而言，都是很重要的工具，谁能不爱呢？它毕竟能实现我们大部分的愿望，满足我们大部分的欲望。

所以，创造财富的过程是那么有魅力、有格调。爱财，要"取之有道"，这个"道"的前提就是要知己知彼。要知道，财富对于其他人也很重要，要做到看懂他人的需求。

接下来，我们把思维发散一点：国家爱不爱钱？爱！国家要创造财富，为国民争取最大的福祉。大股东爱不爱钱？也爱！大股东要实现自己的利益最大化，努力提高自己在福布斯富豪榜的排名。是不是有点明白了？**成人之美就是成就自己。**

国家制定的政策会影响股价的波动。比如，在一级市场减少供给，利好的消息就来了。或者在某一领域，有国家新的发展战略作为支撑，利好消息也就来了。这就是定价能力。

大股东呢？大股东也有办法，他们把优质资产注入上市公司，改变了上市公司的基本面，股价当然就涨。股价一涨，大股东赚得最多，因为大股东持有的股票最多。还有手握重金的大机构，兵锋所指，想涨就涨。

既然如此，我们的目标就明确了：脚踏实地地瞄准那些具备定价能力的"大咖"，看准他们的方向，跟着走。为什么呢？大股东有定价能力，大机构有资金优势，也有定价能力。我们的研究，不能建立在自己的异想天开上，而要瞄准有定价能力的"大咖"，寻找他们利益最大化的路径，路边埋伏，他们成了，我们就成了。

树立正确的"人死观"

"我们要树立正确的人生观。"从小，老师这么教，父母也这么教。但是，不管你有怎样的人生观，都回避不了一个事实，那就是，人人都要死。怎样看待死亡这件事？我把它叫作"人死观"。

有人说，"不要提这事儿，不吉利"。但是，不提不行啊。既然是不吉利的，就干扰着我们的人生。有这么一个障碍，你怎么树立正确的人生观呢？

它如影随形，不期而至。

规律一：人人都有那一天。

规律二：人人都不知道它哪一天来。

什么意思？你不树立正确的"人死观"，正确的人生观怎么树立得起来？你不树立正确的输钱观，正确的赢钱观怎么树立得起来呢？这是一个事物的两面，没有选择，无法回避。

我们如果连"人死观"都树立好了，那天地之间还有什么能够扰动我们的心呢？随遇而安，活得自在。想一想，死亡不就是最让我们恐惧的吗？身上有点儿不舒服，心里就想是不是癌症啊，焦躁不安。其实很多时候，我们是自己吓自己。

做股票也一样，大家都想赢钱，那首先就要建立正确的输钱观。没有正确的输钱观，怕输，担忧，就会变成无头苍蝇。"哎呀，已经跌了20%，再跌下去就完了，会不会退市啊？""哎呀，再跌下去，我就一点都没有了，割了算啦。"好多朋友一直有这种感受，觉得自己一卖就是在地板，一买就是在天花板，为什么？正在于此。

为什么我要花这么大的篇幅来论述股票投资的"道"？因为我们必须在方方面面调整自己的认知和心理状态，该打破的打破，该忽略的忽略，把不好的清空，把缺乏的建立起来。只有将地基打坚实，才能万丈高楼平地起。

怎么做呢？先介绍最重要的两句话。

第一句话：一切都将过去。

来跟我念三遍：一切都将过去，一切都将过去，一切都将过去。念了这句话，有什么样的感受？是不是觉得一下子轻松了好多？原来以为这是过不去的坎儿，但是一切都将过去，那么眼前的坎儿真的是障碍吗？别人的富贵荣华都将过去，我的烦恼、困难也将过去。

第二句话：一切都是最好的安排。

再跟我念三遍：一切都是最好的安排，一切都是最好的安排，一切都是最好的安排。如果那一年没有在大学食堂跟别人发生一点口角，怎么就正好碰到我的女朋友呢？如果没有当年爸爸妈妈的不打不相识，怎么会有我呢？如果没有朋友偶然介绍，我怎么会接触股票投资呢？……你看，在人生长河里，很多事情都是互相联系的，一切都是最好的安排。那就意味着，眼下这一切的不好，只是未来好的开始。片片雪花不落他处，恰恰好，刚刚好。

这两句话对我的影响很大，也令我受益良多。同时，它们还包含了一层道理。想一想，我们的很多烦恼和痛苦，往往是因为我们不服气，通常表现为"凭什么"。就像前面举的例子，公司给你发了50万元年终奖，你太开心了，感谢公司，感谢老板，表示明年一定好好加油！突然听说同事老张拿到了80万元年终奖，当时就炸了："老张凭什么？凭什么？"就是"凭什么"这三个字，把我们从天堂赶下了地狱。

一旦说"凭什么"，就意味着心有不甘，不甘愿接受这个结果。但是，我们能改变这个结果吗？改变不了。所以，"凭什么"之后，我们就变成了祥林嫂、祥林哥、祥林爷、祥林婆。这种负能量不断地累加，就会导致我们的身体受不了，精神受不了，我们就忘记了自己的初心。这个危害巨大，不少疾病因此而诱发。

"凭什么"就是对结果的不认可，也是不接受。这种抱怨能改变什么吗？改变不了，于是苦海无边。怎么办呢？两个字——"认账"。我认了。可能我的闪光点领导没看见，人家老张做得好的一面被领导看到了，也许我还有其他方面不如人家老张优秀。你只要认账，气就消了一大半。而且，老张听到你这么讲，也会开心嘛。你看，你的人气又变高了。反之，如果你这"凭什么"三个字传到老张的耳朵里，你前进的道路上可能又多了一个障碍。

过去的结果改变不了，而对未来的结果呢？你这"凭什么"反而会产生负面的影响。

认账即是乐土。不该我亏的，我亏了，我认账；不该我吃亏的，我吃亏了，我认账。我欠你的我还了，我不欠你的该你欠我了，一切都将过去，一切都是最好的安排。心平气和了没有？吃亏是福，诚不我欺。

2004年，我常常去四川省人民医院草堂老干部疗养院看我的老师方宗骅。我顺便还学到了提升自我修养的功夫，我称之为"养气"。养什么气？养浩然正气。

有一天，我从疗养院开车回家，结果门岗处堵车了。原来是一位中年人认为自己有不交停车费的特权，与坚持收费的保安起了争执。中年人盛气凌人，扬言不放行就要保安下岗。而保安坚持原则，不交费，绝不放行。停车费就三元，但双方已势成水火。我决定把学到的养气法付诸实践，于是面带微笑地把保安叫过来，摸出十元钱轻声告诉他，我有急事，那中年人的停车费由我出，请他忍一忍气，帮我个忙立即放行。保安收了钱，忍气放行。于是，中年人开心了，得意而去；保安开心了，成功收钱；我也开心了。成本只需三元，结果却皆大欢喜，吃亏是福啊！

再分享一件吃亏的事。2013年夏天，我如约开车去四川省统战部接一位朋友。街道较窄，我倒车时，出事了。一位骑车的老大爷也许是对我倒车准备不足，心一慌，摔倒在地上。我急忙下车去看，虽然车上并无碰撞的痕迹，但摔倒的大爷额头有血迹。我立即告诉大爷，我会负责到底，待会儿就送他去医院检查、治疗。

围观的人多了起来，纷纷同情和关心大爷。我倒好车，把大爷扶到车上安坐，然后买了一瓶水，打开瓶盖递给他。我看他的动作和神态都很正常，说明脑部受伤的概率不大，这让我放心不少。我告诉大爷，等我朋友一来，我打个招呼就送他去医院。没想到大爷开口了，说他可以自己去医院，只是担心医药费比较贵。我马上数了1000元给他，结果他嫌少。我又数了1000元给他，他收下了。这时，我朋友正好过来，建议我不要给钱，先查看街道录像。我阻止了他，然后把大爷扶下车。围观的群众对我的赔偿和态度表示肯定。大爷说他会联系他儿子来接他。于是，我和我的朋友上车离开。

在车上，我朋友分析之后，觉得大爷很可能是碰瓷的。但我告诉他，一个和我父亲年龄相当的老人冒着生命危险来碰瓷，真不容易，我认账。同时，我告诉他，如果不私了，面对汽车和自行车、青年和老人、完好和流血的对比，舆论风向一目了然。如果老人的家属来了，我完全可能遭到围攻。即便报警处理，送大爷去医院检查、治疗，以及与家属争论等麻烦都将陷入长期化。而同意老人的要求，一了百了。

树立正确的"人死观"，然后树立正确的人生观，把过去那么多的不服气、那么多的"凭什么"通通清空，让身心放松，重新接受正能量的营养。"我认账"是乐土，"凭什么"是苦海。我希望所有的朋友，于此乐土，其乐融融。

理性投资，做情绪的主人

接下来，我们来探讨一下股市里的失败。

我先说一个结论，朋友们在股市里的失败，其中有一个重要的原因——自作多情。"老严，你的话怎么那么不好听呢，我怎么就自作多情了？"我给大家模仿一下："涨，继续涨，涨得好快哦，没有爱错你，宝贝加油！"有没有？心花怒放，上涨时把股票当爱人。"跌跌跌，我撞到鬼了吧？遇到你这个瓜货，枉我对你一片深情。"恼羞成怒，下跌时把股票当仇人。

还有人讲，选股票要像选老婆（老公）那样选，要可靠，要有潜力，要有耐力。股票有感情吗？股票没感情啊，股票就是个工具嘛！人有没有感情啊？人当然有感情。

那么，是股票活得长，还是人活得长啊？只要股市不被取缔，当然是股票活得长。老严曰："天若有情天亦老，多情总被无情伤。"老天没有感情，所以说它天长地久。股票没有感情，可以把这条温柔的曲线一直画下去，百年、千年，所以也长久。人呢？人太多情，多情总被无情伤，所以难长久啊。**显然，人对股票太多情是在股市发财的障碍。**

把我们的情绪、情感过多地投入股票这个没有感情的工具，"为伊消得人憔悴"，衣带渐宽，心也悔呀。后悔来到股市，后悔所托非人。

那以后怎么办呢？从今往后告诉自己，一切股票都是工具。

所以，你把股票比喻成爱人不对，比喻成亲人、朋友也不对。你才是主人，股票只是工具。只有这样，你才不会本末倒置，才不会过度地注入感情。对于一个工具，需要动什么感情呢？用过了，不能再用了就扔掉。如果你太"多情"了，要"执子之手，与子偕老"，那你会经历多少痛苦和麻烦。我们把这一篇翻过去，从此再不要对股票多情。这样，做主人的感觉就会产生了。

人一旦多情，情绪就会翻滚、腾跃，这会对我们的投资带来巨大的干扰。5日均线跌破了，10日均线能不能撑住啊？没撑住，那我们就去请教专家。专家建议撤出来，但是你又舍不得了，说20日均线那么近，再等等看能不能撑住。拖泥带水，患得患失。

情感一旦注入，情绪一旦上来，就会出现两种情况：要么到处找专家去询问；要么就是赌气，"我就不信你不涨，你不涨，我就不卖"。你看，一旦你开始跟股票这个没感情的工具赌气，就拉开了巨大的失败的序幕。

当然有人不服，也有赌气赌成功的案例。有人说，"2007年，我死了都不卖，调整也不怕，后来我赚了多少倍"。但是，我提醒你，这只是偶然现象。你把这个"死了都不卖"的经验当成传家宝传下去，你的孩子大概率要倾家荡产，因为未来退市的股票会越来越多。我们不说那么远，只说2007年，如果你"死了都不卖"，赚了，但是如果到了2008年，你就真的"挂"了呀。如果你2014年、2015年"死了都不卖"，你自己回忆一下最后发生了什么。

在股市里要成为赢家，一定要做情绪的主人，不要赌气，不要动感情，不要被情绪所左右。

如何做情绪的主人呢？这不是一件容易的事情，因为我们的情绪容易受外界的干扰和影响。怎么办呢？我教给大家的方法叫"逻辑买卖"，我所推广的理念叫作"模式投资"。什么意思呢？就是该买的时候就买，该卖的时候就卖，该逃命的时候就逃命，不要犹豫不决。

什么是"该"呢？是买的时候就必须是股价最低点吗？不是。是卖的时候必须是股价最高点吗？也不是。是逃的时候必须是"顶"吗？也不是。

"那不是废话吗？你什么意思？"

我的意思是，从这三个方面下手，提高每个环节的成功率。我们不需要百战百胜，不需要每次都得到最大的收益，只需要大概率成功，就可以"滚雪球"。发财的真正奥妙，在于杜绝情绪的干扰，让投资模式发挥作用。所以，我强调在投资之前先要"降妖除魔"。这个妖魔是我们的心魔！心魔，就是我们的情绪。

我在小时候看过一些古典小说，最欣赏的是道士，我觉得道士太有意思了。道士有什么？有照妖镜。对面明明是一个玉树临风的小伙子，道士拿出一面镜子一照——呵，是白虎精啊！对面明明是位明眸皓齿的姑娘，道士拿出镜子一照——是蜘蛛精呀！吓得我一激灵。

为什么照妖镜一照，好好的人就变成这样了呢？后来，我考取驾照后，自己开车了，终于明白了是什么原因。我有一次开车时，发现鼻子上长了一个痘，等红灯的时候就打开镜子挤痘。绿灯亮了，车开动了，镜子没关。开着开着，突然一辆出租车别了我一下。我特别生气，张嘴就开骂："会开车吗？你找死呀你！"骂骂咧咧的估计超过五分钟，出租车早已不见踪影。

就在此时，我突然一眼扫到镜子中的严为民。那怒火中烧的表情，扭曲、狰狞的面目，青筋暴起、脸色通红。我当下醒悟，怒火就是妖啊，嗔恨就是魔啊。妖魔，原来就是不良情绪的化现。

当我看到镜子的那一刻，"妖魔"马上就消失了，因为我意识到情绪失控有多么可怕，多么不堪入目。照妖镜照的是什么东西？我觉得照的是我们凡人的情绪。当你生气的时候，照一下镜子，你看你还生得起气来吗？

当郁闷、愤怒、沮丧等不良的情绪来袭的时候，我们也不妨拿"照妖镜"照一下。我们可以通过镜子观察我们情绪的变化，我们看着镜子里的自己，坏情绪来了，坏情绪又走了，"降妖伏魔"就大功告成了。如果我们被动地跟着情绪走，让"妖魔"控制局面，那可能就会酿成滔天大祸。我们看过多少悲剧的新闻，因为情绪控制不住，一元钱，或者一件很小的事儿，都会导致巨大的灾难发生。

你可能会说："我平常不可能带面镜子出门。你说我一个大老爷们儿，刚发了火，然后突然摸出一面镜子来，这也不像话呀！"对，除非真的遇到道士拿来镜子给你照一照，否则真要让你在情绪波动的时候拿出一面镜子，确实不容易。

那咋办呢？

我的建议是，观自在，得自在。我们要慢慢地、坚定地养成一种思维习惯，学会管理自己的情绪，学会"跳出来"。

我们看两群蚂蚁为了几粒米饭打架，觉得很有趣，因为在这种场景下，我们是旁观者。而我们为了工作，为了名利在努力、在竞争，跟蚂蚁又有什么差别呢？所以，我们也可以跳出来看一看，就像观察蚂蚁一样，看看自己在干吗。你为什么愤怒？为什么高兴？为什么沮丧？为什么激动？只要能够跳出来观察自己的情绪变化，你就不用担心了。你就是自己情绪的镜子，这么一照，你就能觉察到自己的心理状态。看着种种情绪来了，看着种种情绪走了。坚持训练，我们控制情绪的能力便会与日俱增。

不要跟着情绪走，而是要做情绪的主人，我们的财路才可能顺。为什么呢？情绪稳定了，我们才能够理智地跟着投资模式走啊。当然，你未来还可能接触到非逻辑买卖的模式，但不管用什么投资方法，在实战中，你都必须做情绪的主人。管理好自己的情绪，是投资的关键前提。

关于"道",我分享了很多,你可能觉得我"废话有点儿多"。但我想问问你,读到这里,你有没有受到一些启发?我想,当我们学会感恩,学会忏悔和反思,能够做情绪的主人,并且积善成德时,我们挣的钱才有意义。

请诸位深呼吸三次,平复激动的心情。接下来,我要分享的就是朋友们一直期待的逻辑买卖的方法。欲知逻辑买卖如何砍瓜切菜,且听下回分解。

2

实操篇：
财富方法论

第四章
逻辑买卖心法

清空自己,重新寻找投资路径

我们要常常主动让自己停下来,不要像总是有狗在身后追一样,不由自主地往前奔跑。有时候,有意让自己停下来,放松、清空,重新出发,是大智慧。

我们听过一句话:"挥慧剑,斩情丝。"为什么要挥慧剑斩情丝?心有千千结,情网一张,裹住了人生,网住了世界。这个时候,结打不开了,怎么办?慧剑闪亮登场。

"斩"是什么意思呢?告别过去,重新出发。我们常常是活在过去、活在后悔里的，而这后悔反过来又会干扰我们、伤害我们。

有个禅宗故事很有味道，讲的是一位农人早上出门劳作，带着干粮和一罐水。夕阳西下，辛苦一天的农人用锄头担着水罐回家，不想脚下一滑，摔了一跤。农人起身掸掸尘土，继续前行。有路人看见，好奇地大喊："大爷，罐子摔破了，你咋不看看！"农人笑答："破都破了，我看它作甚。"

农人的做法就是"挥慧剑，斩情丝"，就是告别过去，重新出发。

读到此处，很多朋友一定会恍然大悟：抱着过去的破罐子没有前途。

《金刚经》云："过去心不可得，现在心不可得，未来心不可得。"重新出发是大智慧。我们可以让每一天都重新出发，也可以让每一刻都重新出发。怎么重新出发呢？就是去者不留，来者不拒，随遇而安。

时时刻刻都提醒自己，告别过去，重新出发，一切都将过去，一切都是最好的安排。

投资三板斧："进可攻，退可守"的秘诀

好了，现在终于进入逻辑买卖的"术篇"了。因为大家都理解了金钱的意义，有了正确的金钱观，知道未来如何厚德载物了，所以我可以放下心来，给大家分享"逻辑买卖炼金术"，向大家汇报我投资股票6年盈利60倍的真正机密是什么。

首先，让我们请出老严的偶像。

"老严，你这把年纪了，还有偶像啊？还挺时髦的。是哪个姑娘啊？哪个明星啊？"

老严的偶像，生活在一千多年前，是隋唐的一位英雄人物，他的名字叫程咬金。就是那个三板斧的家伙呀，长得五大三粗，颜值不高，武功还平

平，我怎么就崇拜他呢？

的确，隋唐英雄的排行榜里，他明显靠后，瓦岗寨英雄的武功排名，他也靠后。而且，他又不是白盔白甲、玉树临风！在许多后世演绎的故事里，他的绝招就只有三板斧，有啥好崇拜的呢？我以前也并没有在意他，但是，我后来听了一个故事，故事说程咬金就凭这三板斧去征战江湖，而且屡立大功，最后成为凌烟阁二十四功臣之一，是三朝元老，享年七十七岁。

好家伙，那可是战乱年代啊，他就凭这三板斧，竟然玩出这么一个辉煌的人生。他有什么绝招呢？我当然要去研究一下。

不研究不知道，一研究吓一跳，一股敬仰之情油然而生。当然，这个故事并不是正史记载的内容，很多情节是虚构的，但其中有关"三板斧"的内容，对我很有启发。

在这个故事中，程咬金是怎么玩的？第一板斧过去，如果能够搞定对手，就立即指挥大军乘胜追击，扩大战果。如果被挡住了没砍着，第二板斧跟上，毕生功力尽在于此。如果这下搞定了，还是乘胜追击，扩大战果。但如果遇到劲敌了，两次都没效果，咋办？还有最后一板斧，把绝招、绝活全拿出来。一共三板斧，最后这一板斧是啥？那一定是程咬金的武艺精华之所在。

我们来看一看程咬金的最后一板斧的艺术，这关键一斧，他是怎么玩的？他虚晃一斧，扭头就跑！结果真是令人大跌眼镜。

"哎呀，老严，这是狗熊啊。按这种说法，程咬金是逃兵啊，算什么英雄？你崇拜他干啥？"你别笑。"上士闻道，勤而行之；中士闻道，若存若亡；下士闻道，大笑之，不笑不足以为道。"这是老子《道德经》里面的原文，说这个"道"，上等智慧的人听了，赶快照着做，学习、实践。中等智慧的人听了，有时记在心里，有时则会忘记。下等智慧的人听了呢？大笑之，"这是假的，骗傻子的"！

你看，对于真正的"道"，下等智慧的人听了常常会笑。我一开始也笑了，不过在慢慢了解之后，就笑不出来了，就奉程咬金为偶像了。为什么呢？我告诉你答案。

程咬金虚晃一板斧扭头就跑了，跑哪儿去了？跑去找三板斧能够搞定的人，接着再砍。发现没有？这就是人生赢家的秘诀啊！打得赢，乘胜追击，扩大战果；打不赢，虚晃一斧，全身而退。积小胜为大胜，"滚雪球"，最后滚成了人生赢家。他是三朝元老，活到七十七岁，心态良好，最后是笑着去世的。

这最后一板斧是精华吗？你是不是还是感觉不服？你不服不要紧，我们再来看一看大洋彼岸的股神巴菲特先生。

程咬金的三板斧是建功立业的精髓所在，巴菲特如果知道了，一定会讲："程老前辈，我顶你！"我为什么说巴菲特一定会支持程咬金先生呢？因为巴菲特先生也有自己的投资原则。第一条，永远不要亏损本金；第二条，请牢记第一条。

当然，失败者的策略也差不多：打不赢，硬要打；为了面子，死也不退缩。枪不行了还有棍，棍不行了还有锤，锤不行了还有板砖！最后就真死了呀，被脾气害死了。

正确的做法呢？依据自己行之有效的模式，坚持"滚雪球"，打得赢就打，打不赢就跑，一点一点慢慢积累。进可攻，扩大战果；退可守，全身而退。这就是我的偶像的秘诀。

把我的偶像推荐给大家，这很有意义！好多朋友听了我的建议，和我一样，把程咬金先生奉为人生偶像，在投资上再也不怕了。

心法一：波动常在

老严的模式叫作"逻辑买卖"，心法四句话还记得吗？第一句，波动常在。第二句，四季花开。第三句，概率为王。第四句，否极泰来。一共十六个字。这是我们的投资心法。何谓"心法"？在我看来，心法就是投资的底层逻辑。我们要把目标设定好，方法和原则搞清楚，取之有道。

首先看看第一句：波动常在。

"波动常在"是什么意思？老严曰："没有永远的价值，只有永远的价差。"我们一起来看一看股市里无数起起伏伏的曲线。不知不觉好多年过去了，有高潮，有低谷。赚钱的人说它温柔，是美好的风景；亏钱的人说它遍布陷阱，很狰狞。下图是上证指数1990年12月—2021年6月的日K线全景图：

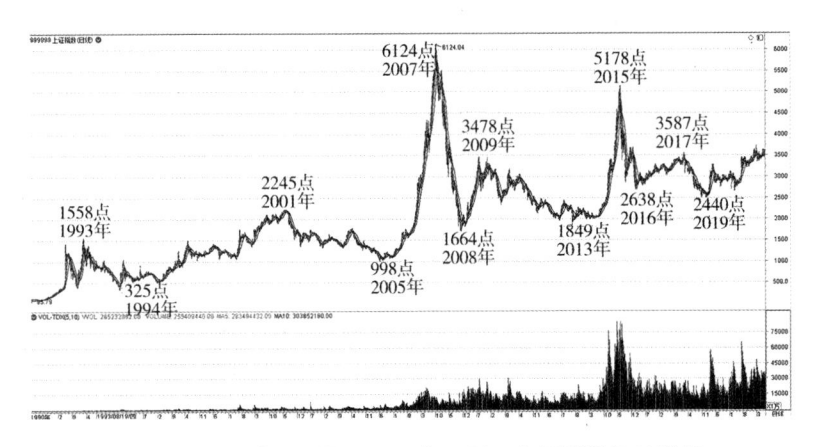

图10　1990年12月—2021年6月，上证指数日K线图

你看，这张K线图起起伏伏，不断地波动着。整体趋势在升高，但是高得也有限。从几百点涨到1000多点，从1000多点涨到2000多点。之后又回到不到1000点，从不到1000点又涨到6000多点，再回到不到2000点。从不到2000点再上涨至3000多点，之后又跌破2000点。再涨到5000多点，又跌破3000点……这起起伏伏给人的不是享受，是折磨。坐这趟电梯的朋友太多了！成千上万，甚至上亿的投资者都在这个市场之中随之起舞。这财富之舞之所以累人，关键原因是投资者并非多劳多得，那么多财富、精力、时间的付出，大多没有收获。

很多人问我："老严，如果拿着这只股票长期不动，你觉得行不行呢？"

这个问题很难简单地给出答案。你说不行吧，有的人一直长期持有，收益非常好；你说行吧，很多人却栽进去了。但是总的来说，原地踏步，的确比不上中国宏观经济增长的速度，这就是市场的真相。如果你认同所谓的"价值好万年"，那非常遗憾，你在A股市场很难赚到钱。而"好三年，坏三年，缝缝补补又三年"，这才是真相。

茅台这只股票有价值吧？但茅台也有大跌的时候，2015年曾经从290元跌到160多元。类似的情况还有吗？有，再往前看，还有从266元一路跌到118元的情况，你受得了吗？

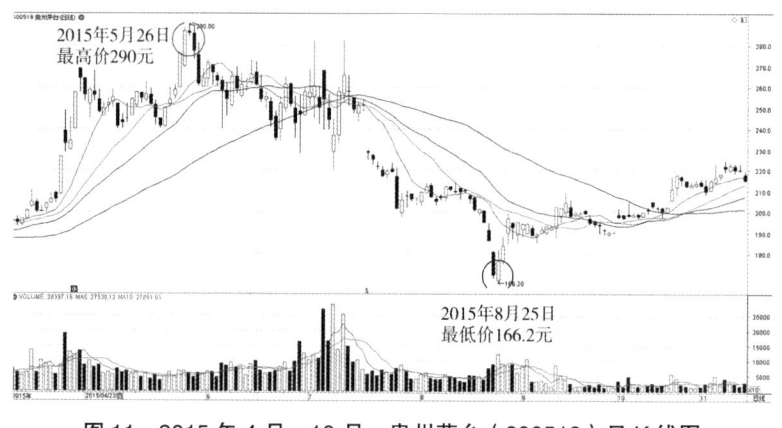

图11 2015年4月—10月，贵州茅台（600519）日K线图

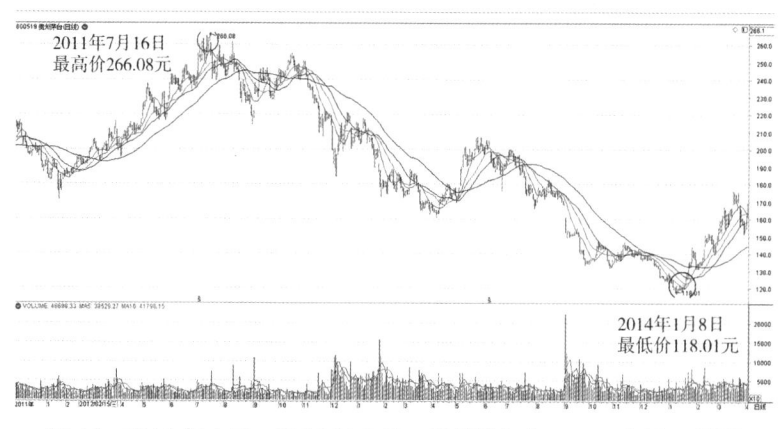

图12 2011年1月—2014年3月，贵州茅台（600519）日K线图

没有永远的价值，只有永远的波动。再好的股票，也不会永远上涨。而波动会产生什么呢？波动产生了价差。恰恰所有人来到这个市场，要的就是赚价差。8元买的股票，10元卖了，获利2元，这就是价差。10元买的，8元割了，亏损2元，也是价差。赚的是价差，亏的也是价差。所以，不要空谈什么投机，也不要空谈什么投资，我只相信我们祖先说的，非常直白而有智慧的两个字——"买卖"。一切生意都是买卖，我们做的就是股票买卖。买好了，卖好了，就成功了。

什么叫买好了？什么叫卖好了？把价差带来的利润尽收囊中，这股票买卖就做好了。

再谈谈所谓的好股票和坏股票。如果让你把你心中认为最差的股票选出来，选10只，再把你心中认为最好的股票选出来，选10只，接下来，用一个月的时间观察一下，是不是最差的股票容易让你赔钱，最好的股票容易让你赚钱，你认为结果如何？

你会有惊人的发现，结果并不是你想象的那样。最差的，最好的，都在自由地波动，都会产生价差。好坏不重要，能不能抓住价差才是关键。

由此，我们就打破了一个魔咒，以优质的个股为唯一目标的魔咒；也打破了一个障碍，把绩差个股束之高阁的障碍。然后，你会发现，**股票没有好坏之分，只要在哪里容易获得确定性的价差，我们就去哪里**。绩优股不见得风险小，ST股不见得机会小，但是都要在恰当的时机买入和卖出才能获利。

由此，我们的思路就打开了，因为我们的目标是价差呀，有市场的地方就有波动，而价差正是因为波动而产生的。为什么股票的价格会波动？2015年，券商股增发价那么高，机构大户却蜂拥而入。现在，增发价拦腰一半，却无人问津。是上市公司变了吗？上市公司没有变，是市场的情绪变了，或者说是市场的人心变了。人心的波动，是造成价格波动真正的原因。

既然财富来自价差，价差来自波动，价格波动的本质是人心波动，我们要搞定价差，不研究人怎么行呢？知己知彼，价差在握。

也许你会质疑："老严，不对啊，我们是来研究牛股的，结果你要我们研究人，为什么呢？"因为A股是中国人在炒，是中国人在制定游戏规则，是中国人在管理，是中国人在交易，所以，我们的研究重点就是中国人。怎么研究呢？先把家庭作业布置了。不必意外，我告诉你的方法总是跟你听到的绝大部分专家告诉你的不一样，但我是这么干的，我6年盈利60倍就是这么来的。

这个作业是给大家列了一个书单，"书中自有黄金屋，书中自有颜如玉"，大家一定要认真去读这些书，中国人的秘密尽藏于此。其实，这些书你可能很早以前就已经看过了，初中甚至小学的时候就看过了。什么书呢？四大古典名著，《三国演义》《红楼梦》《水浒传》《西游记》。如果你已经看过了，我希望你重新看一遍。

为什么呢？因为它们是公认的中国古典名著。之所以公认，是因为大多数中国人看了这四大名著后，内心都产生了某种共鸣。共鸣意味着这些书中涵盖的内容代表了中国人的共性，无论是在优势方面还是在劣势方面。

我们中国人的传统文化、民族特征，决定了我们的底层性格。这也让我们对一些事情的看法，与其他国家的人不一样，这就是所谓的"一方水土养一方人"。我们的传统文化源远流长，一直传承下来，我们的遗传密码都还在。所以，研究四大古典名著有利于我们知己知彼，由此百战不殆。

在前面的内容里，我跟大家分享了一些四大名著里的经典故事。有《三国演义》里的，也有《西游记》《水浒传》里的，还有《红楼梦》里的。《红楼梦》对我们树立正确的得失观非常有帮助。你看看，那泼天富贵的贾府，最后落了个"白茫茫大地真干净"。人生有风险，做人需谨慎，树立正确的人"死"观，落寞时坦荡，繁华时也坦荡，这样的人生才惬意，才自在。如果人为物所驭,就不自由啦。《西游记》中的哪一个妖魔不能视作我们情绪的化现?《三国演义》中的权谋政变,这其中的刀光剑影、运筹帷幄,那些险恶,那些纵横捭阖,那些忠义,那些背叛,狡诈也好,智慧也罢,仍然让今天的我们很受启发。

比如"草船借箭",仍然是今天股市里常用的方法。我们来看看诸葛孔明的本事:一是气象研究水平高,预见了一个设局的良机;二是心理研究水平高,对曹操谨慎的性格特点了如指掌;三是强化了自己的水军优势,以利用曹营的弓箭优势。利用优先掌握的气象信息布局草船和疑兵,待大江之上大雾弥漫时行动,敲锣打鼓而杀声震天。曹营忌惮联军的水军优势而又难明敌情,恐慌加剧而不得不放箭阻敌。诸葛孔明满载而归,流芳千古。而在今天的股市里,这个通过制造恐慌情绪而低成本吸筹的剧本依然有人在用。我们需要了解,才能避开风险。

总之,这些名著读懂了,很有意义,因为今天站在股票后面的我们,都有中国人的共性。

中国人没变,还是黑头发、黑眼睛、黄皮肤。重读四大古典名著,一定会有巨大的收获。波动产生价差,波动的本质是人心的波动,中国人的心跳跟西方人的心跳不一样。节奏不一样,关心的不一样,兴奋点也不一样。把中国人研究清楚了,你就知道,为什么要这么制定方针,为什么要这么监管,大股东为什么要这么干……你通过逻辑推导,了解到大股东为了利益最大化必走"华容道",提前设一支伏兵,那你就会大获全胜了。

洞察人心,读懂逻辑,才能清醒地投资。所以,我希望各位看官认真地完成这个家庭作业。

随机波动和无效波动

很多朋友还有疑问："老严，我看到了那起起伏伏的曲线，也看到了个股总是有着巨量的起伏和波动。你告诉我有机会，但那是过后看才发现有机会啊。在当下，我如何抓住机会呢？现在，我哪里知道这是低点还是高点，明天是涨是跌，下周是阳线还是阴线呢？"

不知不觉，大家都进步好快，问题提得越来越有水平了。我这里先给大家介绍两个名词，一个叫"随机波动"，另一个叫"无效波动"。我们在实战过程中，一定要过滤掉随机波动和无效波动。

什么叫"随机波动"？每天，你看分时图，不管你的眼睛有没有盯花，它一直在动，它的波动没有规律。所谓"随机波动"，就是市场的情绪每时每刻的变化，反映出来就是分时图的起伏。

K线图是画给你看的，分时图也是画给你看的，就是让你心随波动，折磨得你心脏受不了，身体变差了，眼睛也变差了，最后"意乱情迷，一败涂地"。时时盯盘的危险和伤害就是这么严重。

我主张大家离盘面远一点。这样做的最大作用，就是过滤这种随机的波动。随机波动很正常，就像经常发生小地震，只是我们感觉不到而已，你要找仪器测一下今天发生了0.5级的地震还是1.0级的地震吗？没人这么干，因为没有意义，这对我们几乎没有影响。

但是，为什么一到证券市场，就会有那么多人放弃常识，总是盯着这个随机波动呢？"哎呀，又涨了0.3。""哎呀，涨了5个点，太好了。""哎呀，暴跌了，暴跌了7个点！"你说这样天天心惊肉跳的，身体能不出毛病吗？别看，离它远一点，云淡风轻。

再说无效波动。无效波动又是什么意思呢？无效波动就是对我们而言把握不了的波动，我们必须把它过滤掉。有些股票涨得很好，但为什么依然无效呢？因为我既不知道它什么时候涨，也不知道它什么时候跌。我对它的涨跌一无所知，那还有什么可遗憾的呢？

我不知其然，也不知其所以然，就放弃。所以，你看到的亿万起伏的价差，每年有那么多的热点涌现，以天计，以周计，以月计，以年计，有成千上万只股票在涨，但大部分我们都只能放弃。对我们而言，只要吃好自己碗里的饭菜，抓住自己认知范围内的机会就够了。无效的要放弃，随机的也要放弃。我们要干吗？我们要去把握确定性价差。"弱水三千，只取一瓢饮"，就要这确定性价差，足矣。

管好自己的"菜"，把握确定性差价

有人问："老严，大盘有几千只股票，那 6 年盈利 60 倍，是要同时做几千只股票吗？"

我告诉你，不是。这 6 年，最终统计下来的结果，最多的时候我也只做 30 来只股票。其中最集中的，其实就 10 多只。也就是说，我在这么长的时间里，只重点做了十几只股票，涨幅也有 60 倍了。所以，大量与我无关的股票，那都是别人的菜，再美味、再营养，也不用去管。我们吃好自己碗里的饭菜，把握好确定性价差，就够了。

什么叫"确定性价差"呢？"涨停板敢死队"你喜欢吗？太崇拜了，天天涨停板！涨停板敢死队怎么起家的呢？我来讲一讲这个称号背后的故事。最早是在 2002 年前后，宁波解放南路有一群人，他们聚集在一起，研究如何在股市里发财。他们发明了一种高举高打的激进战法，一时间风生水起，大获成功，荣获"涨停板敢死队"的称号。

具体的做法是：当股票出现异动时，他们一般在上涨七个点左右的时候开始行动。在那个时候，股票背后的力量还不是特别强大，宁波解放南路这群人就会集中资金优势，封住一只股票的涨停板。一般对于这种强势个股而言，顺着机构的意图封住涨停板，机构的市值会增长，机构也非常乐意。

当涨停板吸引了市场上众多的眼球时，只要封死涨停板，第二天就会出现高开，那么自然就有"围观群众"抢购。紧接着，封死涨停板的这部分资金就顺势"全身而退"。

当然，你不要以为"涨停板敢死队"能够经常吃涨停板，甚至每天都赚一个涨停板。如果真是那样的话，早就没有李嘉诚、巴菲特什么事儿了。

显然，他们没有那么厉害。他们所追求的，就是利用涨停板吸引眼球，通过一个惯性的脉冲，获取2%~3%的平均收益。

也许你会感觉很诧异："你别骗我，老严，他们就赚这么一点吗？"

对！这就是真相。听起来2%、3%不值一提，但是**爱因斯坦所讲的世界第八大奇迹**，你知道是什么吗？叫作"复利"，复利就是利滚利。

这种确定性很高的博取价差的方式，尽管每一次只赚2%~3%，但积小胜为大胜，就能获得不菲的利益。他们也不是每一仗都成功的，打得赢就打，打不赢就跑。有的小胜，有的胜多一点，有的小败一点，但这个模式有效，坚持"滚雪球"，最终就做大了。你可以算一下账，不要说每天2%，就是每周5%，一年差不多就是10倍。如果再多一点，每周有10%呢？复利增长的威力无与伦比。

宁波解放南路的"涨停板敢死队"的战法，其实就是这样的。当然，后来他们的力量越来越强，已经不需要等机构先拉7%，而是自己专注于某个事件驱动，主动封涨停板了。而这个群体也越来越壮大，大家通过新闻，也看到很多年轻人的崛起。毫无疑问，这种战法是过去20年创造草根亿万富翁最多的模式。同时，我们不得不承认，这个玩法，是具有开创性的。

这个涨停板战法，其实也深含模式投资的逻辑，那就是坚持。把握高确定性价差，每天赚2%~3%，看起来不起眼，但是累积下来的结果非常惊人，这就是复利增长的神话。

原来，"涨停板敢死队"并不是能够天天赚涨停板，而是利用强势涨停趋势，让其他投资者也参与进来。当其他投资者也追涨时，他们就能立即赚取 2%～3% 的利润。坚持复利滚动这 2%～3%，最后就是盆满钵满。天底下一切投资模式，万变不离其宗——进攻、防守、逃命，必须形成一个稳定的闭环，并保持大概率成功。所谓"大概率"，不是 100%，而是 10 次能赢 6 次以上。坚持模式投资、长期累积的结果，足以笑傲江湖。

所以，确定性价差是我们要努力把握的重点。要说经典案例，那有太多太多了。比如，水井坊的例子。

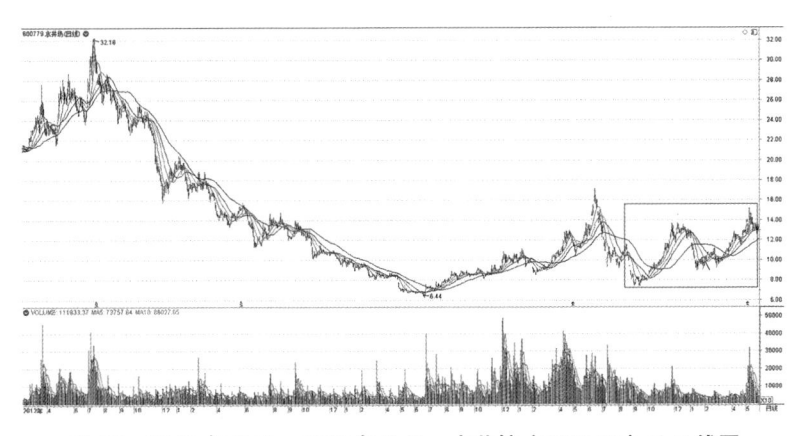

图 13　2012 年 6 月—2016 年 5 月，水井坊（600779）日 K 线图

图示方框局部放大后，如图 14 所示。

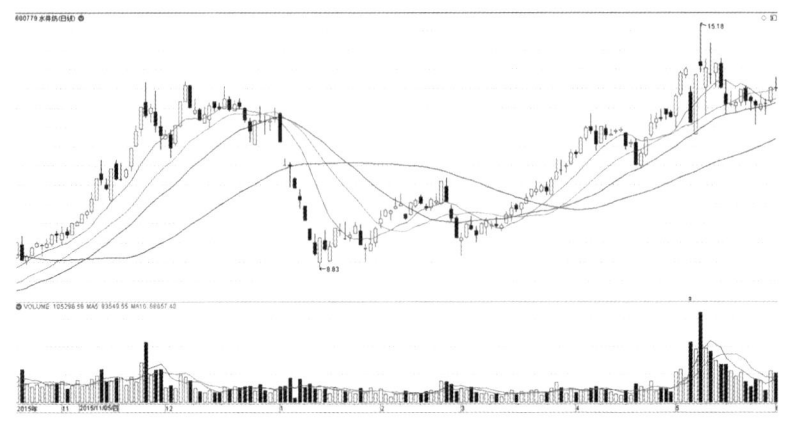

图14　2015年11月—2016年5月，水井坊（600779）日K线图

当然，现在跟当时的情况有所不同。现在退市是动真格的了，所以对很多ST的股票，一定要小心，不要去赌，不要冒险。当时，虽然退市的公司很少，但我们的模式依然是注重安全性的。我们只选择已经扭亏为盈，确定要摘掉ST帽子的上市公司进行投资，2016年年初的水井坊就是一个非常典型的例子。

怎么做呢？这里有一个小技巧，那就是要知道一家上市公司扭亏成功，要摘掉ST的帽子，必须得向交易所递交申请。一般来说，从向交易所递交申请到交易所批准，有一两个月的时间。在这段时间里，我们大有可为。因为在这段时间里，股票涨幅超过20%的概率超过80%，这就是大成功率。也就是说，这时会有一个大概率上涨的机会，而且幅度超过20%。这个就叫确定性，确定性不是100%，而是值得参与的大概率。

在我6年盈利60倍的实战交易记录中，大家会看到我过去做ST类个股的案例不止水井坊这一次。因为这种模式可以复制，这是一种确定性较高的操作。一般来说，在年报发布前后，这个机会就会闪现。你不要去赌它"摘帽"成功，而是等它确定摘帽成功，在递交申请到真正摘帽成功的这个时间段，赚取确定性价差。

心法二：四季花开

"四季花开"是逻辑买卖心法的第二条，也是逻辑买卖高效率赚钱最重要的一环。

"老严，不要故弄玄虚好不好？四季花开谁不知道呀，但这跟炒股票有啥关系？"

对，不同的花绽放的时间不同，各有各的花期，这的确是人人都知道的常识。股市里的几千只股票不也一样？高潮、低潮各不相同，这也是常识。但是，为什么A股投资者长期七成亏损、两成持平、一成盈利呢？就是因为很多投资者放弃了常识。如果真的可以掌握常识，你就战胜了90%的对手。

什么叫股市的"四季花开"呢？接下来，我详细地介绍一下。

总结一个口诀：花无百日红，此花盛开，彼花蕾动；掉花瓣就卖，高低切换，峰谷轮动。

记住，其中每一句话都有其道理。

"花无百日红"，常识啊，每一种花都有自己的花期，哪有花一直开的呢？花期有长有短，而且花期不同。

大部分花都在春天盛开，荷花却在夏季开放。等荷花凋零了，那就该满城尽带黄金甲——是菊花的天下了。冬天的花魁呢？"墙角数支，凌寒独放。遥知非雪，满院生香。"不同的花，不仅花期的长短不一样，就连开花的时节也有很大的差异。

花的种类有很多，证券市场的"花"也有很多，不同的个股就像不同的鲜花，它们的花期一样吗？它们的涨跌时段一样吗？当然不一样。"此花盛开，彼花蕾动。"有的花正在盛开，而有的花就在打花苞。比如，当迎春花开得差不多的时候，杜鹃花正要绽放；当荷花盛开的时候，菊花正在打花苞，是不是？

不同的花期，不同的高潮、低潮给我们做股票带来了一个复利增长的宝贵良机。那就是利用不同个股上涨的时空差异，实行"峰谷轮动"。比如，手中某股持续上涨，但其他的没动，当某股上涨动力衰竭时就卖出，并买入其他打花苞的品种。也就是说，甲花正在盛开的时候，其他的花还没开。当甲花开始掉花瓣时，就说明它的花期要结束了。而在甲花盛开期间，乙花或者丙花、丁花，正在打花苞。卖掉山峰上已经涨不动的品种，买进山谷中正在孕育生机的新品种，**此为"高低切换，峰谷轮动"**。这就是逻辑买卖 6 年盈利 60 倍的核心秘诀。

把握峰谷轮动的原则

四季花开，你可以把它理解为错位交易的方法。利用花期的不一样，即个股上涨时机的不一样，上涨时长的不一样，高抛低吸，这就是"峰谷轮动"。山峰上的卖掉，山谷中的买进，然后等待下一次峰谷轮动的机会。

那么，我们在相互交叉的波峰浪谷之间循环买卖，就可以使赚钱的效率成倍提高。因为对大部分朋友而言，机动、灵活是最大的优势，只是这个优势你以前没有利用而已。等到后文中我告诉你具体的买卖信号时，你会发现，原来放弃自己的这项专长太可惜了。熟练运用之后，哪里还用天天盯盘？

图 15 是 2015 年的杭钢股份日 K 线图。我给大家翻译一下 2015 年的杭钢股份发生了什么。看图就是很平常的一只股票，你觉得这只股票的走势牛吗？

你可能会说："老严，没有什么呀，就是随大盘反弹一下，没看出什么特别的呀。"

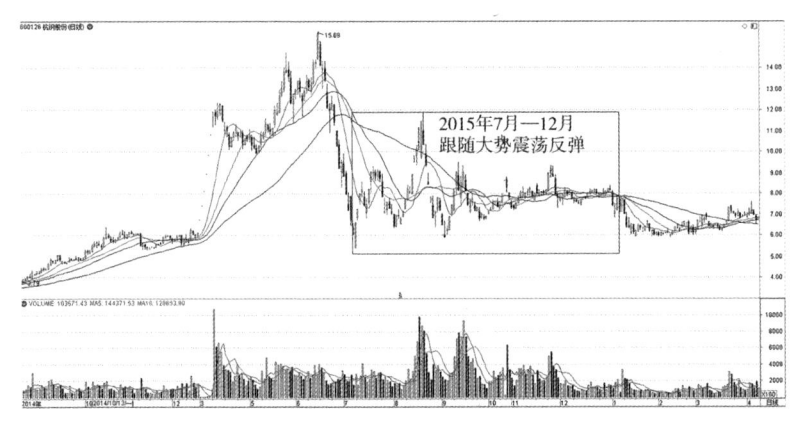

图 15　2015 年，杭钢股份（600126）日 K 线图

下图是 2015 年的 600131 岷江水电股灾以后的表现。很平常啊，这只股票谈不上有什么奇特的地方，而且反弹也没有到前期高点，看上去只是一个非常平静的筑底过程。

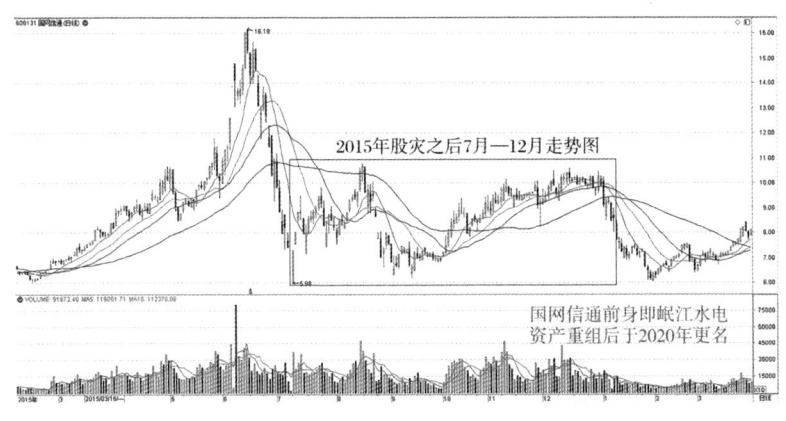

图 16　2015 年，国网信通（600131）日 K 线图

当时，就是这两只股票，在 2015 年的下半年给我提供了超过两倍的收益。我是怎么做到的？方法就是前面给大家分享过的——峰谷轮动。

你可以试着复盘一下，你曾经持有的股票，它们的历史走势是不是互为高低点？时而甲的股价比乙高出 15%，过一段时间，又倒挂了，乙比甲高出 15%。

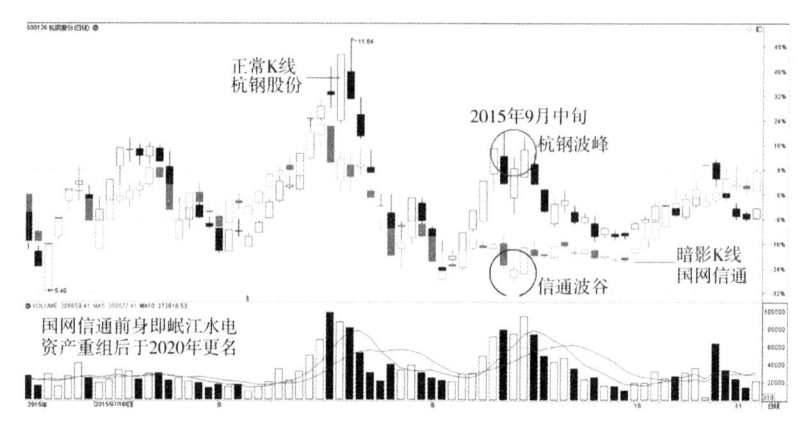

图 17　2015 年 7 月—10 月，杭钢股份（600126）、国网信通（600131）K 线叠加

相互交错，二龙戏珠。而如果在二龙戏珠的过程中，它们发出了买卖信号的话，我们就可以利用其中的相对价差，峰谷轮动。结果就是股票越炒越多，资金也越炒越多。

接下来，我会以 2015 年下半年的杭钢股份和岷江水电为例，详细地说明峰谷轮动的过程。你再去实际复盘一下，马上就会清楚了。

2015 年 8 月初，两只股票基本上是平衡的。此时，杭钢股份占我资金总量的 2/3，岷江水电占 1/3。为什么呢？2015 年股灾第一轮暴跌，必须止损。止损后，接下来就是全部卖掉——空仓。

杭钢跌得更狠（到 2015 年 8 月 3 日，杭钢股份 6.33 元，岷江水电 7.52 元），原有的逻辑没有变化，所以在 8 月初，杭钢股份（600126）占资金总量的 2/3，岷江水电（600131）占 1/3。（参见图 18 和图 19 两张图）

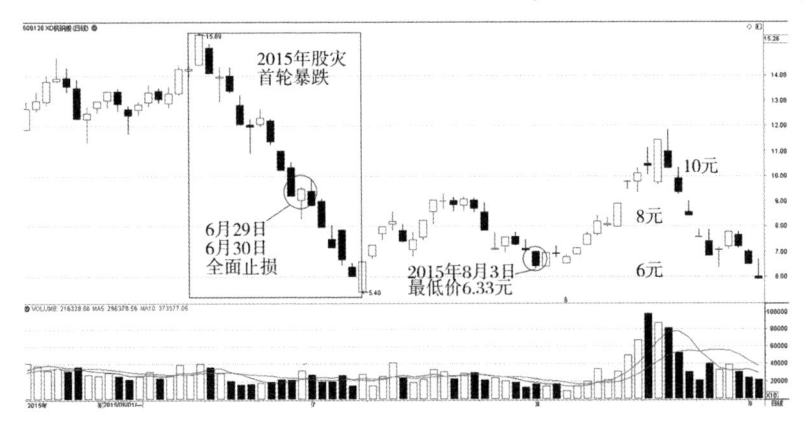

图18 峰谷轮动案例分析——杭钢股份（600126）

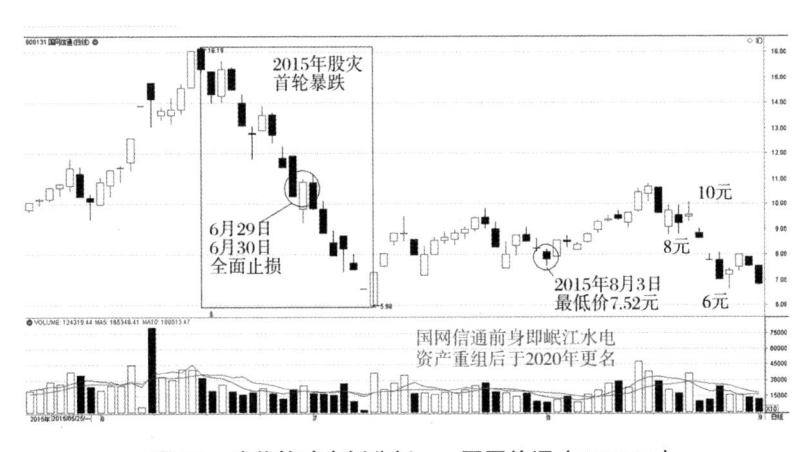

图19 峰谷轮动案例分析——国网信通（600131）

注意一下8月18日这一天，杭钢股份上影线看得很清楚（图20）。第二天，早盘在下方运行（图21）。8月19日，股价在10.2元左右。这时怎么办？把它卖掉。你可能会觉得我的操作错了，当天还封涨停板的，卖早了。但我告诉你，我真实的操盘是在10.2元左右卖掉了大部分，只留了一小部分，同时在8月19日买进了岷江水电。

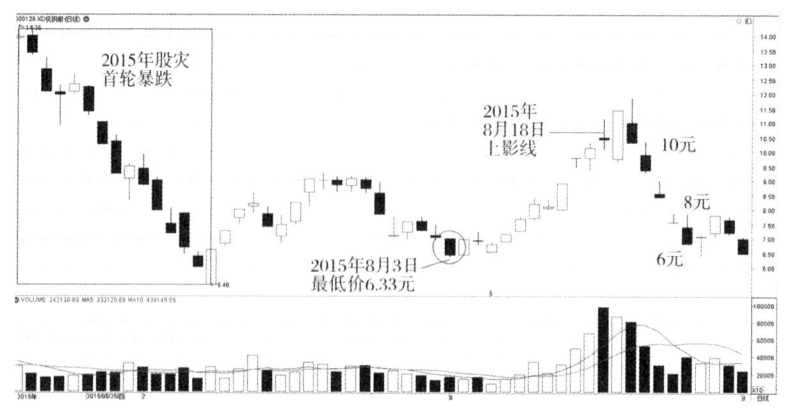

图20　峰谷轮动案例分析——杭钢股份（600126）

图21　峰谷轮动案例分析——杭钢股份（600126）分时图

首先，我们记一下卖出的价格：10.2元。

8月19日，记住这几个数字：岷江水电的价格是9.2元左右，相当于杭钢股份比岷江水电的价格要高10%。就是卖10万股的杭钢股份，可以买11万股的岷江水电。计算起来非常简单。

接下来，出现了一个偶然因素，这个因素起了关键作用。8月20日，当天大盘已经不行了（图22）。那天，我几乎把岷江水电卖得差不多了。为什么要卖呢？我在后文还会跟大家分享如何把握大盘的系统性风险，以及我们要怎么去预判。

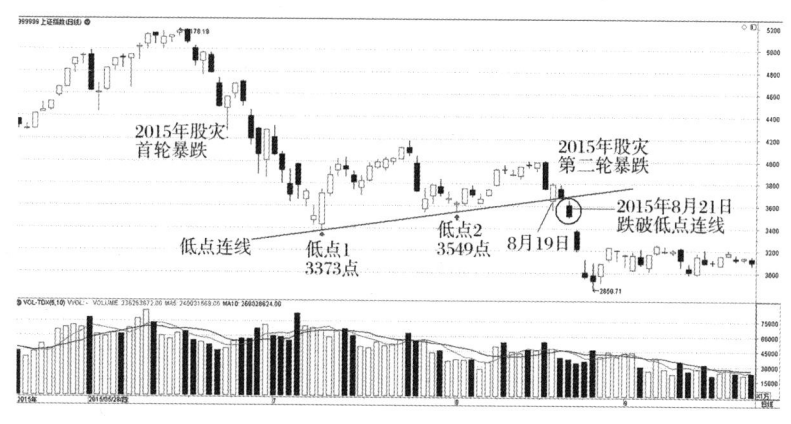

图 22　系统性风险示意图，上证指数日 K 线图

请注意上图低点 1 和低点 2 的连线。8 月 19 日这一天，股价还算正常。结果到了 21 日，也就是我卖岷江水电之后，大盘已经跌破了低点连线。所以，我们要怎么操作呢？要大量地卖掉，要清仓！我们可以看到，8 月底的股价跌得很惨。股灾 2.0，又杀来了。

8 月 21 日（星期五）这一天，我将大部分股票都卖掉了，剩的少部分，在之后的星期一，因为大盘破位了，所以哪怕遇到跌停板也卖掉了。因为经历过股灾，所以那段时间我跑得比兔子还快。在投资中，系统性风险是一定要防的。

然后稳了吗？我当时也不知道稳不稳。8 月 26 日，又见到了低点。9 月 2 日，低点有所抬高。9 月 8 日，低点再次抬高。这说明短期的下降趋势已经出现了一定程度的逆转。

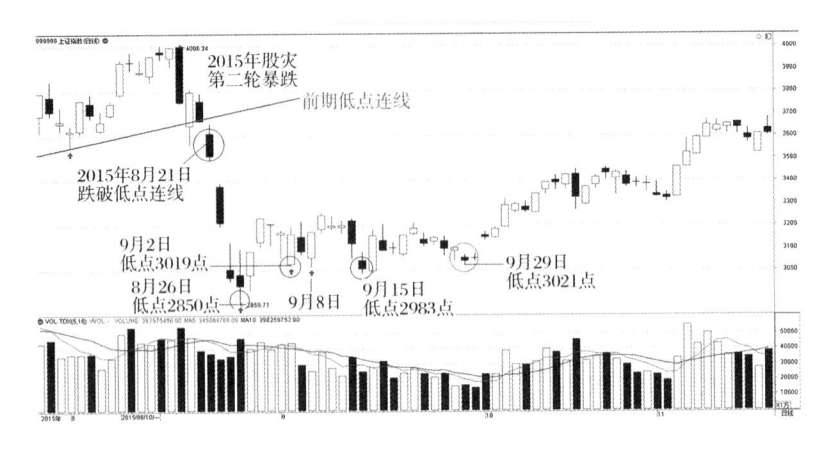

图 23 系统性风险示意图，上证指数日 K 线图

在 9 月初的这个时间段，就可以买入了。当时，杭钢股份和岷江水电的价格差不多，7 元钱左右。到了 9 月 15 日，第三个低点没有创新低，我推测大盘差不多稳了。到了 9 月 29 日就更稳了。此时，买入股票的时机到了。

对于为什么这样去判断大盘，我在后文有专门的内容分享给大家，不要着急。

总之，我在 9 月初开始买入。我们来分析一下杭钢股份的 K 线图。8 月初的行情波动为什么会发生？是因为亚运会。大家都知道，亚运会很大概率会在杭州召开。杭钢作为钢铁股，受亚运会基建利好影响大，这就是杭钢股份 8 月初出现一波大好行情的原因。

但是，到了 8 月底，一波下跌杀到底了，涨幅全部回撤了，股价甚至到了 8 月初低点之下。这是为什么呢？申办亚运会的逻辑变了吗？没有任何变化，它是随着大盘下跌的。因此，大盘稳了以后，这只股票就可以大量买进了。

9 月 2 日，杭钢股份的股价是在 6.5 元左右。大家还记得 8 月 19 日那天的买卖吗？回忆一下：我在 10.2 元左右卖出了部分杭钢，同时又在 9.2 元左右大量买入了当时的岷江水电，当时的杭钢股份的股价比岷江水电高 10%。

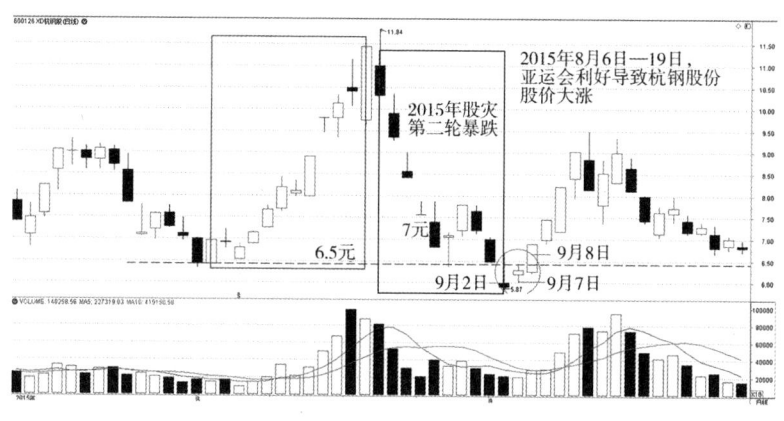

图 24　峰谷轮动案例分析——杭钢股份（600126）

我们来看看，到了 9 月初，杭钢股份和岷江水电的股价倒挂了。9 月 2 日，岷江水电收盘 6.55 元，杭钢股份收盘 5.89 元，杭钢股份已经比岷江水电低了近 10%。9 月 7 日，岷江水电收盘 6.68 元，杭钢股份收盘 6.29 元；9 月 8 日，岷江水电、杭钢股份的收盘分别为 7.14 元、6.89 元。股价真的倒挂了。

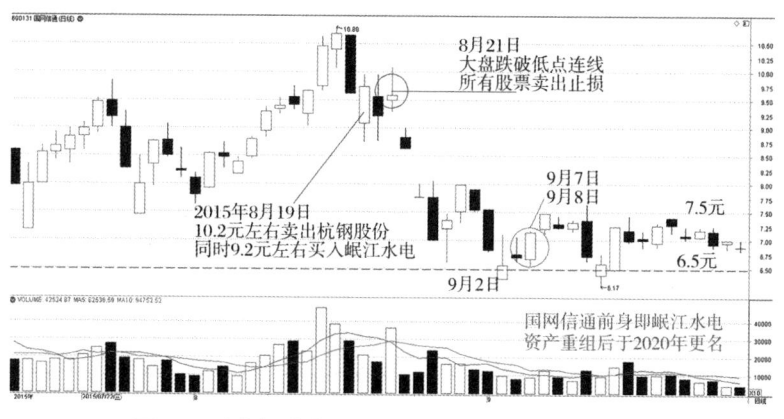

图 25　峰谷轮动案例分析——国网信通（600131）

所以在这个时候，我的仓位又发生了一个变化：2/3 的杭钢股份，1/3 的岷江水电。因为亚运会的正面影响依然在，这个逻辑没有错。9 月要公布亚运会最后花落谁家的结果，而接下来的杭钢股份，就符合这个逻辑。

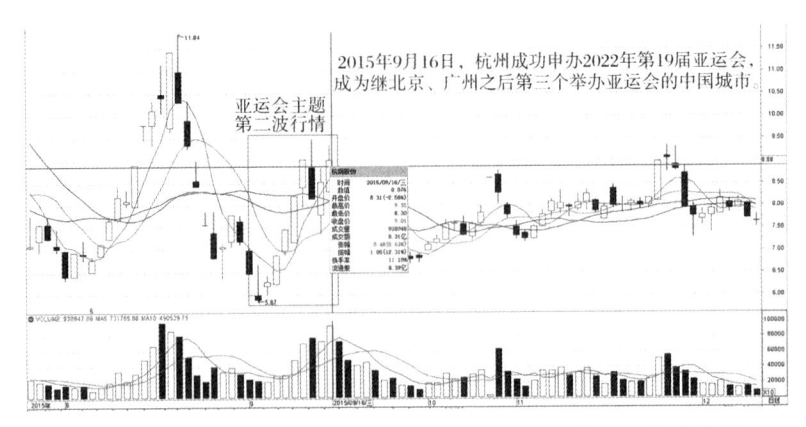

图26 2015年8月—11月，杭钢股份（600126）日K线走势图

我为什么这么耐心地回忆我当时的操作，又这么细致地跟你解释呢？我是想告诉你，我当初操作的方法其实非常简单，就是遵守"峰谷轮动"的原则，去改变自己的仓位。

紧接着，我又开始抓第二波亚运会的概念。9月16日这一天中午要公布亚运会举办地的结果，上午杭钢股份股价在8.7元左右，我全部卖掉了。

为什么要卖掉？因为中午出了利好消息以后，封不死涨停要卖。如果没有利好消息，更要卖。激进的开盘不封涨停，也要卖。总之，已经涨到这个价格，就可以毫不拖泥带水地走了。不过，我卖也有更深的考虑，因为在9月16日这一天，杭钢股份在卖出时的价格是8.7元，而岷江水电的价格只有6.58元。

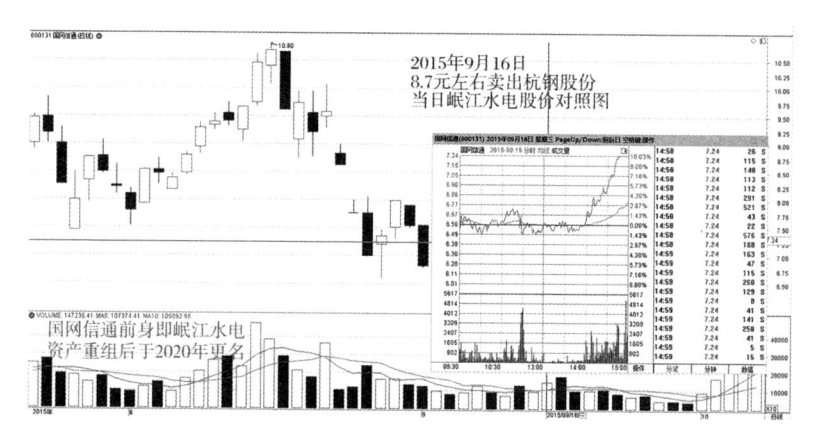

图27　峰谷轮动案例分析——国网信通（600131）

8月19日，杭钢股份的股价比岷江水电高10%左右。9月初，岷江水电的股价比杭钢股份高10%左右。而这一次，峰谷轮转，杭钢股份的股价比岷江水电高了30%以上。那意味着，我卖出10万股的杭钢股份，可以换13万股的岷江水电。这个价格对比也意味着杭钢股份的利好已经结束了，它的花期已过，开始掉花瓣了——上涨周期结束了。

在这个过程中，大家发现什么规律了吗？二龙戏珠的股票很多，只要操作得当，累积下来的收益会非常惊人。

你可能会提出质疑："这个案例是不是太特殊、太偶然了，是你故意找的吗？"

你也可以回顾一下自己过去买过的股票，看看你曾经长期持有的，或者较长期持有的两只股票是不是上下翻飞，经常互为高低点？这就是二龙戏珠。把握好了这个特质，在实践中运用，你才知道这四季花开的妙处。

心法三：概率为王

破除迷信，人人有责。先来探讨一个千年谜题：我们在寺庙、道观里看到那么多"有求必应"的锦旗、匾额，有求必应这事到底是真的还是假的？

在我看来，无求无应，有求必应。没有疑问就没有答案，有了疑问，我们心中总会有自己的答案。因此，"有求必应"是真的，但不是你想象中的"答应"或"应许"，而是"回应"。比如，你突然有了这样的念头："房子首付差 50 万元，能不能请菩萨今晚辛苦一趟送到家里？"结果，没人给你送，这也是对于你念头的回应。有念头必有回应，是谓"有求必应"。这是常识，也是科学。如果误以为会有什么神仙看上你，帮你翻身，那就大错特错了。

"老严，那个庙听说灵得很，有些事情真的说不清楚，不然怎么会有人送锦旗呢？""我有个朋友去年非常倒霉，生意破产，还离了婚，结果去庙里许了愿，今年就好起来了。真事啊！""说实话，我还是半信半疑的，老严，你咋看？"

人在什么情况下会求神拜佛？如果你的人生顺风顺水，走上坡路，你会去吗？一定是败走麦城、走霉运、走下坡路，而且是实在没有办法了，你才会去寺庙祈祷出现奇迹。有没有发现人生的走势跟股票的走势很像？股票是你认为该止跌了，结果依然新低不断。人生呢，你以为已经够倒霉了，不可能再倒霉了，结果常常"霉"开二度，"霉"花三弄。股票是在你真正绝望的时候物极必反，人生也是在你真正绝望的时候否极泰来。原来，走进寺庙求神，一般都是到了绝望之时，也就是即将转折之时，这是"有求必应"被神话的原因。这本质上是概率问题，万物皆波动，向下波动到绝望就是大概率向上的信号。

如果有医生告诉你他包治百病，你信吗？他必然是骗子。如果有投资专家告诉你，他能包赚不赔，你觉得呢？他必然也是骗子。所以，天下哪儿来的百战百胜？6年盈利60倍也不需要百战百胜。巴菲特是世界股神，他的成功率有人做了统计，达到67%。67%的成功率，看起来好像不算太高。但是，只要有足够多的雪，有足够长的坡，然后不断地滚雪球，复利增长便成就了其股神之名。

很多朋友也在股市里寻找"神"，他们寻找的不是巴菲特这类靠模式投资取得伟大成绩的股神，而是认为有人欲知未来、欲知涨跌、欲知牛股，只要跟这样的"神"联系上，发财的梦想就会实现。参与此项"造神活动"的人数众多，也就造就了A股独特的信奉"怪力乱神"的投资文化。尽管A股30年里，一切关于股市预测的神话都变成了笑话，也没有任何一位屹立不倒的半仙、神棍，但希望走捷径的投资者仍然前赴后继固执地在找"神"、造"神"的道路上折腾。

在这里，我要用最高的音量告诉大家：

一、预测未来的"神"过去没有，现在没有，未来没有。

二、"神"的粉丝叫"精神病"，危害社会，祸害家庭。

三、那么穷的"神"能帮别人发财，为啥不帮自己？

像巴菲特那样坚持模式投资的"神"，才是值得我们认真学习的。巴菲特有自己的价值投资模式是一方面，他老人家之所以成功，还有一个秘诀——他常常使用爱国主义操作策略。他爱他的国家，无论多么困难的时候，他都相信他的国家能冲破重重难关，凤凰涅槃，浴火重生。因为他始终坚信这一点，所以每当大家都觉得美国不行的时候，他就重仓，选择跟他的国家站在一起、抱在一起，也赢在了一起。过去几十年，美国经济高增长，尽管其中有起伏，但曲线总体上是向上的。巴菲特也因此而获得了巨大的财富和声誉。

我们当然要向巴菲特先生学习爱国主义操作策略，不过我们爱的是我们的祖国。我们必须意识到在中国经济的长期牛市中，也一定会出现暂时的困难和坎坷，我们一定要坚定地和祖国站在一起，并坚信中华民族伟大复兴必然成功。与国俱进，与有荣焉。

虽然巴菲特很厉害，但他并不是百战百胜的。我们也根本不要有百战百胜的妄想，这样的妄想只会给我们带来伤害。应当怎么做？来听一下一位世界冠军的实话。这位世界冠军是韩国职业围棋手李世石，他的外号是"石佛"。有记者曾采访他："你太厉害了！请问，你每下一步棋成功率是多少？虽然没有100%，也应该有80%、90%吧？"

结果，李世石先生的回答让我们大跌眼镜。他说："我每下一步棋的成功率是51%。"当然，你也可以把它理解为谦虚。其实，这句话绵里藏针、暗藏杀机。杀机在哪里？就是比50%多出来的1%。可能下10步棋没有感觉，下100步棋没有感觉，那1万步呢？有点儿变化。10万步、100万步后，他就是世界冠军了。

把握大概率成功的模式，积小胜为大胜，并坚持这个模式，滚大雪球。 这是一个很好的启发。哪里用得着百战百胜？巴菲特67%的成功率已经很高啦，李世石靠51%的成功率同样拿世界冠军。多这么一点点成功的可能性，并坚持"滚雪球"，就有如此光辉的未来。各位看官受到一些启发了吧？一定要记在心里！

如何用概率帮自己赚钱

在投资的每一个环节，增大成功的可能性，形成大概率成功的交易模式，并长期坚持，让复利创造奇迹。巴菲特是这么干的，李世石是这么干的，我们不这么干行吗？

这里有三层意思，我们一层一层地分析。

第一层，我们如何增大成功率？我们要在投资的每一个环节，包括买点、卖点、逃命点，个股的选择、行业的选择、大盘环境的选择、资金头寸的选择等，都增大一点点成功的可能性，累积起来。

第二层，形成大概率成功的交易模式，不要追求完美，只要成功的概率超过50%就可以了。其实，我很有信心，如果你按照我推荐的逻辑买卖模式去操作，成功的概率一定可以超过60%。

第三层，长期坚持。因为只有坚持，才能够让复利开花、结果，实现利滚利。我提到概率为王，那什么是"王"？投资买卖的每一个环节，增大确定性，减少不确定性，这就是王。

你发现没有，以上三个原则都很简单，没有太高的技术难度，也不需要你对股市进行预测。

常常有人问我："老严，你能不能预测未来的走势啊？"我告诉你，股市里不确定性最大的就是预测，果断地把它扔到垃圾桶里去吧。

你可能会反驳我："很多专家都在预测，有的很准呢，你否定预测不对吧？"

我想说，一切关于股市预测的神话都会变成笑话，只有"半仙神棍"敢继续预测。很多预测实际上并非预测，而是猜测。猜准了不稀奇，但把一时的猜测准确当成天赋异能，必然害人害己。我从1998年到2008年，做了10年股评家，也曾指点江山、预测股市，也曾因预测准确而名动天下，但也曾因预测错误而臭名远扬。我用了10年时间才醒悟：此路不通！走这样的道路，就算再努力，也不能给天下的投资者带来幸福。猜准了，名气大、影响大；猜错了，害人害己。这是死循环，无解。

今天，我敢说，**科学的模式投资是中国A股投资者的未来，是中国股民的希望**。当然，这件事情并不是我一个人坚持就能成功的，而需要天下所有志同道合者共同努力，并长期坚持，只有这样才能够改变"七成亏损，二成持平，一成盈利"的"A股魔咒"，赢回中国证券投资者的信心。

所以，我做的工作就是抛砖引玉。我希望朋友们未来睁大眼睛，无论是买基金还是选择老师，都要认清楚。基金经理的投资模式是什么？进攻、防守、逃命是怎么干的，成功率如何？如果你觉得某个股票专家很厉害，那请你告诉我，他是怎么进攻的、怎么防守的、怎么逃命的？每一次都一样，还是每一次都不一样？

如果每一次的方法都不一样，花样都不一样，有的是靠"盘感"，有的是靠"内幕"，这就不对了，这属于投机。只有可复制的模式，才可持续。你要提升自己的辨别力，不是人家说风就是雨。能做到这样，那你就离成功不远了。

模式投资是希望所在，概率为王。怎么来增强对它的理解？来，记住这个顺口溜：**没有百战百胜，全程提高概率；坚持既定模式，概率导致常胜。**

没有百战百胜，所以谁告诉你他百战百胜，谁就是骗子。

全程提高概率，是指在投资买卖的每一个环节，我们的确定性如果能增加一点点，不确定性就能减少一点点。

最后提醒大家，我总结的这个模式，一定要坚持才有效果。因为你很可能遇到第一次、第二次都失败，但是后面八次都成功的情况。所以，你不要因为一两次的失败就放弃，一定要坚持。正是概率上的成功，帮助我们积小胜为大胜，而最终常胜。而且，时间越长，越符合概率的稳定性，效果越佳。

心法四：否极泰来

接下来，我们要一起来抓市场的转折点、股票的转折点。怎么抓？就靠逻辑买卖的第四条心法——"否极泰来"。

我们的祖先有大智慧。他们说，"物极必反，物壮则老，否极泰来"。

你又该反驳了："老严，你有点儿忽悠人。否极泰来我们都觉得对，黑到极点就曙光在前，冷到极点就开始转向春天，这些我们也懂。但是，你告诉我，股市里的极点在哪里？转折点在哪里？大盘的极点和转折点在哪里？个股的极点和转折点又在哪里？"老严曰："我不知道。"

"你不知道，还在写书，这有点太忽悠人了吧？"

老严一本正经地曰："一点也不忽悠人。谁告诉你他知道极点在哪里，这才是真忽悠人。"

那么，既然不知道极点在哪里，这个"否极泰来"怎么用呢？我告诉你，我们的祖先告诉我们否极泰来的道理，并不是让我们去追求转折点，而是告诉我们事物有否极泰来、阴阳转换的规律。我们如何运用呢？答案是努力靠近极点。我们无法追求极点，但是我们可以靠近极点。怎么靠近？我给大家举个例子，大家一下子就能够理解了。

假设有两只股票，一只股票跌了三天，总共跌了5%。另一只股票跌了三个月，总共跌了50%。这两只股票，哪一只更加靠近转折点呢？当然是跌得多的，因为它已经跌透了，就有希望形成触底反弹，带来转折。

"对呀，这不就是常识吗？"但是，是不是你买进了这只下跌50%的股票，它马上就能涨呢？不知道。我们只是知道从调整的角度、从风险控制的角度来看，这只股票更加靠近转折点。或者说，相对于那只只跌了5%、只跌了三天的股票而言，跌了50%的这只更加靠近转折点。

同理，对待一只三天涨了5%的股票，和一只三个月涨了一倍的股票，哪个更加靠近转折点呢？很显然，那只涨得多的股票更加靠近，但是你一卖它就一定跌吗？不一定，它只是靠近转折点而已。靠近极点，就是这个意思。所以，我们在寻找个股买点的时候，要去寻找下调幅度够大、横盘时间够长的股票，幅度越大，时间越长，越靠近转折点。

那么，对于卖出信号，应该怎么寻找呢？方法差不多，找上涨幅度足够大的股票。但是，见顶总是跟启动有点儿不一样。哪里不一样？个股多半是在乐观和疯狂中下跌，所以横盘时间可能没有那么长。判断买卖点的方法，略有差异。

另外，所有的股票都不是一启动，就涨个不停，就没有了介入机会的。

因此，我们干吗要去追求那个所谓的最低点呢？首先，我们是追不到的，你以为已经是最低了，结果总是还有更低。那起涨点呢？底部突然放量大涨可以追吗？真正强的反转你买不进，等到你终于追上了，短期调整就来了，影响你的心情。

怎么买呢？一种方法叫作"买在涨停后"。这个经验很直白，什么意思呢？长期筑底的股票，出现第一个涨停板的时候，是一个转折的信号。既然是转折，就不会只转折一天。所以，当市场出现了转折的信号时，我们再进场。而且，要在它短期回调时进场，虽然说没有抢到最低点，但是我们能接近转折点。

"低点埋伏"和"买在涨停后"，这两种方法在实战中都可以运用。在强势市场下，这两种方法很好用。弱势市场呢？有时候，它没那么稳，启动两天又下去了。所以，在弱势市场环境下，观察期要久一点，而埋伏的方法更为稳妥。因此，不要追求极点，而要靠近极点。所有的大牛股，底部一定要有一定的量进行准备，后面才有大涨的机会。

一般放量甚至要放在启动的半年之前。为什么呢？因为这半年往往是内幕交易的敏感期。刚刚放完量就停牌，由于放量往往伴随着股价大幅波动，一旦交易所追查股价异常波动，就可能查出内幕交易的线索。而只要涉嫌内幕交易，必定大事不成。这些以后再慢慢跟你讲，但是否极泰来的理念，你要先装在心里。

如何判断个股行情乃至大盘行情的转折点？我刚刚就其在个股上的运用给大家做了一个概念上的介绍。接下来，我结合案例，给大家分享如何看大盘趋势的经验。

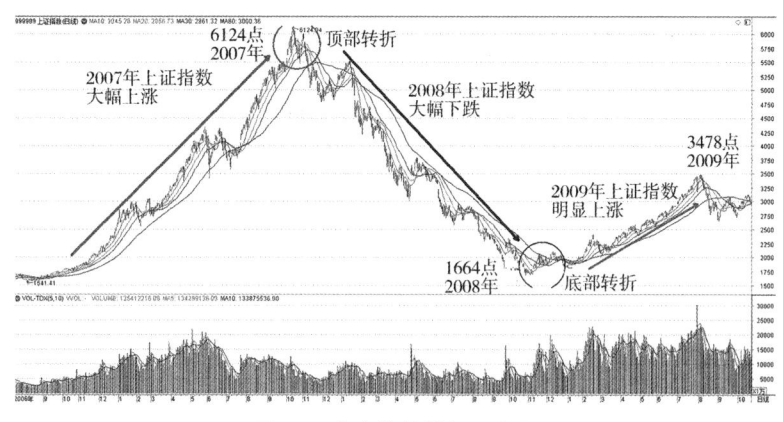

图28 大盘趋势转折示意图

该买入的时候就买入，不能买入的时候就不买。如果瞎买，失败率就高。明明是下降趋势的市场，非要买，赚钱很难，亏钱很容易。

在大盘的什么情况下能买入个股？在一轮行情结束，持续下跌出现时，特点是高点不断降低，低点也在不断降低。在下跌的过程中，不能凭主观臆断去抄底。这时，"接刀子"很危险，新低以后还有新低，没完没了。那怎么办？就一直看着吗？非也，市场本身也没有那么可怕，总有转折的时候，只是需要耐心地等待。

一个低点不成气候，独木不成林，双木是林啊，三木就成森了，就稳当了。什么意思呢？低点连续抬高，一次可以小试牛刀，两次的话，那就意味着可以大举进场了。

如图29所示：2008年10月，1664.93点，形成第一个低点。第二个低点（2008年12月，1814点）比前一个低点高了，此时，我们可以小试牛刀。第三个低点（2009年3月，2037点）也没有低过前一个低点，这时，我们就可以进场了。

图 29　2008 年 4 月—2009 年 7 月，上证指数历史走势图（日 K 线图）

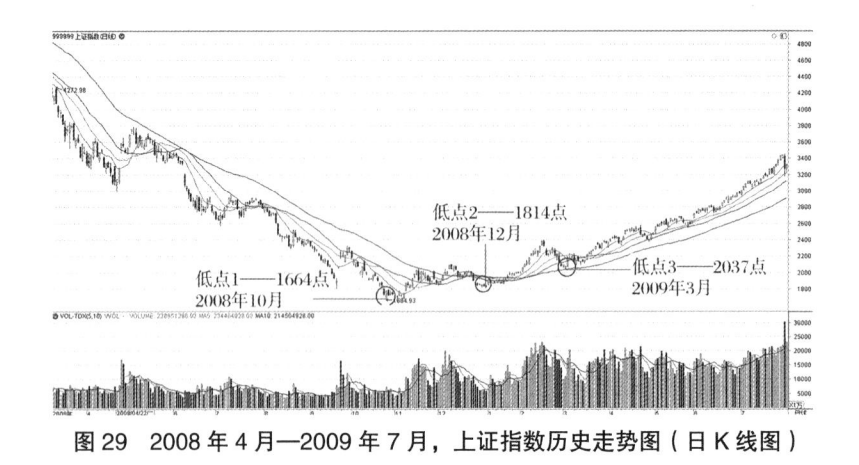

再看下面这张图，道理是完全相同的。2009 年 8 月破位以后，第一个低点先不管，我们继续观察。果然又创新低了，第二个低点是不是最低，我们不知道。之后反弹，又有一个低点，低点比之前抬高了，低点连线就是支撑。这就说明形成了新的趋势，可以进场了。

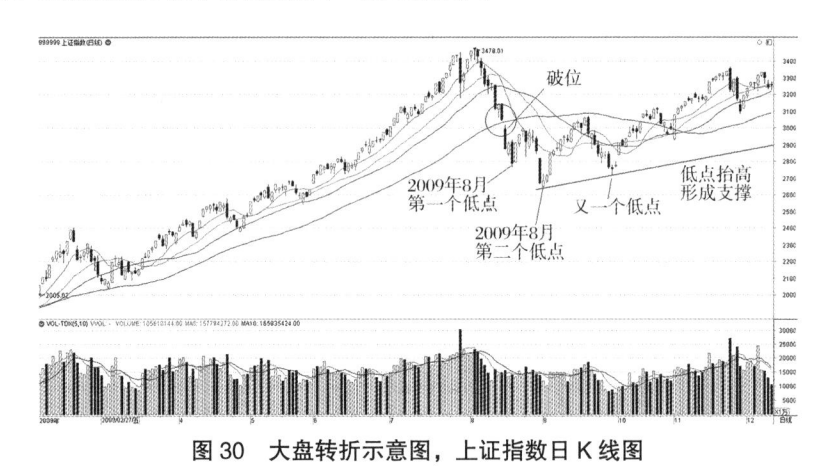

图 30　大盘转折示意图，上证指数日 K 线图

以上就是我把握转折点以及转折时机的方法。

从中不难看出，我的方法其实非常简单。判断大盘的走势，从 10 年前到现在我都是这么做的。低点不断抬高的趋势确定了，那么大盘无忧。我们选择个股的买点也一样。这样做，成功率必将稳步提高。

第五章
投资的戒律

算准自己的"亏损基因"

发财是买出来的,也是卖出来的。买卖做好了,就发财了。

怎么买,怎么卖呢?过去,大家也一直在做股票买卖。有时候买得好,有时候买得不好;有时候卖得好,有时候卖得不好。但是总体来讲,就是不好。有没有想过以前做得不顺利的原因呢?

"老严,我已经把以前的全部倒掉了,现在脑子已经清空了,就等你的干货啊!"恭喜你,这个态度是对的，是得把脑子清空，新东西才进得来。

戒律就是纪律，用来约束我们情绪的随机波动。不要小看情绪的随机波动，阻挡我们成功的妖魔鬼怪就藏在其中。孙悟空没有"金箍"约束不能成功，猪八戒没有"八戒"也不能成功。在"股海"里搏击，我们有戒律吗？时而贪得无厌，时而恐惧无边，时而心存侥幸，时而无法无天……这些天马行空的情绪围剿我们的理性，让我们常常遭遇冲动的惩罚。因此，必须制定我们股票买卖的戒律。

要做好逻辑买卖，就必须坚守戒律。首先，要把过去困扰我们的"亏损基因"找出来。这些都是让我们流失财富的漏洞，必须找到，并一个个地堵上。知耻而后勇，改过而自新。

"老严，亏损的原因有很多啊，你凭什么知道我们是怎么亏的呢？"

放心，老严会"算命"。

"太玄了吧？那你算一算我们是怎么亏的。"

老严曰："遵命，立即把大家的'亏损基因'算出来。"

亏损基因之一：买入股票的时候太急。

亏损基因之二：卖出股票的时候太贪。

亏损基因之三：控制风险的时候，也就是止损的时候太拖。

亏损基因之四：投资品种太分散。

大家长期以来投资的"亏损基因"，就是这十六个字：买入太急，卖出太贪，止损太拖，品种太散。各位扪心自问，老严算得准吧？

"老严，你算得真准，可我们该怎么办呢？"

既然找到了投资者的"亏损基因"，想消除，只需要反其道而行之。怎么做？买入不急，卖出不贪，止损不拖，品种不散！

我们研究逻辑买卖的戒律，就是要从理论上让大家认同，同时在行动上让大家坚定地照着做，坚定地走下去，如此则必然"挽狂澜于既倒，扶大厦之将倾"。

建议大家把这十六个字写下来，贴在自己操盘的电脑上。每次打算进行买卖的时候，就把这十六个字念一下：买入不急，卖出不贪，止损不拖，品种不散。

说到投资方法，我总是力求简便，确保大家可以轻松地掌握，把秘诀尽可能地编成顺口溜，便于记忆，也便于传播。

心法没忘吧？波动常在，四季花开，概率为王，否极泰来。道理都明白了，现在我们来学习戒律。

买入不急：投资股票也要学会砍价

没有戒律约束我们的情绪波动，不管投资的模式有多好，运行中都会出现极大的偏差，发财便成了水中月。要学习猴哥把"金箍"戴上，在投资的道路上找到自己的"八戒"。逻辑买卖比较轻松，只有四戒，第一戒——买入不急。

过去你太急，一般就是爱追高，追高就容易挨套。就算不挨套，至少买得比较贵，买得贵就压缩了利润空间，让自己的投资变得被动。

有人说："老严，我是个耿直的人。买股票，只要是好股票，多个一毛、两毛的无所谓。"

你是不是真的这么大方、这么潇洒？不一定。因为有很多朋友到了卖的时候就变成："老严，差五分钱我手续费就够了，我就可以卖了，就差一点点。"结果，五分变五元，被套牢了。所以，要获得投资的主动权，必须找到安全的买入价格。

股市既然是自由市场，我们当然要自由自在地讨价还价，买入的价越低越好。

"不对,菜市场可以讨价还价,老严,这股市怎么讨价还价呢?"

不急,饭要一口一口地吃。先记住"买入不急"的戒律以及道理,再听我慢慢分析。

道理的核心是什么?我送你一句顺口溜:**亏钱大多是送钱,贪中急买乱花钱。若将常识用股市,砍价砍出百亩田。**

"什么意思?砍价就可以发财呀?"

老严曰:"是啊。"

"真的吗?"

老严曰:"千真万确。"

可以说,很多人以前是把钱送给了这个市场。我们为什么送钱?其实,我们内心是不愿意的,但是最终的结果就是送了。因为我们贪婪,总担心错过大牛股,总担心错过好机会,所以听风就是雨。一急,买入的价格就比较高。而价格高,就压缩了我们的利润,甚至导致我们亏损得更厉害,也就是让我们把钱送给了市场。

所以,把上面的顺口溜再念一遍吧。念着念着就熟了,以后就尽量不犯这样的错误了。

为什么亏钱大多是送钱?因为你明明能以更低的股价买入,而你没有,那是不是就是把本来可以节约的金钱送给了这个市场?而且,你这么慷慨大方,这个市场还不感激你,你倒成了让人笑话的失败者,情何以堪呀!

"老严,都是来之不易的血汗钱,谁会白送?你凭什么说我是送钱的?"

老严曰:"别急,敬请对号入座。"第一,因为贪婪,你太着急了,怕错过大牛股,总是冲动追高。第二,你常常忘记常识。在生活中,我们最擅长的就是砍价,双十一、双十二,各大电商平台的生意那么好,为什么呢?便宜嘛。砍价不是吝啬,是对家庭财富负责任的基本常识。但是,你买入股票的时候居然忘了砍价。

"来到股市里,跟谁砍价?"是啊,面对菜市场的商贩,他的白菜卖3

元,我们跟他谈判了三轮,终于讲成了 2.6 元。显然,这个钱是小钱。大家对家庭财产都有着如此负责任的态度,但是为什么来到股市里,就像换了一个人,变得慷慨大方,从来不砍价,市价买入,甚至追高买入?看着虽然很潇洒,可是你的家庭财富就这么"哗啦啦"地流走了。

怎么砍价?我告诉你,利润是可以省出来的。先亮明观点,所谓的"砍价",就是在股市里学会打折买入法。

第一个方法:买入股票时,在自己想买的价格的基础上打九八折。从今往后,你的每一笔买入,无论任何市场、任何股票、任何情形,你都把它作为一条铁律,"印"在自己的心里。

以前,你想买股票,直接就买了,甚至买入价比自己想买的价格还高,因为你怕买不到。现在,这个打折买入的方法跟你以前所用的方法是完全相反的,因为"亏损基因"之一是"买入太急",而我们现在要改正错误,改成"买入不急"。

比如,某只股票,现在的股价是 10.01 元,你想买的价格是 10 元钱,你该怎么买?挂 10 元钱吗?不对。追 10.1 元吗?也不对。打九八折是多少?9.8 元,所以,就把你的买单挂在 9.8 元上。

"老严,不对,这样就买不着了,那只好股票就跑啦!"如果说我向你证明什么,好像你都不服,那你自己证明给自己看可好?回忆一下你最近五次、十次、二十次、五十次的操作。如果你有交易记录的话,可以回顾一下,你每次买入后,市场是不是出现了比你的买入价更低的价格?

"是啊,我历史上从来没有买到过最低价。"

既然如此,那是不是在大多数情况下,甚至是在绝大多数情况下,你都买贵了,都把钱送给这个市场了?一定要回去查一下以前的交易记录,加深印象。你只有心理上认同了这套模式,行动上才会坚持下去。如果你只是听我聊一聊,感觉好像有道理,过段时间又忘得一干二净,又还给我了,有用吗?

所以，这个作业一定要做：回忆一下自己是不是大多数时候都买贵了。

如果每次买进的时候，把价格设定为你当时成交价格的九八折，能不能买到股票？你自己统计。我统计的结果是，超过80%的概率是能买到的。这个概率就了不得了，前面提到过，巴菲特的成功率是67%，李世石的成功率是51%，他们都长期笑傲江湖。所以，这个具有80%的成功率的方法，你要好好地琢磨一下，得把失去的弥补回来。从此以后，买入不急，学会打折，在自己想买的价格的基础上打九八折再入手。

"但是老严，才2%，这么点我看不上啊。我来股市是要让资金翻倍的，至少要涨50%的！"你错了，每次2%，就意味着你未来赚钱会比以前多赚2%，亏钱会比以前少亏2%。这样累积下来，结果是非常惊人的，那就是复利的奇迹。你可以算一下，102%的10次方、20次方是多少。这样算下来，会让你惊掉下巴！

你会恍然大悟，我的妈呀！那么多年来，我一直怪天怪地，却忘了怪自己，**原来自己的亏损，是自己主动、自觉自愿地送给这个市场的，**只因为买入太急，不打折，对家庭财产不负责任。那是一笔数目很大的财富，未来不要再做这样的慷慨赠送了。你要做慈善，应该心甘情愿地去做，在股市里不要做慈善，要认认真真地为家庭财富负责任。同时，把这个理念和方法传给你的孩子，你的家族财富基因将因此而强大。

买入不急，账不可不细算。利滚利，威力是无穷的。"涨停板敢死队"发财不就是每次2%不断地滚下去吗？而你每次坚持送给别人2%，所以最后滚动的结果惨不忍睹。

那么，现在改变方法还来得及吗？还来得及。

九八折买入，我们就获得了买卖的主动权。每一次买入，都比你想买的价格便宜，而且大部分时候都能够成交，那过去的浪费就停止了，它就转化为利润了。每次节约2%，一年如果操作十次，你省出的利润都不止30%。如果再往长远一点看，积累下来的财富会更加惊人。

所以，从今天开始，学会买入不急。

打折买入的方法，我介绍的是九八折，那可不可以打九七折呢？当然可以。我依据实战经验统计的结果是，九八折的成功率是最高的，但你要打九五折，我也拦不住你。有的朋友说，行情不好的时候多打点折，好的时候少打点折。那更好，你已经站在我这个矮子的肩膀上，比我高了。

打九八折这个方法最简单，也最容易传播。当然，青出于蓝而胜于蓝，如果你能变通，有更好的办法，那我恭喜你。

那么，还有没有其他的方法呢？另一个方法稍微复杂一点，但是也谈不上高难度。这个方法叫作"5日均线挂单买入法"，灵活度要高一点。我测算了一下，这个方法成功买入的概率跟打九八折差不多。

怎么操作呢？比如，某只股票你已经看好了，你决定要买。在什么样的情况下，你会买得有点着急呢？那就是股市形态走得漂亮的时候。这时候，你想追高买入对不对？别着急，你记住我告诉你的这个方法——5日均线挂单买入法。

这个挂单挂得着吗？没问题。我们马上来看一看。

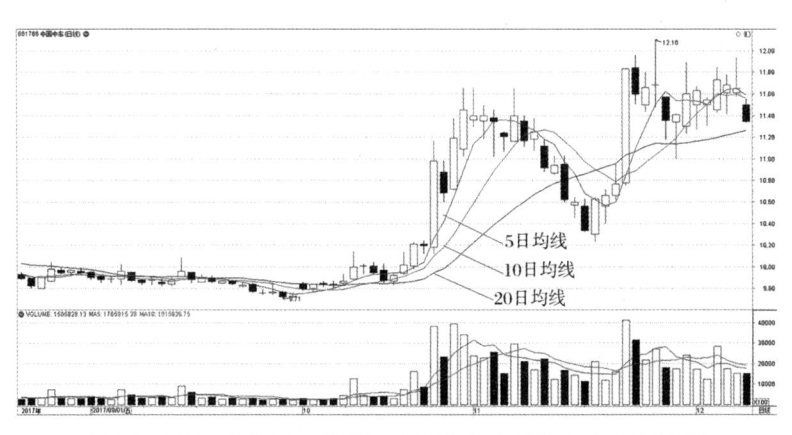

图31　2017年9月—12月，中国中车（601766）日K线图

我们看一下5日均线在哪里。如上图所示，5日均线上升斜率最陡峭，

10日均线的上升斜率次之。当然，这个5日均线挂单买入法，一般来讲不太适合弱势市场，它比较适合整体状况已经走强的市场。

如果是弱势市场，跟着5日均线买，有时候5日均线还在现在的价格上面，你不可能追高买入。所以，这个方法要用在强势市场，或者是走上升趋势的市场。而在牛市尚未来临的时候，要坚持前面介绍的"打九八折买入法"。

接下来，我们看一看中国中车一路走来的K线图。前面是弱势市场，这时，5日均线在贴着实际价格走。而大家更加关心的是，如果已经是强势市场了，追不着怎么办？

我们来看一下下图，看看是否追得着。

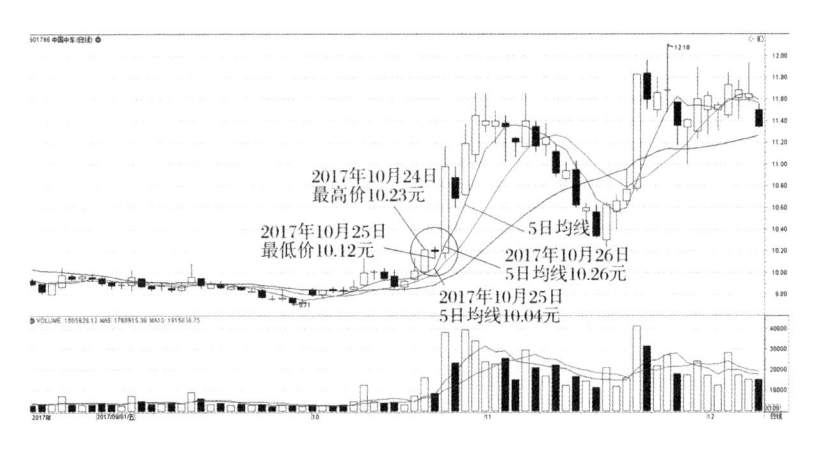

图32　2017年9月—12月，中国中车（601766）日K线图

如上图所示，2017年10月24日的最高价是多少？10.23元。第二天，你是不是就想10.23元买了？如果你入手，那又买贵了。我们来看一看，这一天的5日均线是10.04元，差不多是九八折，我们就挂10.04元买入，但这一天的最低价是10.12元。哎呀，没买着，怎么办？不急，第二天没有买着，我们第三天再来。果然，第三天5日均线的位置提高了，到了10.26元，但是第三天的这个低价跟第二天相比好像贵了。不过，我们仍然坚持5日均

线挂单买入的方法,因为我们追求的是大概率的成功,并不追求每一次的完美。

很多人见到大阳线,就迫不及待地想追高。那我就请大家再看一个例子,还是中国中车这只股票,让我们来看一看,见到大阳线不追高,而是坚持沿 5 日均线挂单买入,这个方法是否还有效。

2021 年 1 月 6 日这天,中国中车拔地而起,收盘涨停。这是从底部发生的第一个涨停板,符合"买在涨停后"的策略,此处可以顺带复习一下前面学过的内容。

怎么买呢?1 月 6 日收盘涨停。次日(1 月 7 日),5 日均线的价格是 5.59 元,当天中车的最低价是 5.64 元,差了一点,没有买到。第三个交易日(1 月 10 日),5 日均线在 5.71 元,当天的最低价是 5.86 元,还是没有买到。

真的买不到了吗?买入不急,贵在坚持。继续沿 5 日均线挂单,仅仅过了一天,即 1 月 11 日,5 日均线变成了 5.88 元。当天,中车的最低价是 5.81 元,可以成功买入。

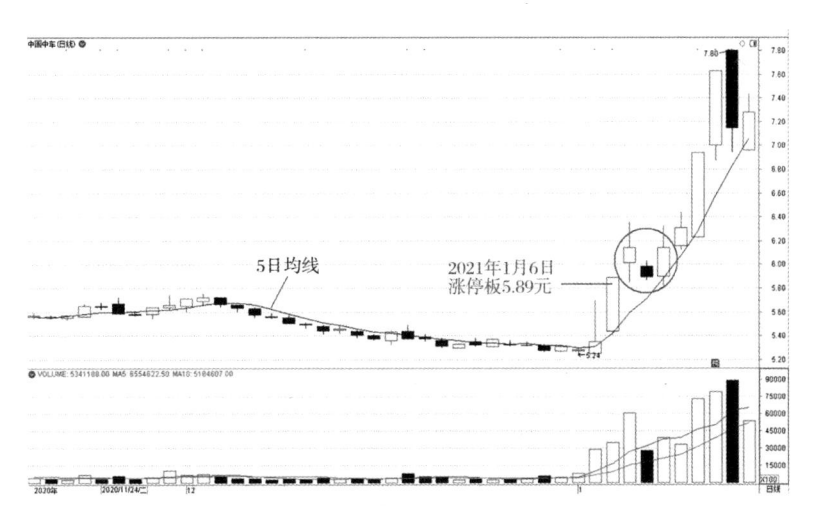

图 33　2020 年 11 月—2021 年 1 月,中国中车(601766)日 K 线图,5 日均线挂单买入法示意图

坚持5日均线挂单买入的方法，有没有问题？没问题，我们追求的是大概率的成功。

市场上公开推荐股票的人不少。很多自媒体，包括一些券商的研究报告都在推荐股票。他们有一个共同的心愿，就是希望大家都来追高，大家追高才能涨，才能显示推荐者的神奇。其实，创造这个神奇的不是推荐者，而是无数的追高者，统称"韭菜"。怎么避免沦为"韭菜"呢？只要坚持买入不急，灾祸自然烟消云散。**记住了：坚决不追高，韭菜变镰刀。**

打九八折买入法和5日均线挂单买入法，可以结合起来运用。你学会了，照着做就行了。买入不急，简单好用，从此不再主动送钱给市场。

卖出不贪：找准信号，该卖就卖

接下来，我们要扭转第二个"亏损基因"——卖出太贪。

"老严，你说要做到卖出不贪，那我来到股市里，怎么不想多赚一点儿？不赚钱来股市干吗？这叫贪吗？"

老严曰："没有节制的贪婪，方为灾祸。有节制地追求收益叫作'有上进心'。"

"贪"乃人之常情，关键在于有没有戒律，有没有节制。那"卖出不贪"，又怎么理解呢？顺口溜已经准备好了，一起来背诵一下。卖出不贪：**贪心是常亦非常，贪得无厌就站岗。学习大圣戴金箍，会卖就变高大上。**

贪心人人都有，没有节制就麻烦大了，能够做到有节制的则非常人。

我们常说，会买的是徒弟，会卖的是师父。但是，要做好这个徒弟也不简单，很多人是乱买一气，买贵了浪费钱财。上一节关于"买入不急"，已经讲得很清楚了。那么，要当师父的话，含金量就要高一点点。怎样才叫会卖呢？卖的时候，我们总是那么纠结，担心牛股让我们卖飞了、卖早了。"老严，这只股我8元买的9元就卖？没赚多少钱啊！我要看高一线呢。"

这没有错，当然可以看高一线。但是，这一次如果你看对了，到10元了，卖不？

你大概率会说："不卖。专家说了，强势走高，再看高一线！"

十个专家九个都会这么讲。顺势而为嘛，也没错。于是，你开始展开想象的翅膀，或者感慨一下：五年前，我曾经遇到过一只股票，5元钱买的，我没拿住，6元多就卖了。后来，这只股票涨到了30元，气死我了。这一次，好事又来了，不能错过了。所以，死了都不卖，坚持持有，不翻倍绝不收兵。

这次，你的水平真高，这只股票继续涨，又涨了2元到12元了，挣50%啦。问你卖吗。你说："不卖，说好的要翻倍呀，春风得意马蹄疾。"

但对不起，股价回调了。回调到11元，卖了吧？

"不卖。12元都没有卖，我凭什么11元卖？我懂，这只是机构洗盘呢，老股民都看得出来。"

但是对不起，继续往下掉，到10元钱了。

照理说不错呀。8元买的，10元卖也很好啊，卖点儿不？

"不卖。我11元、12元都没卖，10元凭什么卖？"

又跌下来了，到8元了。保本也还可以，虽然竹篮子打水一场空，但是本钱保住了，卖吧？

"不卖，赚钱都没有卖，保本凭什么卖？"

最后，7元了，咋办？

"真是跌得太不像话了。跌吧，随便跌。我就不信邪了，老子不行，还有儿子，儿子不行，还有孙子，子子孙孙无穷匮也。你不涨，我就不卖，我就不信你不涨。"

很多股民的心路历程就是这样的。这样的"坐电梯"不是享受，而是折磨。赚钱不卖，亏钱也不卖，最后实在受不了了，告别股市，"重新做人"。这个循环，有的朋友都不止经历一次、两次啦。

你可能还是很委屈："那是啊，老严，你说我有什么错呀，我想多赚点。"问题就出在这儿，没有节制的贪婪，必然出问题。

那靠什么节制啊？靠我们灵机一动吗？对不起，不行！

仔细回顾上述过程，我们会发现，人家说10元看高一线是对的，以为擒获牛股要发大财也不错。**天马行空的想象是每个人的自由，实事求是的操作才是成功者的秘诀**。人人可以理想丰满，事事可以理想丰满，但是当市场出现了现实信号以后，我们有没有实事求是的、大概率成功的应对策略？如果是随机漫步的话，那就麻烦了。

接下来的关键，在于我们怎么办。如果有卖出信号就好办了，跟着信号走，我们该咋整就咋整嘛！那有没有明确的卖出信号呢？有。

"太好了，赶快告诉我，今后我也要当师父。"

实际上，在我们逻辑买卖心法的"四季花开"中，已经埋下了伏笔——掉花瓣就卖出，掉花瓣就是信号。原来，不是要去预测它什么时候花期结束，而是掉花瓣就是一个卖出的信号。

"掉花瓣"意味着什么呢？意味着花期结束了。以此为喻，是指股票的上涨动能不足，由强转弱，开始有回落的苗头。接下来，就跟大家分享一下如何确定卖出信号。

首先，在稳定、平衡中的小涨小跌是没有卖出信号的。逻辑买卖这套模式对待小涨小跌，即我们前文提到的随机波动不适用。就好比这个世界经常地震，而大部分地震我们是感觉不到的，因为它们是小地震。而大地震，我们就能感觉到了。

世界万物的规律是一致的。"波动常在"不仅仅指的是在股市中的波动，我们也在波动，万物都在波动。因为组成万物的是基本粒子，基本粒子的典型特征就是波动。那么，既然都在波动，我们怎么研究波动呢？将随机波动和无效波动过滤掉，我们要抓住确定性的波动——像大地震这种级别的波动。

在股市里，这样让人有感觉的波动是什么波动呢？加速上涨，或者加速下跌。

小涨小跌让人感觉平静，加速下跌让人很紧张。当持有的股票突然出现加速上涨时，绝大部分投资者都是欣喜若狂的，而不是警惕的。

但是，我要告诉你，加速上涨如同鲜花绽放，也会让力量快速消耗。小涨小跌，可能是在长叶子、打花苞。加速上涨，就如同花开。既然花开了，那就意味着很快要花谢。一旦花开得太盛，力量消耗殆尽，股价就会跌下来。所以，我们的投资策略是，当个股出现加速上涨的苗头时，就要做好卖出的准备了。

小涨小跌不用管，而加速上涨时，要提高警惕，仔细看。看什么？看有没有掉花瓣的迹象。如果有呢？那就卖出。会卖了，咱们就可以当师父去了。

加速上涨的股票原来是在开花，花开就意味着花谢，而掉花瓣说明什么呀？这句话大家初中时应该学过吧——"一鼓作气，再而衰，三而竭"，这就是形容一个势力从强大到减弱再到消亡的过程。还有呢？开弓没有回头箭，箭刚射出时特别凶猛。但是，200米、300米之后呢？弱了吧？400米之后更弱了，500米之后就一点力气都没有了。"强弩之末，势不能穿鲁缟者也。"我们用手指头就可以把它夹住。那么在股市里，我们如何判断个股价格上涨的趋势能不能"穿鲁缟"呢？没有力气抓箭头的呢？我告诉你，我们根本不用去抓箭头，我们只要等到箭头掉下来再做判断就好了。

很简单吧？不用去赌，不用去猜测。不用去猜测花瓣什么时候会掉，看到掉花瓣了，再卖也来得及。唯一不如意的是，卖不了最高价。其实，也不用为此遗憾。请问诸位，努力了那么多年，在股市里卖了几次最高价？我建议大家，做不到的事情就不要做，更不要抱有不切实际的期待。如果一定要卖最高价呢？容易背骂名——为什么要最高价卖给别人呢？最高价卖掉，买你股票的人怎么赚钱呢？如果人人都如此，那股票市场就"无边落木萧萧下"了。

假设最高价是31元，你29元卖出，别人买到以后还有希望，还有上涨空间，大家都能赚点钱。所以，何必总是期望着卖最高价呢？

那么，如何判断个股掉花瓣了呢？

信号之一：个股的价格加速上涨。

信号之二：股价连续创新高的股票，在加速上涨的过程中，股价哪天不创新高了，就是在掉花瓣。

什么叫"加速上涨"？我们再结合案例了解一下。为了让大家容易掌握，我选了比较典型的案例。

下图是西藏矿业2017年6月到10月的K线图。什么叫"小涨小跌"？一会儿阳线，一会儿阴线，涨三天又跌两天，涨两天又跌三天。

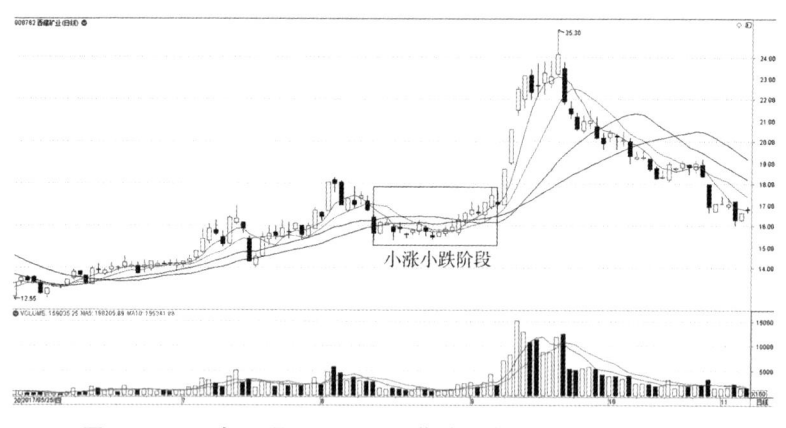

图34　2017年6月—10月，西藏矿业（000762）日K线图

小涨小跌不成气候，不管它。

什么叫"加速上涨"呢？加速上涨的含义，是连续三天创出新高，每天的最高价都比前一天高。同时，三天累计涨幅超过10%。当然，判断方式也

不用那么僵化，你说9%算不算？那也算。15%当然也算。总之，连续三天达到比较理想的涨幅，就算加速上涨。

西藏矿业2017年9月8日—20日就出现了这种连续拉升的情况。很显然，大家看到一个事实：原有的上升趋势和上升角度发生了很大的变化。趋势变得更明显，角度变得更陡峭。原来是15度角，现在变成了将近45度角，都立起来了。这就很危险了，**一旦股价接下来不创新高，就是强转弱的信号，赶紧卖！**

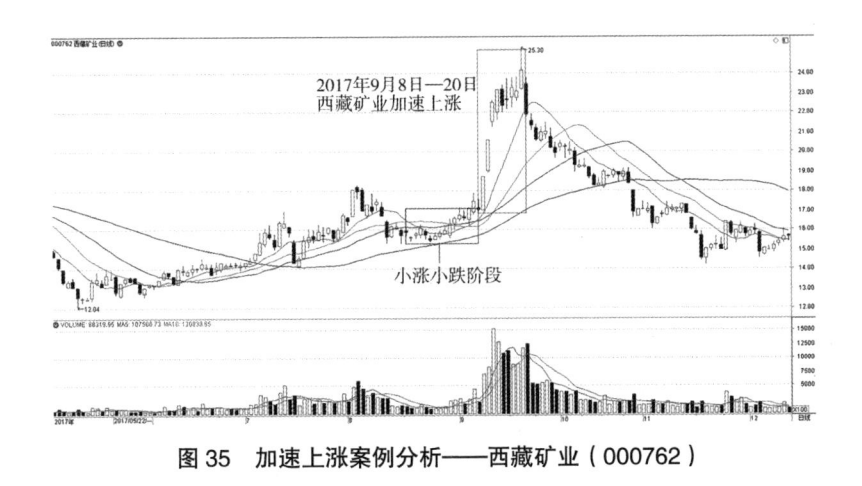

图35 加速上涨案例分析——西藏矿业（000762）

在2016年的7月12日，我建议投资者将下列三个板块的股票全部卖掉。我们来看一下这三个板块的表现适不适用这个方法：

第一个是白酒板块。以五粮液（000858）为例（如图36），大家不难发现，当图示位置（2016年7月12日）提示卖出的信号后，市场随之进入了调整状态。尽管后面酒又"疯狂"了，但那是后面的事情，我们不要理会。连续创新高，加速上涨，不创新高的12日就卖掉，其后呢？长达半年的横盘休整。

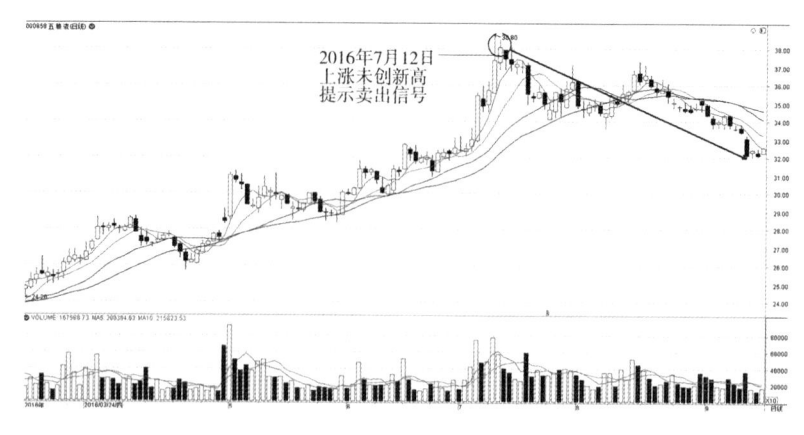

图36　2016年4月—8月，五粮液（000858）日K线图

第二个是黄金板块。以中金黄金（600489）为例，我们来看一看，它在2016年7月上旬开始加速上涨，7月6日起不断创新高。直到7月12日，没有创新高，那么卖掉。

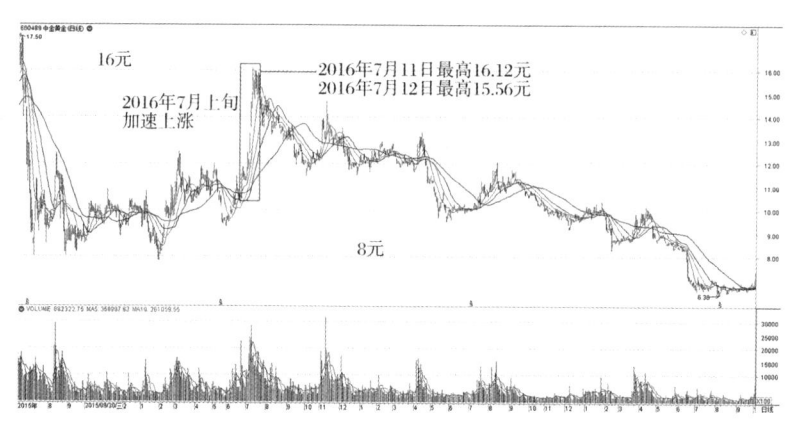

图37　卖出不贪案例分析——中金黄金（600489）

第三个是军工板块。以其中的代表性品种北方导航（600435）为例，2016年7月初，送股除权后加速上涨，7月11日封涨停板，7月12日却未创新高，不创新高就卖掉。

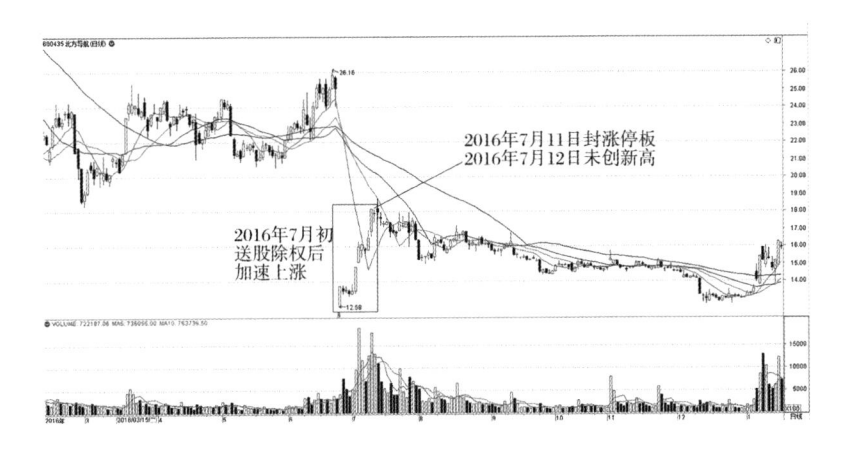

图38　卖出不贪案例分析——北方导航（600435）

看完这几个例子，相信你已经学会了怎么寻找"卖点"。至于是不是卖到了最高价，不要去琢磨了，没有意义。加速上涨之后不创新高就应该卖掉。因为加速上涨打破了原有的平衡，上涨斜率跟原来的不一样了，这就意味着要变盘了。这种方法简不简单？非常简单。

这种方法对于震荡市和牛市太好用了。那么，对于弱势市场呢？你可以做适当的修正，但是道理是完全一样的。我也举过类似的案例，虽然有的不是那么典型，但你在操作上可以稍微温柔一点嘛，可以选择部分减仓呀。

你只有学会了卖出，才真正能够体会到峰谷轮动的妙处，才能够明白我所讲的"四季花开"的作用，你的投资才可以"四季不败"。总之，开始掉花瓣就卖，然后去布局那些还在打花苞的其他股票，这就是峰谷轮动的本质。同时，要把握卖出的信号。信号是什么？**加速上涨时，哪天不创新高了，哪天卖掉。**

还有一部分投资者真的对做股票有感情，喜欢长线投资。长线投资立足于基本面，有的股票走出慢牛。2017年的蓝筹股行情，大家的印象都很深刻，就是一个慢牛的走势。那么，对待这种涨的幅度也不小，但是一直也谈不上加速上涨的走势，又怎么判断呢？

我告诉大家，个股是否强势，依据两条线来判断是关键。

第一条是中期趋势线，我们以 20 日均线作为重要参考，也可以看看月线，如果跌破了 20 日均线或月线，就意味着中期强势逆转，那就卖出，这叫"止盈"。我们要赚钱，但是不要坐电梯，我们也卖不了最高价，但强势转弱势的信号出现了，就要果断离场。

如下图所示的仁东控股（002647），2020 年 7 月—11 月，股价自 34 元上涨到最高 60 元。这期间股价从未涨停过，单日涨幅从未超过 5%，但股价累计涨幅超过了 70%，是典型的慢牛行情。但其股价于 2020 年 11 月 5 日跌破了 20 日均线，这就对持有者发出了止盈的信号。值得注意的是，在这一止盈信号出现后不久，仁东控股又收复失地，并且创了新高。

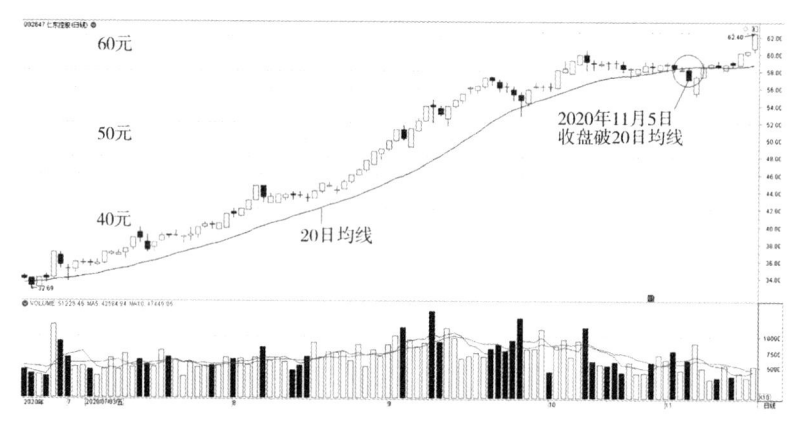

图 39 2020 年 7 月—11 月，中期强势逆转关键信号示意图，
仁东控股（002647）日 K 线图

出现这种情形时，自然会让人怀疑参照止盈信号的有效性。真是这样吗？且慢下结论，让行情继续演绎，看看后来又发生了什么。图 40 还是仁东控股的走势图，所不同的是时间又往后延伸了一段。请注意，仅仅在仁东控股创新高之后的一两天内，股价迅速自高位逆转，开启暴跌之旅。

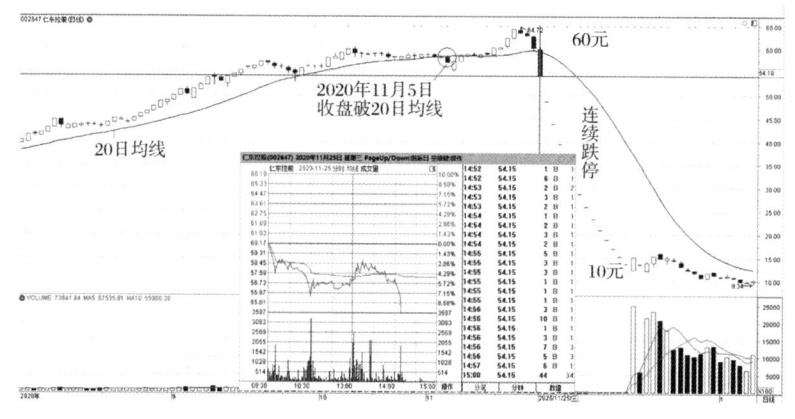

图40　2020年9月—12月，中期强势逆转关键信号示意图，
仁东控股（002647）日K线图

对于那些错过了11月5日止盈信号的资金而言，11月25日是最后一次逃生的机会。但11月25日当天的分时图显示，股价下午即跳水跌停，逃生的机会大打折扣。从这一案例不难看出，及时止盈，不追求卖到最高，但避免了后来的灾难性损失，这正是"卖出不贪"这一戒律的重要意义。

当然，实际交易中依据20日均线判断止盈信号会存在判断失误的情形。但从概率来看，由于止盈降低了遭遇电梯式回撤的风险，而后者往往有致命的杀伤力，所以止盈的方法仍站在大概率成功的一边。

另一条是中短期趋势线，即10日均线。我在实战过程中用10日均线会更多一些，因为20日均线有时候时间跨度太大了，等到跌破20日均线，损失就很大了。10日均线比较敏感，实际上对于大多数处在主升浪阶段的股票，10日均线被跌破是主升浪结束的一个重要信号，也就是我们要做出止盈判断的重要信号。

如图41所示，这是2021年年初稀土概念龙头盛和资源（600392）的主升浪走势，图中用10日均线和20日均线做了对照。由图可见，在判断中短期强势是否逆转方面，10日均线比20日均线无疑更占先机。

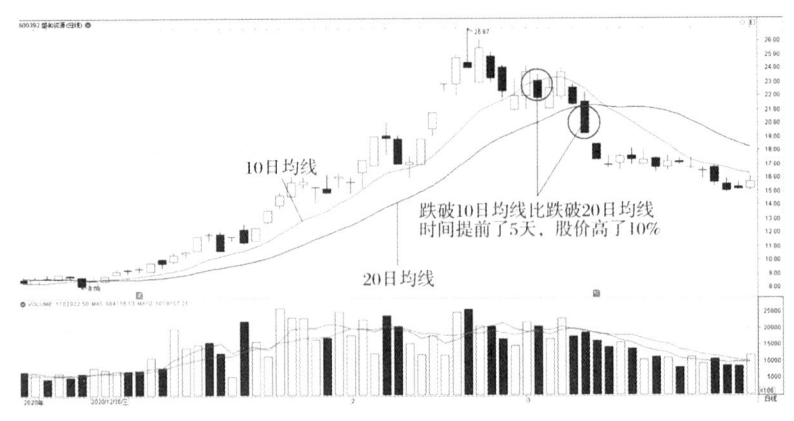

图 41　2021 年年初，稀土概念龙头盛和资源（600392）的主升浪走势图

加速上涨的股票，哪天不创新高，就哪天卖出。

对于慢牛型的股票，参照 20 日均线或者 10 日均线动态止盈。这两种方法能不能结合起来用呢？完全可以。因为很多人看到处在加速上涨期的股票，就觉得这只大牛股发威了，主升浪来了，舍不得卖，结果往往错过了卖出良机，空留遗憾事小，利润损失事大。

那怎么办呢？**加速上涨的股票，哪天不创新高，哪天卖出一半，剩余一半以 10 日均线为动态止盈位，跌破 10 日均线则全部卖掉**，这样就简单了。这样，你的胜利果实大部分都妥妥地放在你的钱包里了，不会付之东流，也不会竹篮打水——一场空。

止损不拖：警惕系统性风险

我们接下来要对付第三种"亏损基因"——止损太拖。

止损是个什么含义呢？就是停止亏损。怎么才能停止呢？卖出了也就停止亏损了。比如，我 10 元/股买的，9 元/股卖的，或者我投资了 100 万元，卖掉后只剩 90 万元，虽然亏了 1 元/股或 10 万元，但不可能再亏了，这就叫止住了亏损。

这跟我们生活的常识很有关系。比如，一个人生病了，手上长了一个疮。医生说要做一个小手术，划一刀，把脓引流出来，吃点消炎药，打一针，基本上就可以好。你如果拒绝手术治疗："还要做手术啊，太疼了。保守疗法吧，涂涂红药水，或者有什么偏方再敷一敷。"那么对不起，如果这一次运气不够好，药不对症，疮就会越来越大。

你再去医院，医生遗憾地说："感染了，这个手指头要切掉，不然的话会有麻烦。"原本划一刀就可以解决的，结果拖到了要切手指的地步，麻烦变得非常大了。如果你还是拒绝接受治疗，再找偏方，再想其他办法，那么很有可能最后整只手都要砍掉了。医生总是会建议你用最小的代价来保全生命。壮士断腕，正是此意。

但是，很多人在实际的操作过程中，总是跟上面的例子一样，止损太拖，赌气，死了都不卖，这就会造成很大的麻烦。特别是一些投资者，在股市的某些阶段遇到了短暂的运气，通过熬，居然真的熬出了一个"春天"。这时候，他看起来是胜利了，但一个错误的基因已经注入了他的体内。这个错误的基因，叫作"死了都不卖"。

这在股票投资中，也是一种错误的路径依赖。你以为只要熬，就有办法，只要熬，就有希望，你会把这个"传家宝"传承下去，告诉你的孩子："股票套住了不要紧，熬！人生套住了不要紧，熬！"未来退市的股票会越来越多，没熬出来，怎么办呢？所以，错误的路径依赖就跟守株待兔的故事一样，本来是一个偶然的喜剧，一旦把它当成了可以复制的模式，就是一生的悲剧。

肥兔主动上门，不劳而获的感觉令人陶醉。然后，农夫就耐心地在木桩子边上守着，希望有更多的兔子自己撞到木桩子上来，结果这辈子就得意了那一次，而荒废了一生，这就叫作"错误的路径依赖"。如果认识不到这一点，将非常危险。这种错误的经验，如果传递给孩子，也将是非常危险的。

止损不拖，就是打破路径依赖，出现信号立即撤离，君子不立危墙之下，就是打得赢就打，打不赢就跑，不心存侥幸。

那么，具体怎么做呢？在教大家方法之前，我先给大家分享一下我失败的例子。

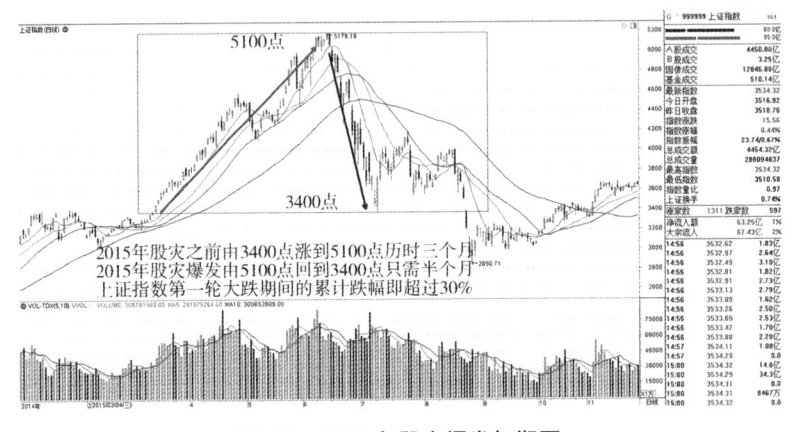

图 42　2015 年股灾爆发初期图

什么时候的失败？在股灾期间的失败。以前，我是把卖出不贪和止损不拖分开使用的，但是2015年的股灾之后，我却把这两者合二为一。我领悟到，止损的本质其实还是卖出。我的目标，是离最高市值八五折以内，可以全身而退。未来一定会有大牛市，但未来的大牛市也必然会有结束的时候。据我测算，这个新方法可以帮助我们在离最高市值八五折以内，就功成身退。实际上，这个新方法是来自股灾中的教训。那曾经的惨烈暴跌，始终让我们敬畏市场，警钟长鸣。

大家先看一下图43，这就是股灾之前的"风花雪月"。瞧，多么漂亮的走势！

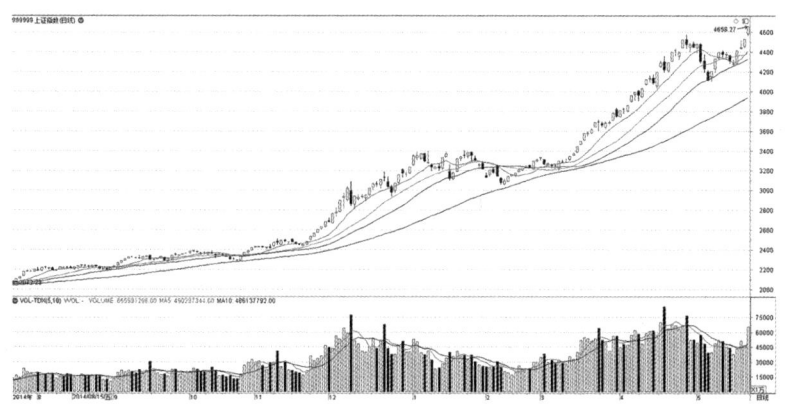

图43 2014年7月—2015年5月，2015年股灾爆发之前，上证指数走势图

股性如人性，每一轮行情都有自己的性格。什么性格？它总是有自己的上行路径。而2015年的牛市路径是沿着什么走的呢？如下图所示，60日均线不断地向上，每一次中级调整都是止步于60日均线。每次回踩60日均线，就是再次飞翔的起点。这个标识非常清晰，整个牛市的步子就沿着60日均线在走。所以，在预防大盘转势的信号里，我一直把是否跌破60日均线作为一个重点。

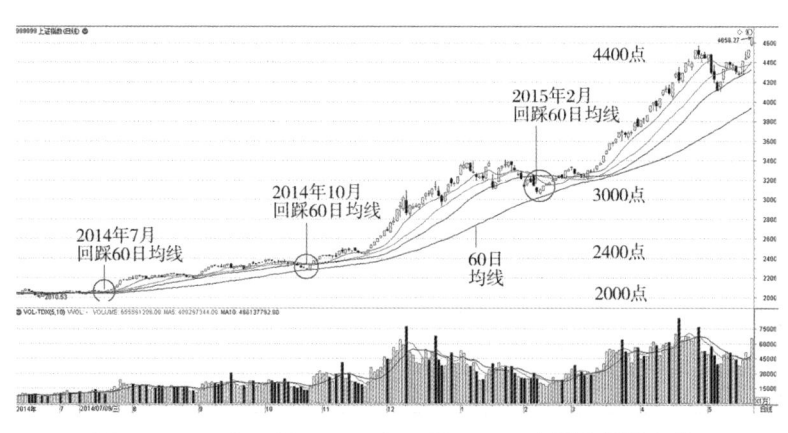

图44 2014年7月—2015年5月，2015年股灾爆发之前，
上证指数涨势示意图

但大家注意，见顶5178点后到跌破60日均线是一个非常快速的过程。它跌得很急，不是慢慢地跌。如下图所示，2015年6月19日上证指数暴跌了300余点，到4500点左右了，但仍高于60日均线，并且又是周五了，我想等周末利好。次周二（6月23日），盘中虽然跌破了60日均线，但当即V形反转重返60日均线之上，有惊无险。

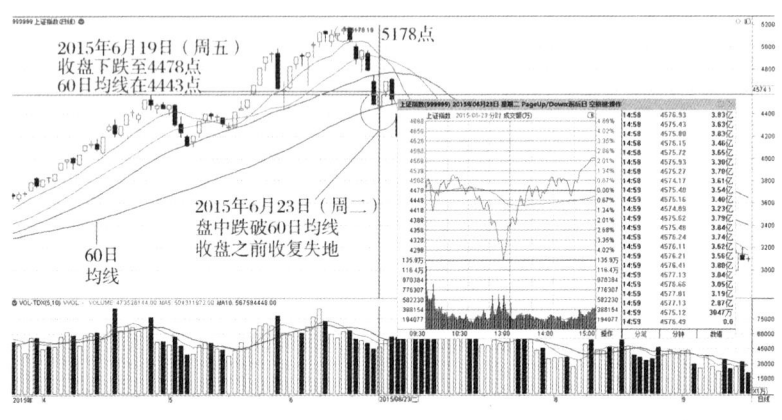

图45　2015年5月—7月，2015年股灾初期，上证指数示意图

到了6月25日，盘中触及60日均线，但仍站在60日均线之上。第二天是周五，开盘跌破了60日均线，收盘时也未收复，但当天跌势平缓，没有恐慌情绪，加之上一个周五（6月19日）当天暴跌后，次一周等来了利好支持，所以在6月26日这个周五当天下跌后，我想再等等，看看周末有没有利好，到下周一再做定夺。

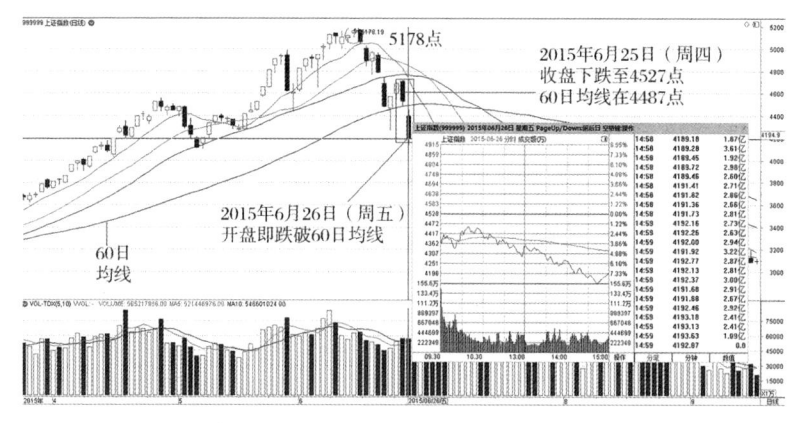

图46 2015年5月—7月，2015年股灾初期，上证指数示意图

如果下周一早盘跌破60日均线后一个小时不能收复失地，那就意味着是"有效跌破"，我的判断方法是这样的。可惜，我没有严格执行。如果6月26日这一天是周四，我说不定就下决心卖出了，但这一天是周五，侥幸心理诱惑着我等周末利好。

结果到了下周一（6月29日），奇迹并未出现，开盘就低于60日均线，也没能快速重新站回60日均线。

我真正的止损是在6月29日、6月30日，在确定有效跌破60日均线后才开始卖出股票。

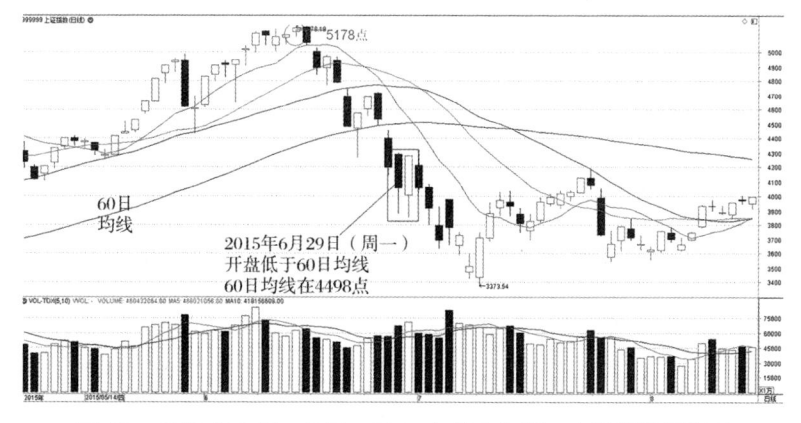

图47 2015年5月—7月，2015年股灾初期，上证指数示意图

这就意味着我手中的股票市值相比最高点，已经跌了将近一半。尽管我前期赚得多，丢了一半也还是赚，但是这劳动果实的流失令人惊心。所以，这件事情以后，我就在想，有没有什么办法可以避免遭遇见顶之后的巨大回撤。后来，我得出了将"卖出不贪"和"止损不拖"结合起来的方法，测算的结果相当不错。

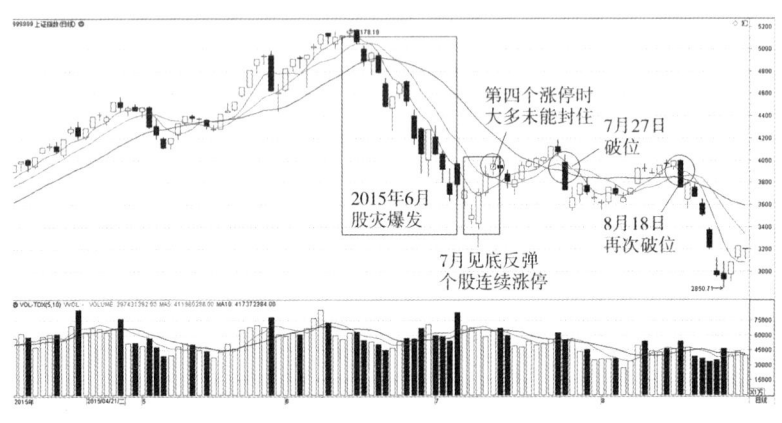

图48　2015年5月—8月，上证指数日K线图

大家请看上图，经过连续暴跌后，2015年7月初，股市终于大反弹，个股普遍连续涨停。但到第四个涨停时，绝大部分股票都没有封住，所以我全部卖掉了，因为暴跌之后人心未稳，大震之后必有余震！果然，此后又是千股跌停。

到了7月底，股市向下破位。经过短暂的弱势反弹之后，8月中旬再次向下破位。只要一破位，就全部卖掉。

我前面也给大家分享过，一旦大盘出现系统性风险，就要果断避险。你看，我卖出时虽然不是最高价，但是也规避了接下来的巨大跌幅。我们要将卖出不贪和止损不拖的方法结合起来加以运用，这非常重要。

我们先把止损不拖的口诀读一读。止损不拖：**买错不怕只怕拖，小病拖成大灾祸。严守纪律小手术，千山万顶轻松过**。我坚信，坚持逻辑买卖的风控方法，虽然不能卖到最高价，但是没有逃不了的大顶，还可以力争把逃顶市值控制在最高市值的八五折之内。

判断市场的平衡状态，避免系统性风险

那么，如何将卖出不贪和止损不拖结合起来，避免系统性风险呢？其中涉及对市场平衡状态的认识，在此基础上，便可顺理成章地把卖出不贪和止损不拖相结合。对此，我在后面有专门的分享。

关于卖出不贪，逻辑买卖设定了不少条件，包括什么是加速上涨，什么是加速下跌，什么是小涨小跌。各种信号的界定比较复杂，所以我在这里有必要先给朋友们做一个系统的介绍。

不管是股票市场、期货市场、外汇市场、黄金市场，还是菜市场，**一切市场价格的波动只有两种状态：**

第一种状态，叫作"稳定平衡状态"。 沿着一定的斜率震荡上行，或者沿着一定的箱体轮廓横盘震荡，这是稳定的。沿着一定的斜率震荡向下，这也是稳定的。尽管这种状态分上、中、下三种形式，但它们都是稳定的。无论哪种形式的平衡稳定，持续的时间都较长。

第二种状态，叫作"打破平衡状态"。 加速上涨是打破平衡，即原来上涨的幅度很平缓，现在变得更陡峭了。加速下跌也是打破平衡，即原来是绵绵阴跌，现在变成急跌。此外，原来是横着走的，箱体震荡，现在打破平衡，或者向上突破，或者向下加速，都叫作"打破平衡"。无论是以哪种方式打破平衡，打破平衡状态的时间相对于稳定平衡状态都比较短暂。

为了帮助大家对股票的平衡状态建立直观的认识，我通过下面几幅图来举例说明。

第一幅图（图49），沿着一定的斜率震荡上行，显著的小涨小跌，形成稳定平衡，后来加速上涨，短暂地打破了平衡之后，又进入新的稳定平衡状态。

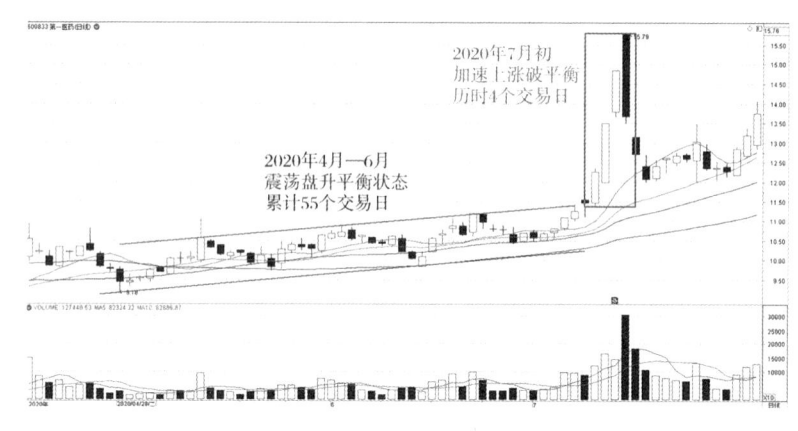

图49　股票稳定平衡状态示意图——第一医药（600833）

第二幅图（图50），沿着一定的箱体轮廓横盘震荡，其间偶有一天波动稍大，但主要还是小涨小跌，没什么行情。当然，箱体平衡后来还是被打破了，并形成了新的稳定平衡状态。

图50　股票稳定平衡状态示意图——工商银行（601398）

第三幅图（图51），沿着一定的斜率震荡向下，虽然累计跌的幅度大，但局部是小涨小跌。这也是一种稳定平衡状态，后来加速下跌打破了平衡。不久后，又形成了新的平衡。

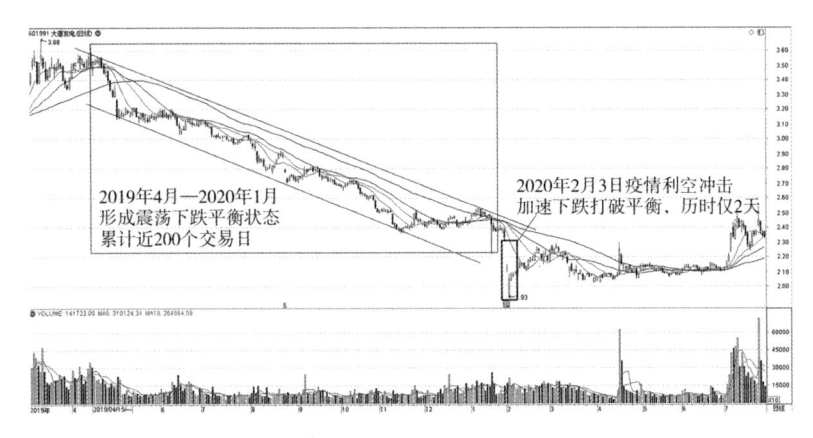

图 51　股票稳定平衡状态示意图——大唐发电（601991）

由这些图可见，股票的波动只有两种状态：一是稳定平衡，表现为小涨小跌；二是打破平衡，表现为加速上涨或下跌。

其中有两个关键点：第一个，不论是哪种稳定平衡状态，维持平衡的时间都长，而打破平衡的时间都短，这从上述几幅图可以清晰地看见；第二个，无论以怎样的方式打破原来的平衡，之后总是又会形成新的平衡。

人生也是这样，大部分时间是稳定的，相当于阶段性筑底，结识朋友，努力学习，努力工作，默默无闻。一旦机会来临，三年不飞，一飞冲天；三年不鸣，一鸣惊人。一飞冲天、一鸣惊人就是加速上涨，而三年不飞、三年不鸣就是稳定平衡。

推而广之，**任何波动都有这样两种状态，一种是稳定平衡状态，另一种是打破平衡状态。稳定平衡的时间长，打破平衡的时间短。**

这个道理很重要。为什么重要？不要着急，你马上就会看到答案。

接下来就是大揭秘时间，**可持续盈利的秘诀就在下面这一小段话中：稳定平衡的时间长，打破平衡的时间短，打破平衡是为了形成新的平衡。**

明白了吗？大地震是比小地震厉害，但是它的时间比较短。如果时间还长，谁受得了呢？大地震打破了原有的平衡，但是遭到破坏的地壳又会形成新的平衡。

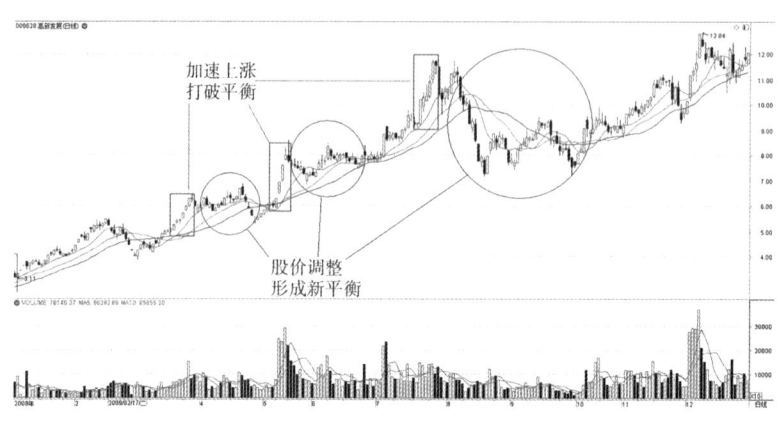

图52　2009年1月—12月，高新发展（000628）日K线图

股票也是如此，上涨是为了形成新的平衡，打破平衡又形成新的平衡。下跌也是这样的。一段段的行情都是这样的。比如，2009年，我就运用逻辑买卖的方法把高新发展变成了一台"印钞机"，大家可以参考我的实战交易记录。

这个规律给我们带来了什么启示？那就是不参与平衡的构筑过程，也不参与调整。因为平衡的时间很长，我们也不知道要等多久平衡才会被打破。避开这个"垃圾时间段"，我们赚钱的效率就提高了。因此，平衡被打破是我们买卖股票的重要信号。

前面给大家分享过，什么叫否极泰来。个股下跌的时间越长，下跌的幅度越大，它就越靠近极点。如果已经有了底部放量上涨的信号，那就说明我们已经看到了转折点。那怎么样？有了平衡要被打破的迹象，我们就可以密切关注了。

如果已经看到了花苞，就买入。如果花已经开过了，掉花瓣了，涨不动了，加速上涨不创新高了，我们就做出卖出的决定，收回资金去干别的。循环往复，峰谷轮动，赚钱的效率就大大提高了。

我再给大家举一个很简单的例子，这也是真实的操作。

2014年年初，我在8.5元左右开始卖出新潮实业。

"你卖错了，老严，2015年最高涨到21元。"

别急，耐心往下看。先说说为什么要卖掉它。在熊市之中，它的涨幅已经达到一倍了，从4元钱左右已经涨到8元多了，并购重组的逻辑已经兑现。而且，我没有闲着，卖掉新潮实业的同时就开始买进还在底部打花苞的宁波东力。

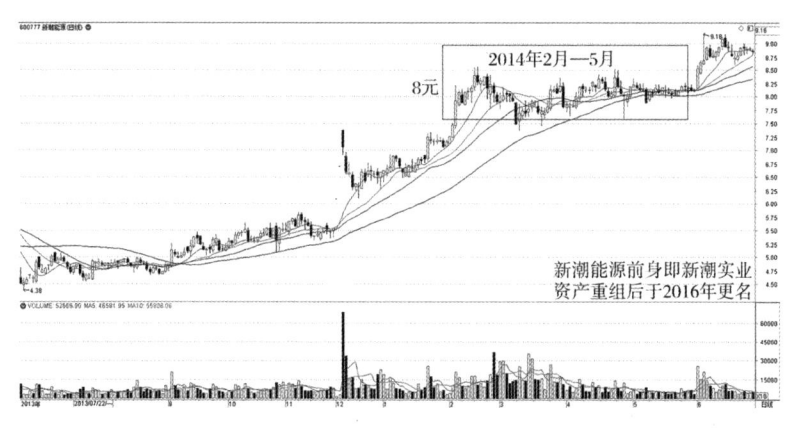

图53　2013年8月—2014年6月，新潮能源（600777）日K线图

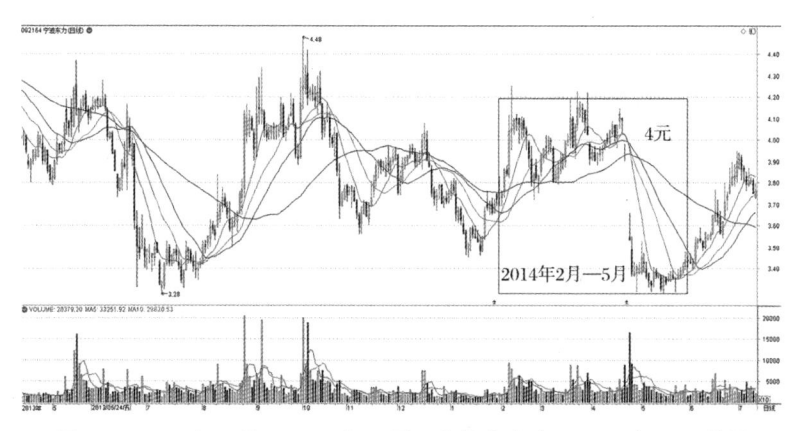

图54　2013年6月—2014年6月，宁波东力（002164）日K线图

你看，我是不是一直在坚持同样的原则？宁波东力的K线图，2012年和2013年都趴在地板上，而且筑底时间超过两年。当然，我还参考了一些其他基本面的因素，然后就开始买入。当时，我8元多卖出了新潮实业，4元左右买入了宁波东力。算一算，卖1股新潮实业可以买2.2股宁波东力。

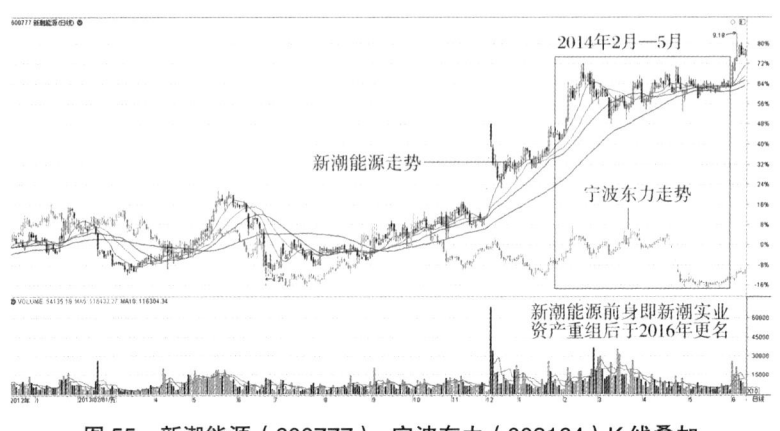

图55　新潮能源（600777）、宁波东力（002164）K线叠加

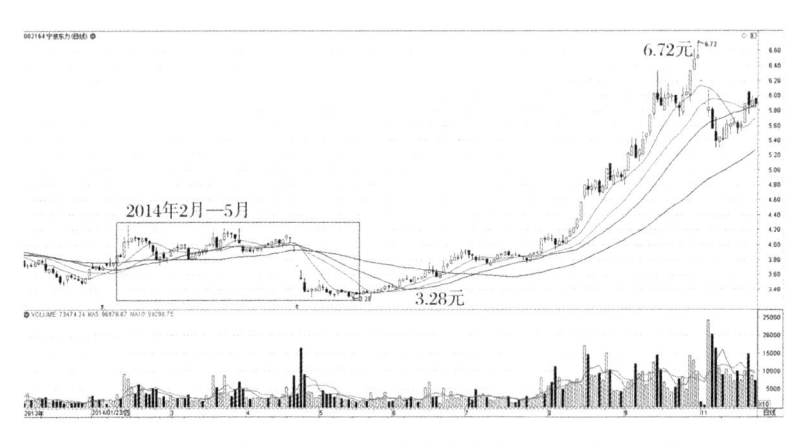

图56　2014年1月—9月，宁波东力（002164）日K线图

那么，峰谷轮动的结果如何呢？新潮实业的价格最高到21元，你再看一看，宁波东力最高到多少？20.75元。

我们算算账，2.2 股宁波东力值多少钱？值 40 多元。而该阶段，新潮实业最高才 21.12 元。也就是说，峰谷轮动比持股不动的市值多出来将近一倍。

因此，我们要运用峰谷轮动的方法，而不是"死了都不卖"。慢慢体会，这是我们逻辑买卖方法的一个重要核心。

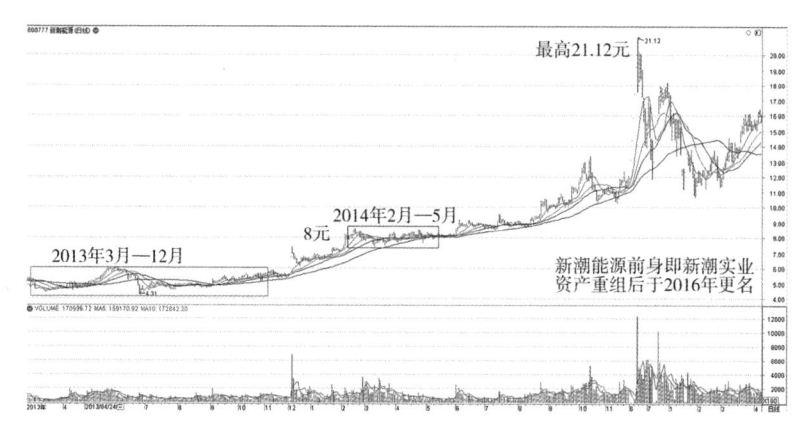

图 57　2013 年 3 月—2015 年 6 月，新潮能源（600777）日 K 线图

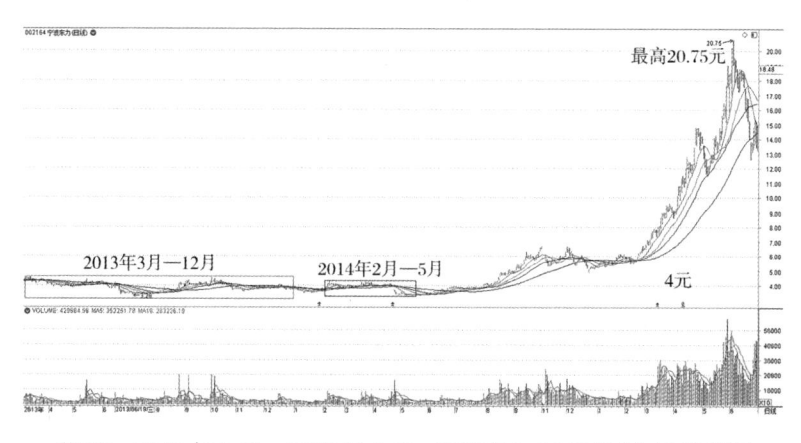

图 58　2013 年 3 月—2015 年 6 月，宁波东力（002164）日 K 线图

我在前面强调过，要提高赚钱效率在于实践四季花开这条心法。找出买卖点的关键，就在于判断市场的平衡状态。稳定平衡的时间很长，打破平衡

的时间很短，所以当打破平衡状态出现的时候，也就是加速上涨或者加速下跌的时候，我们的注意力就要集中了，因为买卖点就要出现了。

如果加速上涨后不创新高，就卖掉。如果下跌破位了，要结合卖出不贪和止损不拖，来控制大盘的系统性风险。

在三种情况下，我们要卖出股票。

第一种情况，大盘的稳定平衡被破坏，系统性风险出现。

我举例说明一下。如下图所示，2015年8月底到9月初，股灾第二轮暴跌（图示股灾2.0）之后，大盘从低位开始反弹，低点的连线构成支撑，形成了稳定平衡。一旦跌破了支撑线，打破了稳定平衡，就要卖出。不要心存侥幸，因为大盘的系统性风险来了。

大盘的稳定平衡被破坏，所有的股票一视同仁，能卖就全卖，卖不了第二天接着卖。

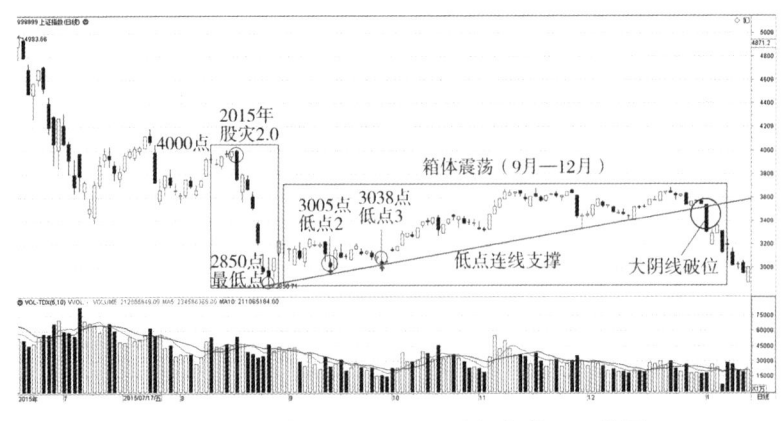

图59 2015年7月—12月，上证指数日K线图

第二种情况，加速上涨的股票哪天不创新高了，就哪天卖掉。或者，止盈信号出现，10日均线跌破，及时卖掉。这种情况叫作"落袋为安"，也叫作"有花堪折直须折，莫待无花空折枝"。

第三种情况，促使我们买入并持有某只个股的投资逻辑发生了变化。比如，本来我是非常看好某家公司的董事长的，看重他的资源、他的能力，因此我买入了他家的这只股票。但是，这个董事长不幸离开了人世，那么我曾经持股的逻辑已不成立了，那就卖出。

逻辑就是你看好并买入这只股票的原因。不管是什么原因，只要发生了变化，就要卖出股票。

我们把上述买卖股票的方法再总结一下。

首先，判断大盘是否处于安全交易的稳定平衡状态。只要没有系统性风险，我们的逻辑买卖就可以正常运行。

其次，如果个股卖出的信号出现，就践行"卖出不贪"的原则，立即启动峰谷轮动的策略。在山峰卖出花期将尽的股票以后，马上买进山谷的打花苞的品种。

最后，为了控制大盘的系统性风险，我们给未来的操作定一个规矩，把卖出不贪和止损不拖结合起来。大盘平常的小涨小跌不要紧，趋势不变时坚持逻辑买卖的方法。但大牛市结束的时候，我们一定要逃出生天，不要接最后一棒。

如何判断"逃顶"的时机

怎么判断什么时候逃呢？在市场处于强势上升状态的时候（大盘指数运行在10日均线上方时），我们可以继续保持"卖出掉花瓣的，同时买进还在打花苞的"这个操作方法。

如果大盘跌破10日均线怎么办呢？注意，此处我们所说的大盘，是指逃顶时的大盘，不是筑底过程中的大盘。如图60所示，2018年1月，大盘明显加速上涨，已经不是一个稳定平衡的状态。此时，大盘一旦跌破10日均线,那么我们的策略就要变了:加速上涨不创新高的股票卖出,卖出以后不再开新仓。这是第一种情况。

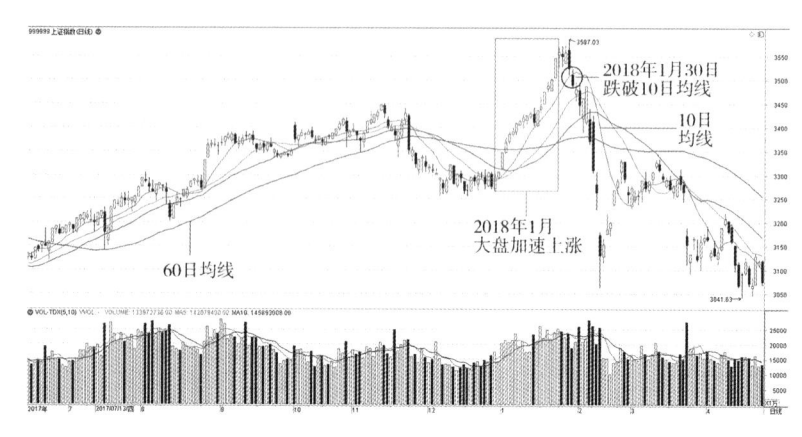

图60 2018年牛市顶部,系统性风险示意图,上证指数日K线图

第二种情况是,买入的时候,大盘还在10日均线上,结果第二天就跌破了。这时候该怎么办呢?你可以把昨天买的部分全部卖掉,这就叫"10日均线下方不开新仓,只出不进"。剩下的仓位呢?持仓并继续等待大盘的趋势明朗。

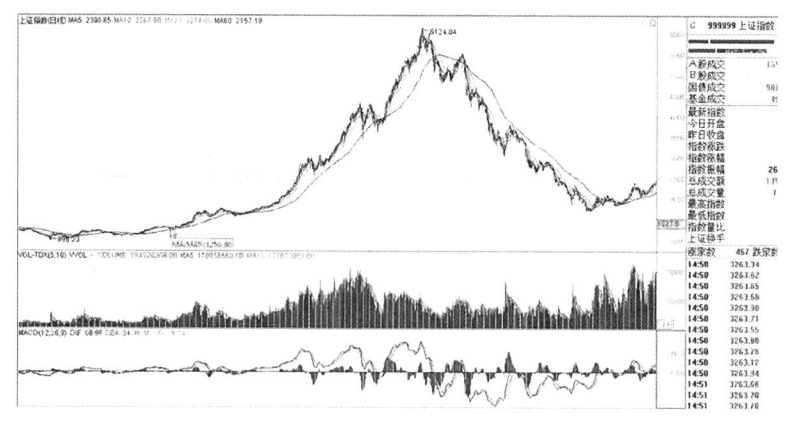

图61 2007年—2008年,上证指数牛熊轮回图

什么是真的逆转了呢？它可能是一个构筑的箱体结构被向下打破，可能是60日均线被有效跌破，总之你可以看到每一轮牛市都有它自身的运行规律。**不同的牛市有不同的特点：细胞决定组织，组织决定个体。**怎么理解？来给大家举个例子。

2007年的那一轮牛市，上证指数涨到了6000多点。涨一波，休息两个月。又涨一波，又休息两个月。再涨一波，再休息两个月。太有规律了，从"细胞"层面就有显著的特色，整个上涨趋势个性十足！

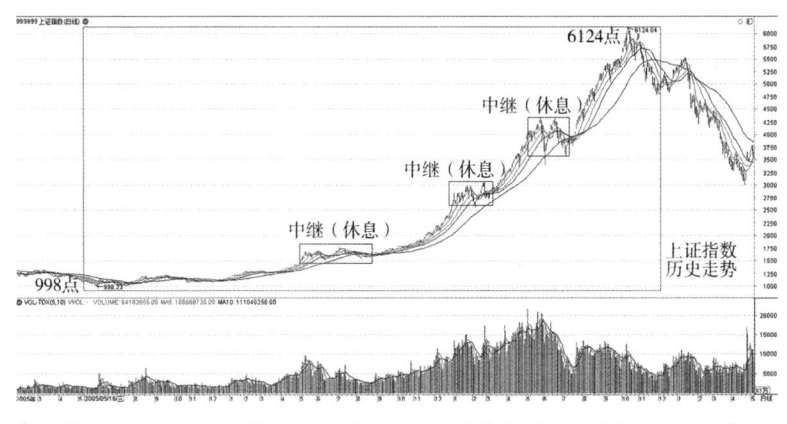

图62　2005年6月—2007年10月，大牛市（998点至6124点）

2009年行情的特点就不同了，它的"画风"是这样的：一步三摇，晃晃悠悠，没有突出的阶段性加速上涨，也没有突出的阶段性休养生息，但也指数翻倍、牛股辈出。它就是一轮典型的慢牛行情。

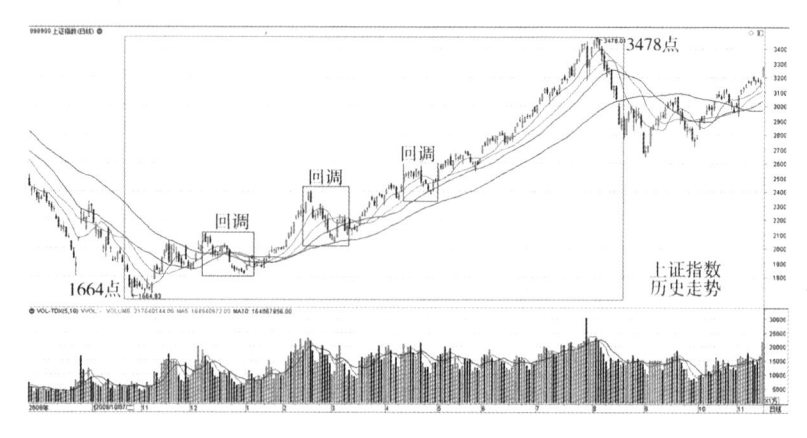

图63 2008年11月—2009年7月，牛市（1664点至3478点）

再看看2015年股灾之前的这一波大行情，有没有感觉到它的特点？涨一波，然后横向整理。再涨一波，又横向整理。甚至每个阶段的分解结构都非常相似：第一波回调到趋势线，然后创新高；第二波再回调到趋势线，然后创新高……这就是我说的"细胞决定组织，组织决定个体"。

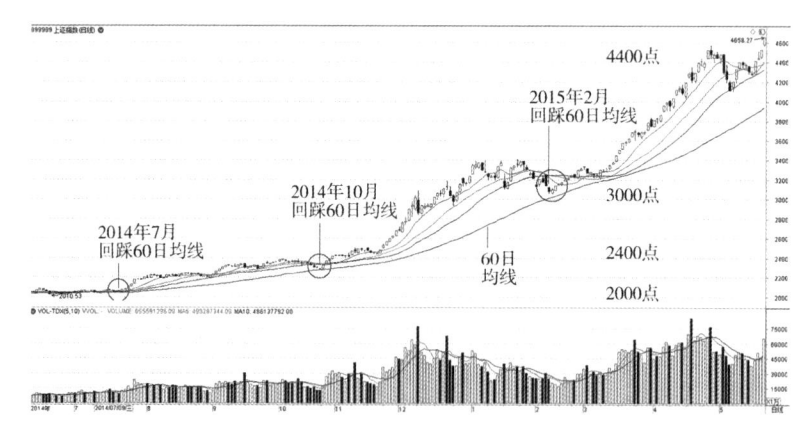

图64 2014年7月—2015年5月，2015年股灾爆发之前，
上证指数涨势示意图

每一轮行情都有其特点，但在实际操作中，我们不用管那么多，因为这

些特点无法预测。我们只需要记住：只要跌破 10 日均线，就只卖不买。卖了不开新仓，直到跌破 60 日均线，全身而退。这么操作，就可以把逃顶市值控制在最高市值的八五折之内。

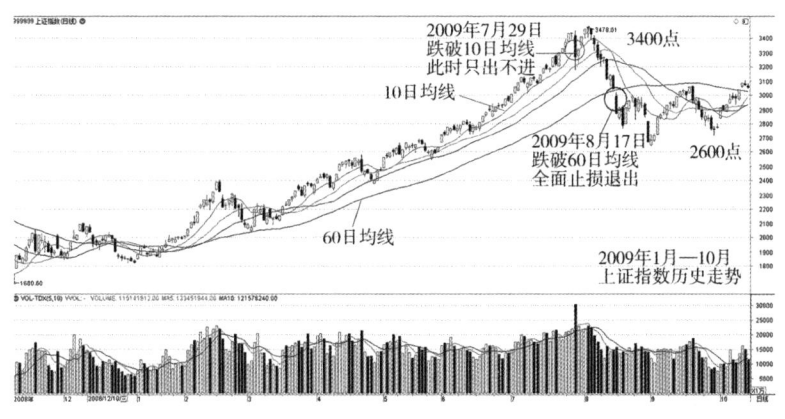

图 65　牛市逃顶示意图，上证指数日 K 线图

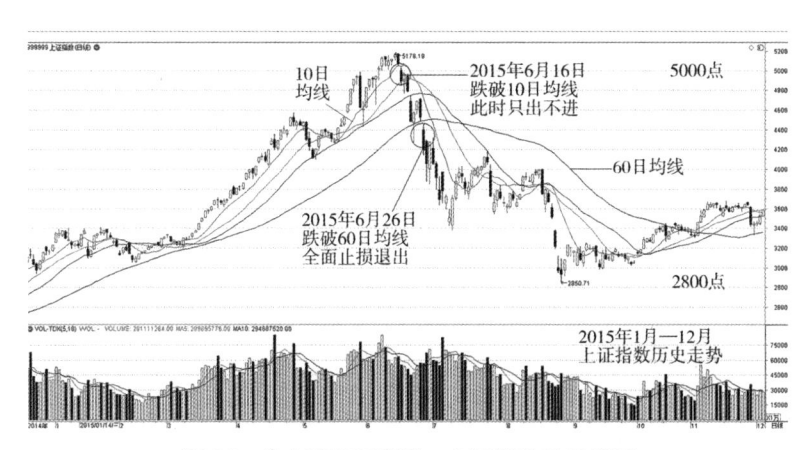

图 66　牛市逃顶示意图，上证指数日 K 线图

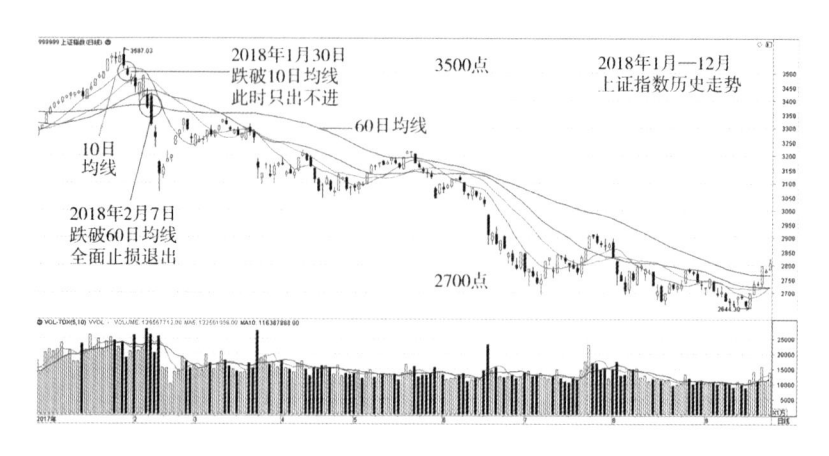

图 67　牛市逃顶示意图，上证指数日 K 线图

这样操作，就可以确保我们在面临牛市结束的时候，逃顶市值在最高市值的八五折以内，做到全身而退。将仓位降下来，逐步卖，并不再开新仓，甚至新开的仓位也要及时卖掉。这样一来，我们就可以将胜利的果实牢牢地把握在手中。因此，卖出不贪和止损不拖这两条戒律结合起来很重要。

此外，跌破 10 日均线不开新仓，跌破 60 日均线全面退出，以此来控制大盘的系统性风险。等到大盘重新建立稳定平衡的状态之后，我们才能开新仓，重新投资。

品种不散："股票猎人"是怎样炼成的

逻辑买卖的第四条戒律是"品种不散"。

你又该质疑了："不对不对，老严，这不对。专家都讲了，不要把鸡蛋放在一个篮子里，怎么能不散呢？分散一点能分散风险啊。"

不是专家说错了，请你再领会一下专家说的这句话："不要把鸡蛋放在一个篮子里。"这句话有两个重点词，一个是鸡蛋，另一个是篮子。

可能很多人把重点放到了"篮子"上，毕竟如果把鸡蛋放在一个篮子里，那一摔就全摔了，所以多选几个篮子是对的。但是，你可能忘了另外一个重点是"鸡蛋"，鸡蛋的数量决定了要用多少个篮子。如果你就一个鸡蛋，要放进两个篮子，这是不可能的。所以，重点在于因地制宜，"因蛋制篮"，先看看你手上有多少鸡蛋。

我先亮明我的观点：总量 3000 万元以下的资金，投资品种不要超过 5 个。

为什么？可以先一起念一念我为大家编的顺口溜。品种不散：**十只鸡蛋十个篮，手眼慌忙脚步乱。若能持股不分散，集中优势歼灭战。**

品种多了为什么会手忙脚乱？因为你照顾不过来。你的鸡蛋太少了，资金不多，搞那么多篮子来干什么呢？所以，要集中优势，在选定个股之前精心准备。一旦选定目标，就要重拳出击。

在实战中，这是非常重要的一个方面，股票品种太分散只会带来投资的混乱。我举个例子，1999 年，我在咨询公司做股评分析师，有崇拜者要成为会员，他说："严老师，你要帮帮我。因为我炒股票，现在婚也离了，老婆都跑了。我希望得到你的帮助，我要早点把损失赢回来，争取再次结婚。"这是真事。

我说："行，你先把你的股票告诉我，我先做一下诊断。"

他说："电话里说不方便。"

我说："告诉我代码就行了，这有什么不方便呢？"

他说："确实不太方便，我给你发传真吧。"

我想他是不是有什么难言之隐啊？那就发传真吧。结果是怎么一回事呢？这哥们儿 70 万元的资金，你猜他有多少只股票？56 只！怪不得只能发传真呢。我的天哪！一对夫妇照顾一个孩子都不容易，这哥们儿相当于养了 56 个孩子，发传真都有三页纸啊！

我看这样做股票只有一个好处——在给家人报喜不报忧时有用。股票多了,总有涨的。家人问:"炒股炒得咋样?"

答曰:"还可以,我买的股票涨了5%。"其实,涨的只有500股。其他的都跌了,他就不说了。但是,这对实际操作没有任何帮助。天女散花,美则美矣,无用。

分散投资还有一个明显的弊病——容易忽视风险信号。

一只股票只持有几百、几千股,你觉得跌点没什么,就容易忽视风险。但是天长日久,积累起来就会是很大的亏损。

再者,好钢不能用在刀刃上,该重拳出击的时候没有资金,只能买个几百股。哪怕翻了三倍,对于资金总额而言,这么小的持仓也并无帮助。如果其他个股不景气,就会把你好不容易选出的明星股给埋没了。

所以,我主张投资要向猎人学习。猎人擅长什么呢?打猎。

你听说过这样的猎人吗?听说哪片林子里有猎物,猎人拿着机关枪对着林子就一通扫射。这叫打猎吗?他肯定一无所获啊,因为猎物全跑了。世界上没有这样的猎人,因为这样的猎人不能生存。

很多朋友做股票也是"机枪扫射型"!听说这只股票好,来,买5000股;那只股票是某老师推荐的,给点面子,来1000股;那只股票是张姐推荐的,听说她表弟是基金经理,再买3000股。这样不需要太长时间,你不知不觉就买了一大堆莫名其妙的股票。这是不是机枪扫射?打到猎物了吗?没有。

优秀的猎人是怎么打猎的?他要找到猎物的必经之路。猎物都要喝水,所以要到水源地看一看水边有没有新鲜的脚印,而且通过脚印的深浅可以判断猎物的体形大小。有了这个初步的情报,再进一步观察,检查一下通往水源地的各条道路上(包括小道上)有没有可疑的痕迹,碰断的树枝是高处的还是低处的,是刚断的还是以前断的……以此来判断猎物的高矮,以及喝水的频率。这都是调查研究,研究清楚了,就找个安全的地方埋伏起来,静候猎物经过。

一天不行两天,两天不行三天。啃着面包,耐心等待。最终,喝水的猎物来了，瞄准目标，然后满载而归。这是优秀的猎人的做法。当然，我绝不希望大家当猎人，因为我希望大家积极放生，绝不伤害野生动物，而是爱护它们。但是，在我们投资的过程中，猎人获取猎物的这个方法是值得借鉴的。

投资就要这样：下手之前，我们先做充分的准备，研究上市公司，研究大股东，研究个股的上涨逻辑，然后等待信号出现。这样才有希望满载而归。

集中优势兵力，好钢用在刀刃上，这是品种不散最重要的原因。总量3000万元以下的资金，品种不要超过5个。只有品种少而精，逻辑买卖的"峰谷轮动、二龙戏珠"才有力量，才玩得起来。如果有一大堆品种，往往劳而无功。

【逻辑买卖笔记】

对于逻辑买卖的完整体系，相信大家已经有了初步的认识，以下是我为大家准备的"逻辑买卖笔记"。

逻辑买卖的心法

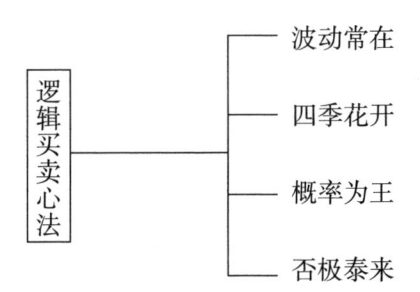

```
              ┌── 波动常在
              │
逻辑买卖心法 ──┼── 四季花开
              │
              ├── 概率为王
              │
              └── 否极泰来
```

波动常在：万物皆波动，而股价波动产生的价差，是我们永远的朋友。股价波动的本质是人心的波动，我们要研究人。

四季花开：不同个股的上涨时空有差异，我们完全可以利用这种差异，左右逢源，增大获利的效率。怎么做？峰谷轮动，方能四季花开。

概率为王：在投资买卖的每一个环节，增大投资的确定性，减少不确定性，累积起来的成功率会超过50%。

否极泰来：不要追求转折的极点，但是我们可以靠近极点。

逻辑买卖的戒律

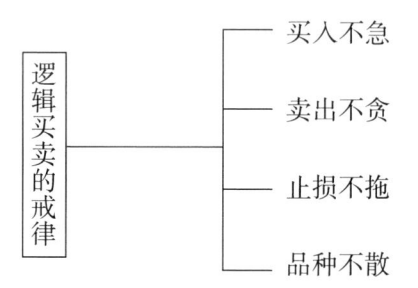

```
              ┌── 买入不急
逻辑买卖的戒律 ├── 卖出不贪
              ├── 止损不拖
              └── 品种不散
```

买入不急：利润可以省出来，要记得打折。

卖出不贪：当股票处于打破平衡的状态，加速上涨时，不创新高就是卖出信号。

止损不拖：大盘打破稳定平衡状态，出现系统性风险时，坚决卖掉；个股买入的逻辑发生变化时，坚决卖掉。

品种不散：买多少只股票，取决于我们有多少只鸡蛋。总量3000万元以下的资金，同时持有不超过5个品种。但是，你的"养马池""牛圈"里可以多一些存货，总要有一群"替补队员"。峰谷轮动的关键在于要有继续接力的轮动品种，卖出了以后"后继无人"，那就没法轮动起来，所以还得有一支"后备队伍"。

第六章
逻辑选股法则

接下来，我们就要进入逻辑买卖的实战环节。

首先，我们要学会选大盘环境、选行业、选个股、选买卖点。然后，我会分享如何运用我们的心法和戒律轮动起来，坚持下去，让复利创造奇迹。

每一位来股市的朋友都希望创造奇迹，而要创造奇迹似乎离不开大牛市、大牛股。但通过查阅老严6年盈利60倍的实战交易记录，大家会发现牛市、牛股都不如模式牛。**只有建立适合自己的大概率成功的投资模式，坚持走复利增长的道路，才能行以致远。**

"老严，快教绝活儿吧，实战中咋买、咋卖啊？目标如何选择呀？"

在回答各位看官大人的问题之前，我也要问诸位一个问题：一年365天，天天都能做股票吗？

当然不是，我们都知道，周末不能做，法定节假日不能做。

那么，剩下的250个交易日，就都可以做吗？当然可以。不过，就逻辑买卖的方法而言，我们并不是每天都要操作，而是只在操作信号出现的时候才会操作。

操作的本质就是买卖，但是，没有买卖信号的时候呢？我们需要不断地研究吗？

准备工作当然是可以做的，这个准备工作在盘外，而不是在盘中。不要每天盯盘，投资不是以劳动时间论英雄的，更不是多劳多得。我们不用每天目不转睛地看着分时图，别让自己太焦虑。我早就说过，绝大多数的市场波动与我们无关，没有发出操作信号的波动都是无效波动。如果被无效波动长时间干扰，身心健康会受到极大的损害。

选大盘环境：避开系统性风险

首先，我们要选一个逻辑买卖可以运行的大盘环境。

2015年6月的大盘环境，能投资吗？那个时候的大盘简直是"无边落木萧萧下"，盘面处于向下打破平衡状态中，风险巨大。这样的情况当然不能入场。而后面的股灾2.0、股灾3.0，也是同样处于向下打破平衡状态，不能投资。因此，我们要选择的大盘环境必须排除"向下打破平衡状态"。

大盘的稳定平衡状态分为三种。

第一种，震荡走高状态——低点不断抬高的走势。这种平衡状态说明行情不错，预示着丰收的好时节到了。

比如，从 2016 年到 2017 年的筑底过程中，年度低点在抬高。远远一看，楼梯比较缓，但是慢慢地在爬坡往上走。你看清楚了，从最初 2638 点的低点到 2800 的低点，再到后来 3000 点附近的低点，低点在不断抬高，但是坡度缓和。在这种情况下，股票可不可以投资？可以。

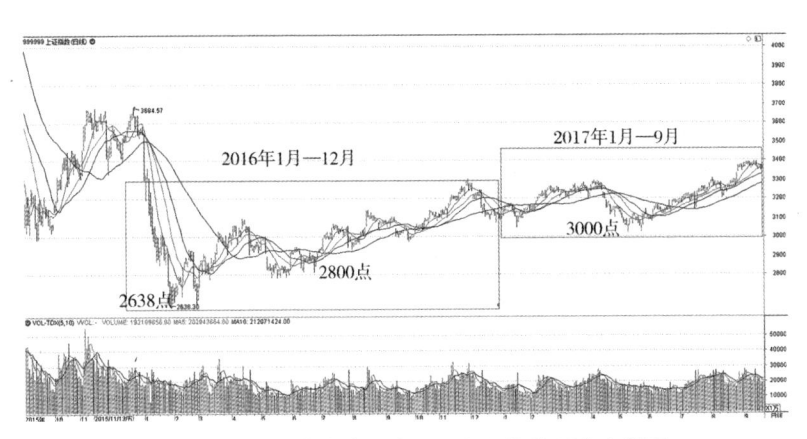

图 68　大盘震荡走高示意图，上证指数历史走势图

第二种，箱体横盘状态。

我们继续以上证指数为例，请大家看一下图 69，2020 年 7 月—12 月这一段大盘走势，远看是不是在横着走？低点差不多，也没有抬高，形成了一个横向波动的格局。

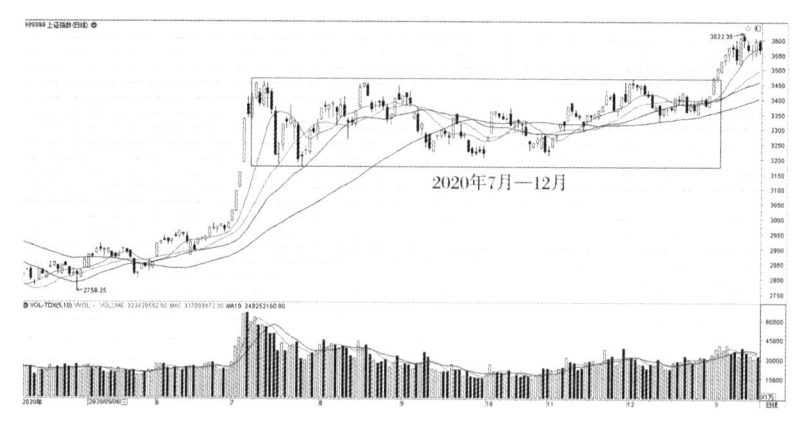

图 69　箱体横盘示意图，上证指数历史走势图

横盘的箱体除了纯粹像箱子的形状，还可稍作变形，变成收敛的三角形，或发散的三角形，如图 70 和图 71 两幅图所示。

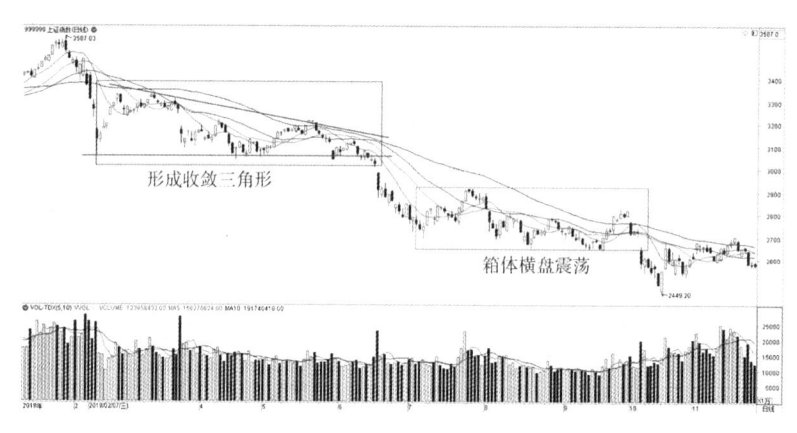

图 70　2018 年 2 月—11 月，大盘横盘震荡示意图，
上证指数历史走势图

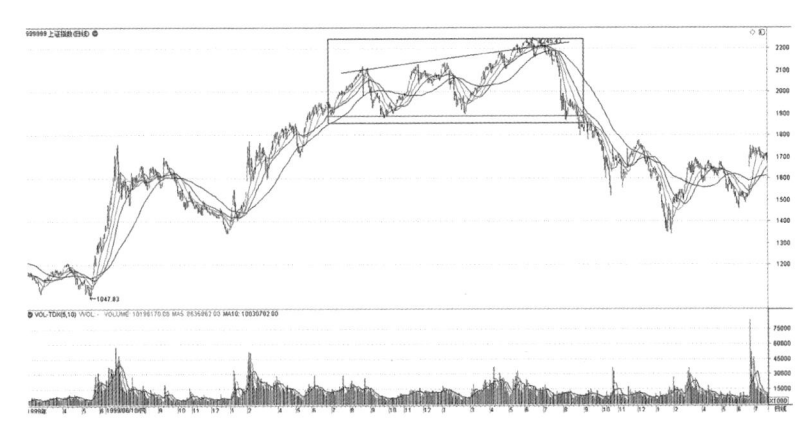

图71　2000年7月—2001年7月，发散型箱体震荡示意图，
上证指数历史走势图

注意，三角形的低点没有逐级抬高或降低，这是我们判断它是横盘震荡的一个信号。低点几乎保持不变的，就是横盘。

低点逐级降低的呢？那就是震荡走低状态，参见下图，即第三种稳定平衡状态。

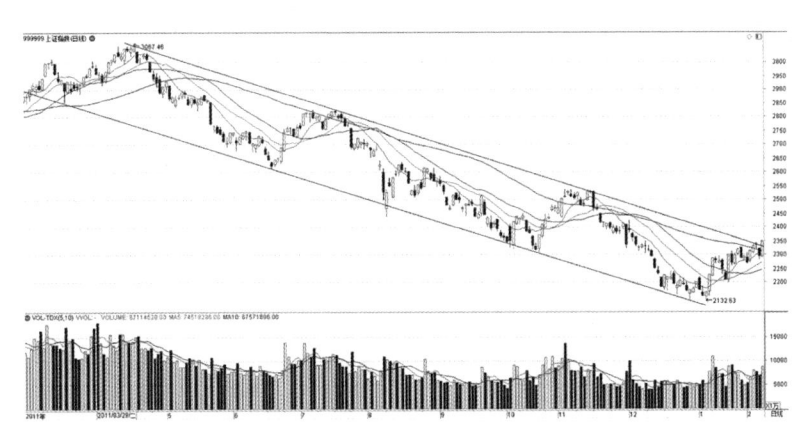

图72　2011年4月—12月，大盘震荡走低示意图，
上证指数历史走势图

这三种稳定平衡状态，我们应当尽量选震荡走高状态。例如，前面给大家展示的从2016年到2017年的震荡走高行情，大盘震荡向上，个股的机会更多。大盘处于横盘震荡状态，也可以尝试投资，但如果大盘处于震荡走低状态，就要谨慎投资了。不是不可以投资，但是阶段性的难度会大一点。

比如，我们来看一下，2015年股灾1.0（股灾爆发后首轮暴跌），上证指数从5178点一口气跌到了3373点，半个月跌了30%多，非常凶猛。不过，反弹也很凶猛，上证指数又快速暴涨到4000点。在这种情况下，可不可以投资？反弹确认了，是可以的。

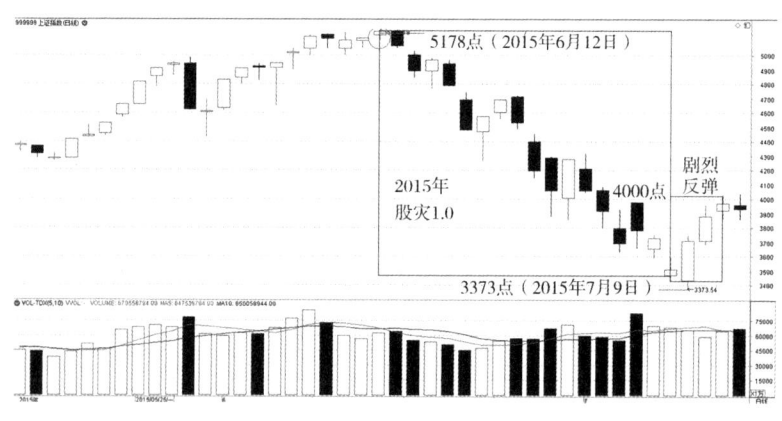

图73　2015年5月—7月，上证指数日K线图

上证指数从7月初的低点3373点开始，跌下来，涨上去，再跌下来，再涨上去，一直持续到8月中旬，低点略微抬高。高点4200点，低点3500点左右。

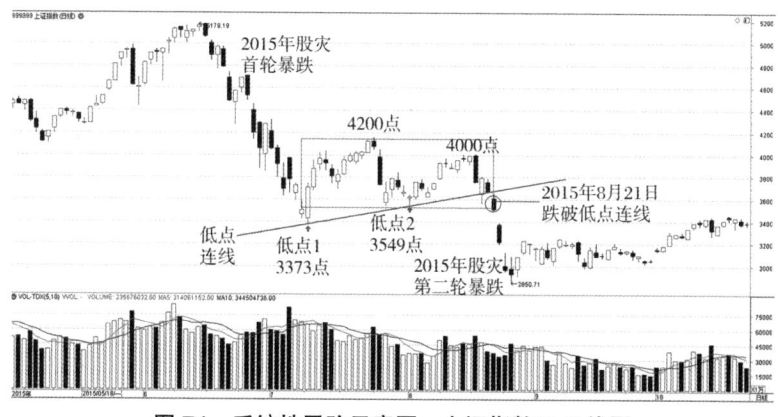

图74 系统性风险示意图，上证指数日K线图

什么时候平衡被打破了呢？8月21日，低点连线的支撑被跌破，原有的稳定平衡被打破，系统性风险来临，那当然要逃出生天。

虽然2015年股灾之后，股市整体呈走低趋势，但是从局部来看，还是可以操作的。比如下图所示，股灾2.0跌下来以后，第一个低点不敢做，担心反弹，第二个低点就给出买入信号了，第三个低点更牢靠了。

如果你决定做，那么2015年9月—12月，这一段行情有两三个月的好时光。而到了2016年1月4日，大阴线破位（如下图最右边圆圈处），破坏了稳定平衡。此时，你要抓紧逃出生天，夺路狂奔。

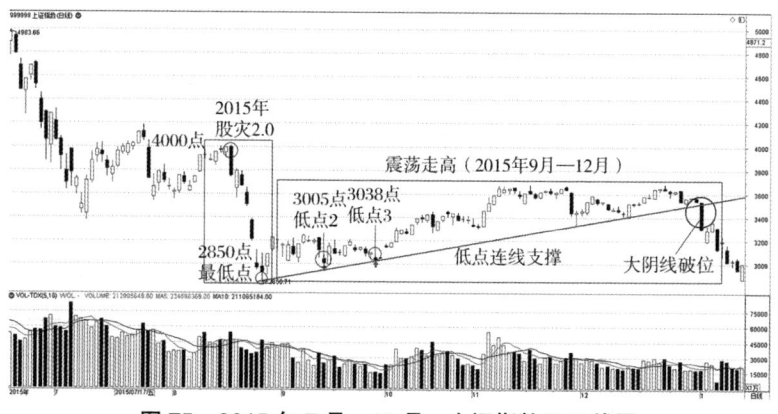

图75 2015年7月—12月，上证指数日K线图

那有没有方法可以让我们在最高点卖掉，比如在3600点卖掉呢？

没有，我没有这个本事，不能预测出即将发生什么事情。我们的投资模式，只能是当市场发生了什么事，给出了操作信号，我们再想解决方案。信号就是原有的平衡被打破。系统性风险如果发生，应对策略就是全部卖掉。

遇到系统性风险，就好像大地震来了，不要抱侥幸心理，这时候，当然是赶快下楼到空旷的地方去，到安全的地方去，这是常识。

古人云，"君子不立危墙之下"，我还有一句话——"君子也不用离危墙太远"。因为危墙一旦垮塌，灾后重建的机会就来了。

但是，灾后重建还是具有一定的危险性的，因为还有余震。如果你看到大盘指数再度破位了，一定要逃。2015年9月至12月，反弹持续了三个多月。如此长时间的反弹，一旦破位，还是要逃。

那么，我们到底应该如何选择大盘环境呢？如图76所示，第一个低点2638点敢买吗？不敢买，因为我们不知道它是不是真的低点，也无须赌博。

果然，反弹发生了。春节期间，发生了一次外盘暴跌。节后A股也低开了，却低开高走，而且当天的低点抬高。这时，可不可以参与？当然可以，但仓位可以做一些控制，因为"乍暖还寒时候，最难将息"，还无法判断低开高走是否真的稳了。但是，既然这么大的利空都没有把大盘打下去，可以判断为大盘由弱转强。

不出所料，后面大盘再迎考验，却没有创新低。最低到多少？2639点。我们不用在阴线时就往里冲，当2639点之后再竖起一根阳线的时候，就确立了低点抬高的事实，可以进场。晚不晚？一点都不晚，大家可以看得清清楚楚。

图76　2016年1月—3月，上证指数日K线图

2017年的4月和5月，出现了一次系统性风险。请看下图，低点连线和60日均线在4月18日这一天同时被跌破了。这意味着原有的稳定平衡被破坏了，我们需要立即着手控制风险。

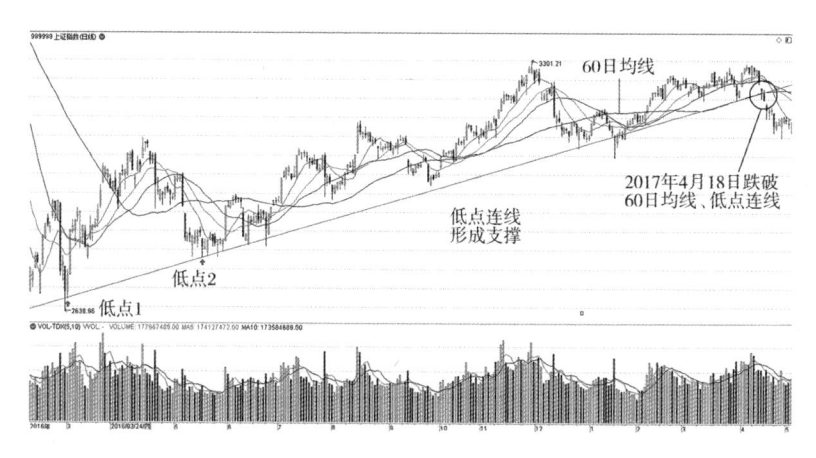

图77　2016年3月—2017年5月，上证指数日K线图

退出来后，该怎么办呢？耐心等待，等大盘重新企稳以后再重新入场。参见图78，大盘从4月18日破位以后一路下跌，第一个低点（3016点）还不能说明大盘已经企稳，但是没关系。我们再看一看，第二次回落，企稳了

139

没有？不知道，但是第二次没有创新低（3022点），机会慢慢就来了，又可以入手了。

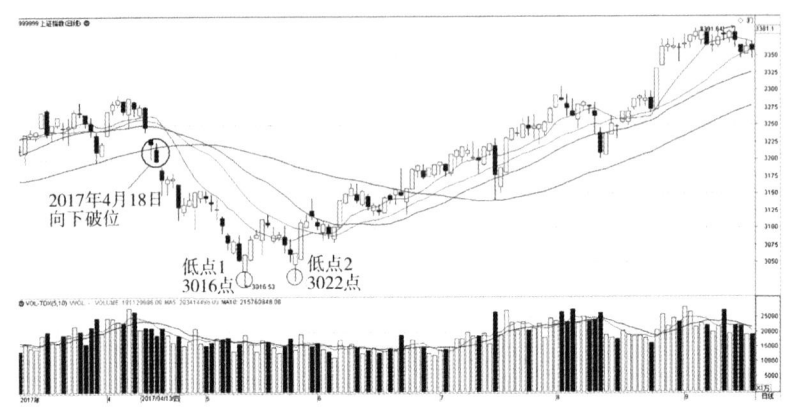

图78 2017年4月—9月，上证指数日K线图

我们研究大盘的方法非常简单，连续的低点抬高就是信号。这意味着原先的下降趋势发生了逆转，我们就可以继续依据逻辑买卖的原则进行操作了。

大盘的趋势，分为长期趋势、中期趋势和短期趋势三种。我们衡量的重点，应该在于中期趋势和长期趋势，所以哪怕是股灾不断，只要阶段性进入稳定平衡状态，参与的机会仍然有。

所谓的"选大盘环境"，其实就是要选没有系统性风险的大盘环境。容易赚钱的阶段当然是震荡向上阶段和横盘震荡阶段，不过也可能刚刚进场就出现了下跌。这时候，低点连线就是我们判断新平衡是否被打破的风险控制线。低点连线不破，逻辑买卖继续。低点连线跌破，就说明稳定平衡被破坏了，我们就要夺路而逃，保存实力，就好像我的偶像程咬金先生那样，虚晃一斧，扭头就跑。跑哪里去啊？去找我们的模式能够搞定的对手，接着再砍。循环往复，打得赢就打，打不赢就跑，积小胜为大胜，让复利创造奇迹。

选行业：如何判断经济趋势

如果大盘没有系统性风险，自然大有可为。这时，我们要开始选投资的目标。

直接选个股吗？不是。逻辑买卖的做法是先选行业，把"包围圈"缩小一点。市场上有几千只股票，怎么选？入手哪些？我们不可能全入手，要选择胜算大的投资品种。

那么，怎么选行业？一起来看一看中国股民有多幸福！因为我们可以通过分析国家的整体经济趋势来进行投资。教你一个口诀：**国家总有千里眼，政策咋选你咋选。热钱听话来扎堆，桃花源里可耕田**。什么意思？就跟着国家的年度报告走，跟着国家未来的规划走，跟着新政策走。

我们要怎么去研究政策呢？首先，《新闻联播》应该坚持看，国家大事要关心，大事件会带来大财富。作为国内最权威的信息发布平台之一，有的重大信息往往在《新闻联播》上有蛛丝马迹的提前反映。

比如，2017年2月，党和国家领导人视察了雄安地区。如果你敏感度比较高，就应当高度关注河北，关注雄安地区。

又如，2020年12月，中央经济工作会议首次提出清洁能源战略和碳中和目标。其后半年，清洁能源板块和碳中和板块就风生水起，反复活跃。

还有更加明确的投资重点，我们可以从一年一度的政府工作报告里获知，尤其是政府的年度总结以及新年展望。还应关注"五年规划"提及的重点行业。如果我们知道未来政策的着力点，当然就明确了哪些行业是接下来的投资重点。政策指到哪里，企业的投资就会跟到哪里。资金来了，波动就产生了，价差就多了，获利的概率也就变大了。

对股市而言，最聚焦的地方就是最聚集资金的地方。通过经济政策，我们可以判断出资金聚集的地方在哪里，这种方法叫作"借力打力"，可以帮助我们筛选行业。按照政策的指引，这个行业即使不是全面活跃，只是局部活跃，价差也容易把握。

比如，2017年的两会上，提出了一个新的国家关注的重点，叫"人工智能"。就算是听到这个报告以后，你再去选择人工智能行业也来得及，后面的机会也是很大的。

我以人工智能行业的龙头品种科大讯飞来举例说明。2017年的两会是在3月初召开的。你可能担心来不及，有关这只股票已经出了利好，但是你之前没有买，现在追高又不太妥当。

不要着急，人工智能是国家发展战略的重点所在，所以机会非常多。你看看下图，3月以后，仍有合适的买入时机。

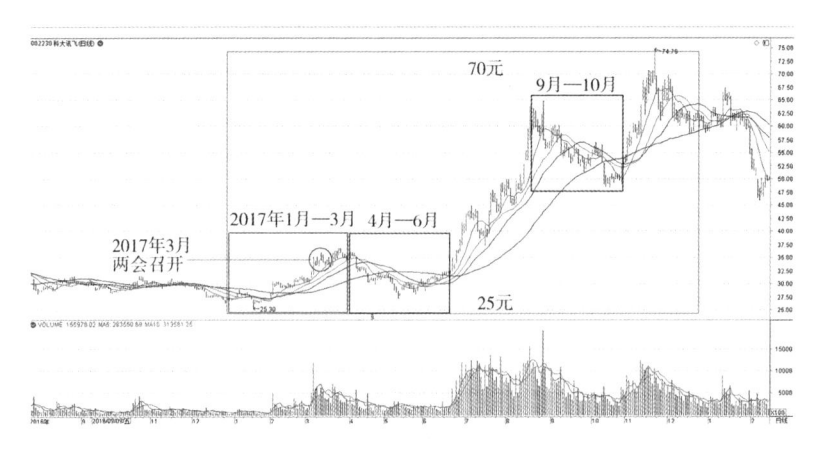

图79 政策扶持案例分析——人工智能行业龙头品种科大讯飞（002230）

又如，2020年，在新冠肺炎疫情的冲击之下，为了提振消费、稳定经济，扩大汽车消费就成了政策的优先选项。2020年3月13日，国家发展改革委、工业和信息化部等23个部门联合发布了《关于促进消费扩容提质加快形成强大国内市场的实施意见》，提出要促进机动车报废更新，促进汽车限购向引导使用政策转变，鼓励汽车限购地区适当增加汽车号牌限额。

正是在相关行业政策的重点扶持之下，实体经济层面，2020年，汽车业一举扭转了 2018 年以来的颓势，产销两旺；在股票市场，汽车板块成了 2020 年 A 股表现最好的板块之一，汽车指数涨幅翻倍，远远领先于大盘。在实际操作中，顺着汽车板块整体走高的路线选择具体品种，自然事半功倍。

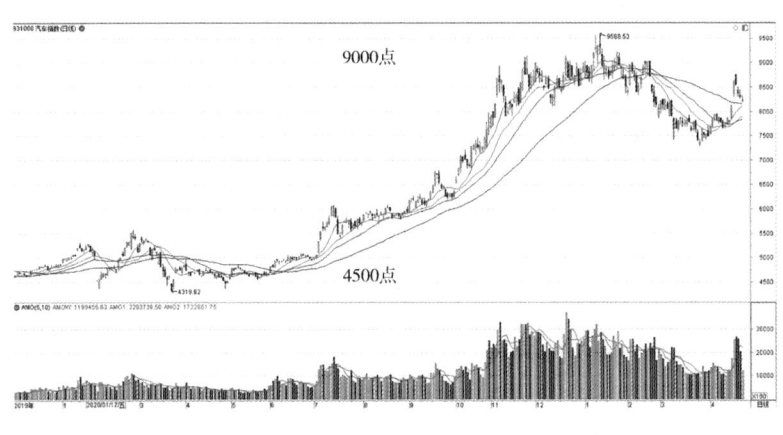

总之，跟着经济政策来判断大趋势，是我们选择行业时的关键策略。

图 80　2020 年 1 月—2021 年 3 月，分类指数——汽车指数日 K 线图

选个股：选择个股的三原则

虽然我们要跟着宏观趋势走，但并不意味着政策来了就马上买入。买卖股票时，还是要依据逻辑买卖的原则。这就涉及我们怎么来选个股。

行业确定了，个股怎么选呢？

如果确定了行业，行业里的龙头我们首先要关注。不过，龙头如果价格太高，我们获利的可能就不大，因为我们要的是价差。我们选股票，不是要选"好看的"，而是要选"好吃的"。

股市里最大的风险是获利丰厚,最大的利好是全部套牢。股价跌多了、跌久了,孕育的反弹能量就大。涨多了、涨久了,积累的"下跌动能"就足。

逻辑买卖的选股原则有以下三条:

第一条,长期弱于大盘。逻辑买卖选的个股不是要强于大盘,而是要弱于大盘。

第二条,行业政策点赞。也就是说,要符合国家发展战略。

第三条,妈妈膀大腰圆。

我们发财关妈妈什么事?不要着急,饭要一口一口吃,我们一条一条来解读。

先解读第一条,长期弱于大盘。因为价差是我们永远的朋友,所以我们要关注那些长期弱于大盘的个股,它们的风险释放得最为充分。大盘就好像是海平面,所有滔天的巨浪最后都要回到海平面。往下跌破海平面的呢?海平面都会把它给拉起来。

大盘就像是海平面,个股跌得越狠、跌得越久,大盘对它产生的向上的牵引力就越大,个股出现转折向上的概率就越大。所以,每到岁末年初选股票的时候,大家要选弱于大盘的。方法很简单,假设大盘上一年度整体涨幅10%,那么我们绝不是选涨20%的个股,而是选跌的,甚至跌得够狠的,与大盘指数的乖离率越大越好。这是逻辑买卖的第一条选股原则,很简单。

个股所处的位置越低,它的风险释放得就越充分。这是什么意思呢?不是说这只股票能涨成什么样,而是说跌得够狠,它能继续跌的空间就小了。例如,2015年的中国中车(610766),从39.47元一路跌到9元多,幅度极大,几乎掉到地板上了,我们可以判断它已接近转折点了,这时可以去捡。我们先不要说能不能赚到钱,这种股票,即使继续下跌,你能亏多少钱呢?这叫"未谋胜,先谋败"。

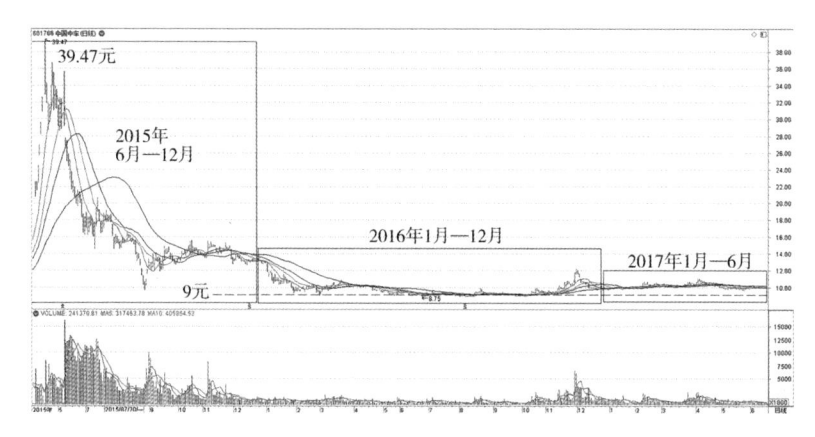

图81　2015年6月—2017年6月，中国中车（601766）历史走势图

既然有了相对安全的保障，剩下来的就是机会了。什么机会呢？个股积累的反弹能量充足，一旦有行业利好，大风一吹，它不就起来了？

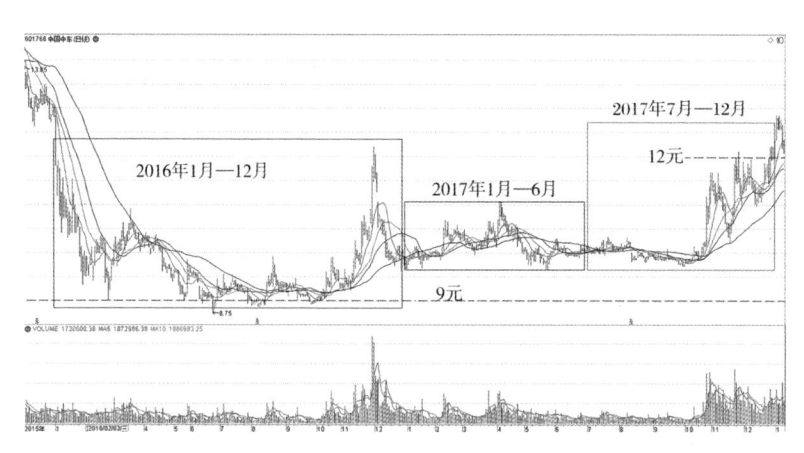

图82　2016年—2017年，中国中车（601766）历史走势图

先立于不败之地，再谋求胜利。你看大盘跌掉过75%吗？没有。2015年6月股灾爆发后，也不过是从5000多点跌到过2600点左右，只跌了近50%。而中国中车，从接近40元，跌得只有9元，只剩1/4了。狠不狠？它的下跌幅度远远超过大盘的平均下跌幅度。所以，它跌不动了，你就立于不败之地了。总之，跟大盘相差越大，我们的安全系数就越高。

第二条，行业政策点赞。逻辑买卖选的个股一定要符合国家发展战略。如果上市公司主业和国家发展战略高度吻合，资金就愿意追捧，价差就大，成功率就高。

第三条，妈妈膀大腰圆。这条有点不太容易理解，什么意思？这里的"妈妈"是指上市公司的第一大股东，即实际控制人。因为在这个市场，如果上市公司本身好的话，那股价基本上也能反映出它的好。不同行业的绩优股、蓝筹股，其平均市盈率各有其合理的估值空间，公司经营业绩与股票的价格是相对应的。股价要继续涨，公司经营业绩就必须更好。如果公司的利润增长幅度越来越大，效率就会越来越高。市场的资金当然会追捧这种持续高成长的优质公司。

但众所周知，大部分企业都有各自的发展周期，"好三年，坏三年，缝缝补补又三年"才是常态，所以上市公司内生式持续高增长的难度很大。而逻辑买卖选股的方法与众不同，是先于市场一步。先在哪里？先在我们会选择的公司可能不见得那么好，但是它的"妈妈"很厉害。

"妈妈"厉害，跟上市公司的股价有关系吗？关系密切。更重要的是，全流通时代已经来临，同股同权。如果上市公司的股价大涨，"妈妈"的身价也就会大涨。所以，如果"孩子"现在还比较穷，"妈妈"肯定会想办法让"孩子"好起来。那么，"孩子"的身价就涨了，然后股价也会涨。"孩子"的股价一涨，"妈妈"持股的数量最多，当然是身价百倍呀。

大股东的利益和公司的利益是一致的，所以"妈妈"肯定会帮"孩子"。我们就要选这种"富妈穷儿""壮妈弱儿"的公司。如果"妈妈"不富，虽然她很想帮助这个"孩子"，但是她自身都难保，怎么帮？

我们以"妈妈膀大腰圆"为选股法则的思路，就是要超越市场的一般判定。市场一般来说是判定某家上市公司好不好，而我们是判定控股股东实力强不强、富不富裕。如果又强又富，那请放心，"妈妈"会想尽一切办法让

"孩子"强壮起来的。因为这样,"妈妈"的利益也可以最大化。

资产重组是A股市场永远的大机会,资产重组后的个股经常夺得股价上涨的第一名。不是说每年都能夺得第一名,但涨幅名列前茅是一定的(如下表)。

表1 2010年—2020年,A股年度涨幅冠军榜

(剔除新股发行上市后的涨幅,★代表非重组股)

年份	股票代码	股票简称	年度涨幅(%)	备注
2010年	600259	广晟有色	583	资产重组
2011年	000620	新华联	530	资产重组
2012年	000156	华数传媒	1168	资产重组
2013年★	600648	外高桥	615	定增募资
2014年	600399	抚顺特钢	480	资产重组
2015年	002625	光启技术	1438	股权转让
2016年	000935	四川双马	730	股权转让
2017年	601360	三六零	735	股权转让
2018年	600128	弘业股份	206	国企改革
2019年	000723	美锦能源	592	股权转让
2020年★	300677	英科医疗	1114	

上海本地股历来是资产重组的沃土。2013年,上海自贸区获批,外高桥筹划定增募资。

2020年,全球受新冠肺炎疫情影响,医药股受追捧,具有资产重组题材的西藏药业(600211)以756%的年度涨幅屈居第二。

从瘦凤凰变成肥凤凰并不稀奇,价差也不算很大,但如果从乌鸦变成凤凰,那就是天壤之别。"乌鸦变凤凰"通常是在资产重组的作用之下发生的,那为什么要进行资产重组?不是为了你的利益最大化,而是为了大股东自己的利益最大化。

有定价能力的股东,他们准备怎么干?这是我们要研究的。我的这套模式跟一般的选股模式有点不一样,但是很简单。**先圈出符合国家发展战略的**

行业个股，再圈出其中长期弱于大盘的个股，最后圈出其中大股东又强又富的个股，清楚了没有？这样做，年度股票池基本就能搞定。

符合这三条原则的股票很少，选股难度就大大降低了。会不会漏掉大牛股？一定会。但把所有大牛股都收入囊中，不是我们所追求的。我们所追求的，是通过这种方式所选出来的股票至少不输于大盘，比大盘更强一些，能让我们长年累月地赚一些钱，这就够了。

"老严，如果仅仅是这样，没有大牛股，怎么能发财呢？"

不急，我会在后文告诉你，我是怎么通过提高赚钱的效率来达到大家梦寐以求的发财目标的。

如何选择"妈优股"

我给"妈妈膀大腰圆"型股票专门取了一个名字，叫作"妈优股"。下面给大家分享选择"妈优股"的几个原则。

第一，这个"妈妈"持有上市公司的股权比例越高越好。持股比例越高，注入优质资产就越有积极性，扶持上市公司的心情就越迫切，行动就越坚决，因为利益连带更充分、更紧密。所以，持股比例高，这是选择"妈优股"的重要原则。

第二，要研究这个"妈妈"有没有真正的实力。

接下来，我举两个例子来说明。第一个虽然不是我的实战经历，但拿来作为"妈优股"的案例十分恰当。我相信大家看了之后能加深对"妈优股"的理解。第二个例子是我的实战经历，我会分享自己选择"妈优股"的详细过程。

先看第一个例子——中国船舶（600150），这是原中国船舶工业集团旗下的上市公司。中国船舶工业集团是我国国产航母的建造者之一，实力雄厚。

上市公司中国船舶（600150）的前身是沪东重机，为中国船舶工业集团旗下的成员企业，由沪东造船厂和上海船厂于1997年分别以沪东造船厂的柴油机事业部和上海船厂的造机事业部净资产投入股份公司发起设立。

有关情况如下图所示：

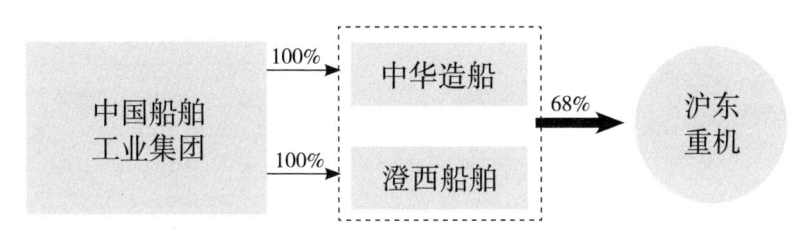

图83 中国船舶工业集团间接控股沪东重机示意图

大家在看图的时候，要注意一个关键数据，那就是当时沪东重机的实际控制人中国船舶工业集团，通过中华造船、澄西船舶，控制了上市公司沪东重机68%的股份。持股比例如此之高，已然满足了"妈优股"的第一个标准。

表2取自沪东重机2004年的年报，表中第一大股东、第二大股东的持股数据是对上一幅图的佐证。

表2 沪东重机2004年前十名股东持股情况

单位：股

股东名称（全称）	年度内增减	年末持股情况	比例（%）	股份类别（已流通或未流通）	质押或冻结情况	股东性质（国有股东或外资股东）
沪东中华造船（集团）有限公司	0	122,841,180	50.87	未流通	无	国有股东
上船澄西船舶有限公司	0	41,651,940	17.25	未流通	无	国有股东
中国银行—华夏回报证券投资基金	3,248,314	3,248,314	1.34	已流通	未知	其他
长盛成长价值证券投资基金	2,150,214	2,150,214	0.89	已流通	未知	其他
博时价值增长证券投资基金	1,406,649	1,406,649	0.58	已流通	未知	其他
全国社保基金一零四组合	1,189,658	1,189,658	0.49	已流通	未知	其他
鸿飞证券投资基金	999,985	999,985	0.41	已流通	未知	其他
上海东方航空产权经纪公司	652,700	652,700	0.27	已流通	未知	其他
张继贵	300,000	300,000	0.12	已流通	未知	其他

沪东重机自1998年上市后的较长时间内，业绩乏善可陈，其间还因1999年、2000年连续亏损而成为ST股，面临退市的风险。关键时刻，"妈妈"出手了，不仅助力"儿子"扭亏为盈、脱掉了ST的帽子，还帮助"儿子"奔小康。到2005年，沪东重机的净利润突破亿元，过上了小康生活。

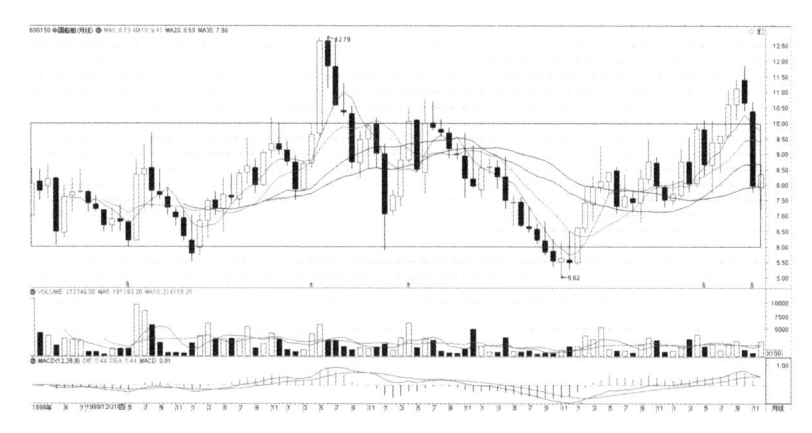

图84　1998年5月—2005年12月，中国船舶（600150）月K线图

表3　1998年—2005年，中国船舶重组前历年净资产、净利润数据表

年份	1998	1999	2000	2001	2002	2003	2004	2005
净利润（万元）	2691	-2900	-4666	1213	909	4038	7900	13,555
净资产（万元）	53,721	50,802	46,135	47,079	48,098	52,272	60,628	71,621

当然，如果只是从"脱贫"到"小康"，并不会给股市带来太多惊喜。大家从上面的图表不难看出，虽然沪东重机的业绩扭亏为盈后继续大幅增长，但同期的股价表现并不出众。"儿子"的股价不涨，"妈妈"的身价也不会增加。怎么办呢？

时势造英雄，从2005年到2007年发生了两件大事：第一件大事，是中国股市实施了股权分置改革，A股进入全流通时代，同股同权之下，"妈妈"帮"儿子"变大、变强，自己自然也身价暴涨；第二件大事，是当时全球经济高增长，海运需求旺盛，造船订单大增，"妈妈"手持干货多多，"妈优股"的第二个条件也满足了。

"天时（大势）、地利（低价）、人和（大股东有意提高股权价值）"齐备，"妈妈"开始干活了。干什么活？一幕向上市公司注入资产的重组大戏由此开演。

2007年1月，沪东重机拟通过非公开发行的方式收购中国船舶工业集团所持上海外高桥造船公司66.66%股权、中船澄西船舶修造公司100%股权、广州中船远航文冲船舶工程有限公司54%股权，以及宝钢集团、上海电气所持外高桥造船剩余33.34%股权。

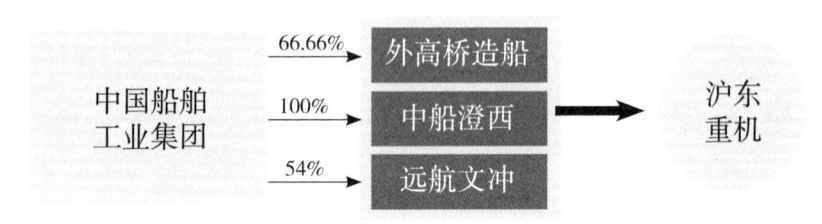

图85　中国船舶工业集团重组沪东重机股权路线图

"妈妈"（中国船舶工业集团）给"儿子"（上市公司沪东重机）的"干货"到底有多硬核？根据当时会计师事务所出具的相关报告，假设该次非公开发行在2006年年底已完成了交易，上市公司的资产及盈利状况将发生非常大的变化。

下表的数据，大家一看便知。

表4　中国船舶重组前后净资产、净利润对比

	2005年年报	非公开发行后
净资产	7.1亿元	79.3亿元
净利润	1.36亿元	15.6亿元

这意味着，资产重组完成后，沪东重机的净资产和净利润都将扩大10倍以上。伴随身价暴涨，沪东重机（本次资产重组完成后，沪东重机更名为"中国船舶"）的股价亦暴涨，如图86所示。

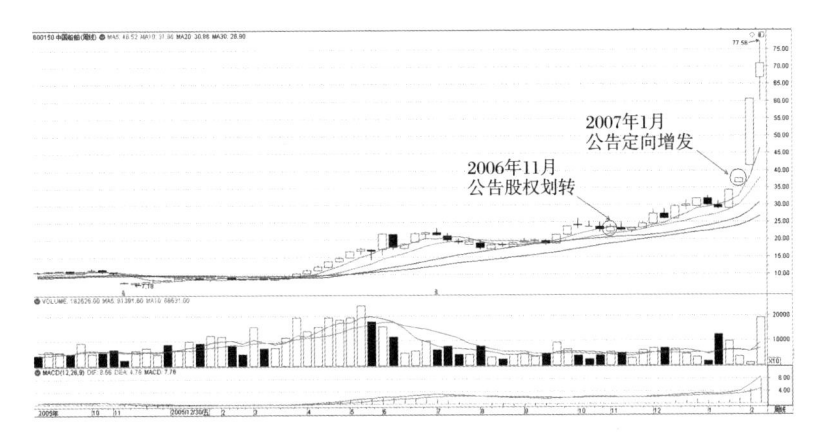

图86　2005年12月—2007年2月，中国船舶（600150）周K线图

历史数据显示，2007年，中国船舶以300元/股的高价，不仅摘得了当年A股最高价的桂冠，也刷新了A股价格的纪录。曾经的"穷小子"变成了"白马王子"，作为最大股东的"妈妈"，身价暴涨、荣耀无比。

虽然中国船舶2007年的高光行情与我无缘，但其中的逻辑却可以复制。

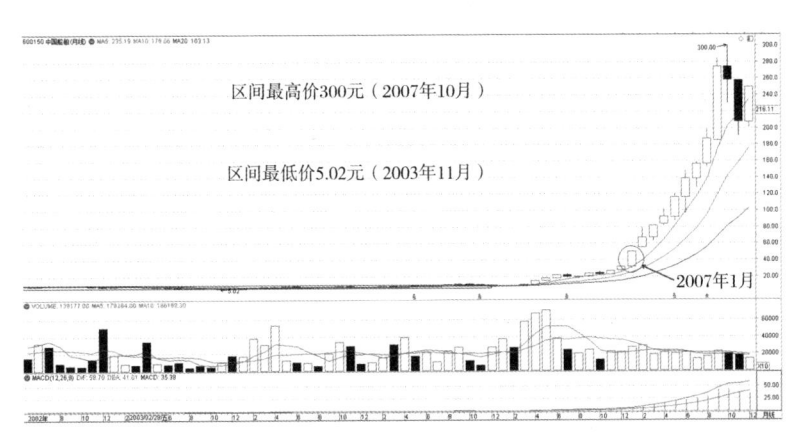

图87　2002年12月—2007年12月，中国船舶（600150）月K线图

看完别人的故事,我再给大家汇报一下我的亲身经历,请看第二个案例。

2013 年,完全是熊市。那时候,你看得上深圳华强吗?如下图所示,6 元多一股,底部震荡,确实不好看啊。我怎么选上它了呢?

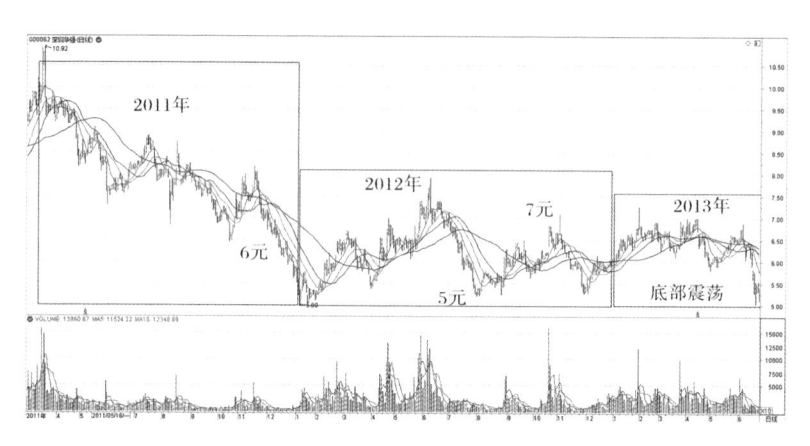

图 88 2011年—2013 年,"妈优股"深圳华强(000062)历史走势图

它的"妈妈"叫深圳华强文化科技集团,当时持有深圳华强 75% 的股权,这个持股比例非常高。接下来,我们来了解一下深圳华强文化科技集团是干吗的,这个"妈妈"强不强。

不研究不知道,一研究是个宝啊。

当时,市场热炒动漫题材,相关上市公司的股价涨得很高。我给研究部门交代了一个任务,让他们不要去看上市公司搞没搞动漫,而是去找一找有没有哪家上市公司的大股东是搞动漫的。

寻找的思路是什么呢?我们把当时最热门的动漫节目一个个做分析,当然是想找到它们与上市公司或上市公司大股东的关系。《喜羊羊与灰太狼》虽然火,可是没找到线索。《熊出没》也很火,孩子们喜欢熊大、熊二、光头强,不少成年人也喜欢。功夫不负有心人,我们找到这部动画片的出品公司了。《熊出没》由深圳华强数字动漫有限公司出品。恰好,这家公司的大股东是深圳华强文化科技集团(以下简称"华强集团"),它的持股比例高达 75%!

上市公司深圳华强的主业是搞房地产租赁,以及商铺收租。我们的结论是,随着网购越来越普遍,这个收租公司的发展前途不大。从业绩情况来看,这个上市公司也非常普通。但是,从公开的信息来看,大股东为什么持股比例那么高呢?它是通过定向增发4元多钱,获得了那么高的持股比例。虽然华强集团定增进来4元多,股价6元多也赚钱了,但是持股比例那么高,流动性那么差,卖得掉吗?如果不卖,华强集团要如何运作才能实现利益最大化?所以,这个大股东一定有很大的动力和很强的动机把自己持股的这家上市公司搞好,这个逻辑是通的。

"妈妈"的持股比例高,而且有能力,能给自己的上市公司注入优质资产。而华强集团最好的资产中,就有这个"光头强"的IP。

当时,我们认为,大股东有能力把这个上市公司搞好。那么,这个大股东能不能把"光头强"这个IP注入自己的上市公司呢?虽然"光头强"目前还属于深圳华强数字动漫公司,这家公司还不是上市公司,而是跟华强集团旗下的上市公司平级的子公司,但是大股东为了自身利益最大化,一定会努力运作,让"光头强"真正属于上市公司。我们稳坐价格洼地,让华强集团去操作就好了。

结果,2013年主板行情弱势,但是深圳华强竟然大涨了两三倍(参见下图)。

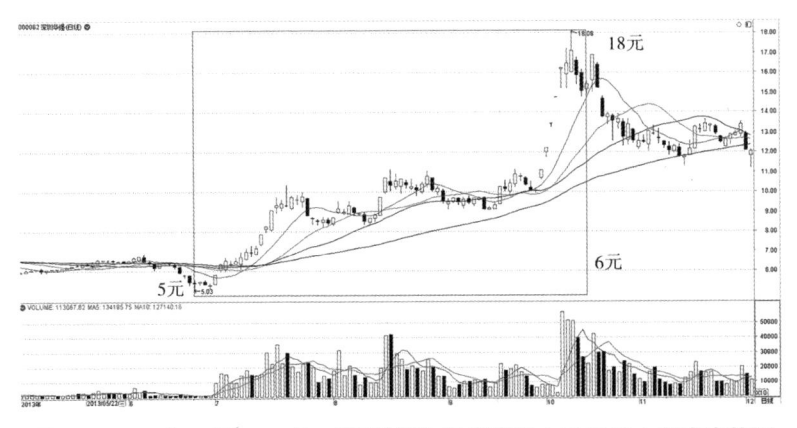

图89 2013年7月—10月,"妈优股"深圳华强(000062)历史走势图

深圳华强的这一思路是可以复制的。大股东持股比例高，而且实力强，这都是"妈优"的体现。妈妈优秀，孩子不行，妈妈想办法，于是孩子就变得越来越优秀，这个逻辑一直有效。未来还有波澜壮阔的国企改革，国有妈妈更厉害，所以精彩的还在后面，用这个模式、这个逻辑选股仍然管用。

如何选择买点和卖点

我已经论述了如何选择大盘环境、行业，乃至个股。股票选出来了，我们就要正式操作了。如何选择买点和卖点呢？

我已经说过了投资的戒律，如"买入不急"、学会打折买入、对家庭财富负责任等。

如何卖呢？我也已经介绍过，要在离花谢不远时操作，对打破平衡加速上涨的个股，哪天不创新高就卖掉，至少卖一半。剩余的呢？10日均线一旦跌破，止盈出局。

所以，股票投资的方法其实很简单，不要把问题复杂化，要用智慧来解决问题。我们要解决的关键问题在于，如何可持续地获取价差，然后简单地重复"砍瓜切菜"，积小胜为大胜，复利增长。

我一直以这样接地气的标准来与朋友们交流，坚持简单，确保大家能够轻松地掌握。

第七章
手把手教你实操赚钱

如何提高赚钱的效率

本章中提到的方法,是我用到的为数不多的技术分析方法。

很多朋友对技术分析很崇拜,但我个人觉得技术分析只能在实战中起到比较小的辅助作用。不能说没有用,但是如果过分依赖和迷信技术分析,没有一个不失败的。

当然,也可能是我孤陋寡闻,反正我没有看到一个纯做技术分析却能在股市里成功赚钱的。这是为什么呢？问题出在这些技术分析的"祖师爷"没有一个是成功的。

比如，创建了波浪理论的艾略特，炒股最终炒破产了。你说他创建的这玩意儿靠谱不？看过去，好神奇，但看未来一塌糊涂。"祖师爷"都靠不住，徒子徒孙还能发财？成功率不高自然会被淘汰，但波浪理论为什么会永葆青春呢？或许它的用处与投资无关。

你看看，哪个炒股大家嘴里天天念叨技术分析？没有。大家的方法几乎都可以归结为两个字——"逻辑"。在我看来，人区别于动物，很重要的一点就是人有逻辑。

想在股市里获得成功，你要注重两门学问。第一门学问是逻辑学。知己知彼，百战不殆。我是人，竞争对手也是人。大家都是人，要学会研究人的思考方式、人的思维规律。

我不知道前文给大家推荐的四大古典名著，诸位读得怎么样了，有没有醍醐灌顶的感觉。我希望有，你研究清楚中国人，以及中国人的市场里发生了什么事情，在投资时的逻辑是什么，你就能更加轻松地应对各种情况。

第二门学问是统计学。技术分析只是统计学的一小部分，误差过大，比较滞后，所以只能分析过去的数据，无法分析未来的。如果用技术分析的方法分析未来的股市，只能是盲人摸象。而且，技术分析的方法只能建立在过去的经验之上，而现在计算机的运算速度非常快，技术分析已经可以用人工智能完成了。

大量的数据统计，其本质还是研究概率，所以我们研究统计学的目的，其实就是搞懂概率。我们追求的不是100%会成功，而是大概率能成功。

所以，这两门学问对于做投资来说很重要。我们可以继续深入学习逻辑学、统计学。

技术分析是一种辅助方法，但在我过去的投资实践中，它的辅助成绩并不是太好。不过，关于技术分析的方法，有一点我认为还是比较有用的。什么情况之下有用呢？抓个股的主升浪，成功率比较高。**但是，有一个前提：**

抓主升浪的方法，一般而言适用于市场处于相对强势的时候，即牛市或者牛市初期的时候。

我把抓主升浪的方法结合实例给大家分享一下。首先，可以利用 RSI 指标[1]选择主升浪。RSI 叫"相对强弱指标"，怎么计算你可以自行上网搜索，纠结于它的概念没有意义，你会运用就可以了。

市场处于强势时，我们要做主升浪。个股主升浪不是同时发生的。一只股票产生主升浪，主升浪涨完之后，它就会休养生息，重新积累能量。此时，如果发现另外一只股票即将进入主升浪，"才饮长沙水，又食武昌鱼"，峰谷轮动的收益就会非常惊人。

这是值得各位认真学习的一个重要方法，我在实战中运用时，成功率比较高。

具体的口诀是：**月线 RSI 画个圈，周线 RSI 选个点，买入不急在耳边。**

有点像听天书，但参见图 90，你就明白了。如图 90 所示，上面一栏是 K 线，中间一栏是成交量，下面一栏是技术指标。我们需要 RSI，那就输入字母 RSI，此时下拉列表中就会出现"相对强弱指标"的选项，选中即可。

1　RSI 是 Relative Strength Index 的缩写。相对强弱指标 RSI 是根据一定时期内上涨点数和下跌点数之和的比率制作出的一种技术曲线。能够反映出市场在一定时期内的景气程度。

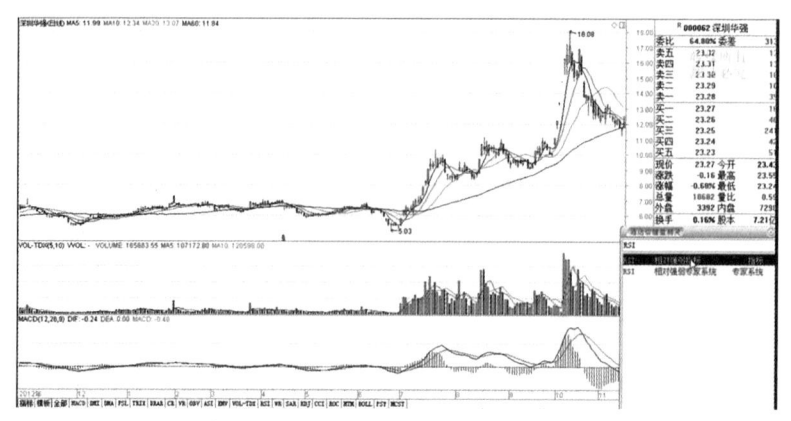

图 90　2013 年 7 月—10 月，深圳华强（000062）历史走势图

此时，下面一栏出现的就是相对强弱指标，起起伏伏的曲线看似温柔，其实充满了陷阱，我们怎么办呢？

口诀的第一句是"月线 RSI 画个圈"。我们要用的是月线 RSI，敲键盘上的 F8。第一次转换，由日线转换为周线。第二次转换，由周线转换为月线。

RSI 指标分成三条线：快线、中线和慢线。快线周期短，运动速度快，对于股价的敏感度高。慢线周期长，对于股价的反应比较迟钝。介于快线和慢线之间的就是中线（参见下图）。

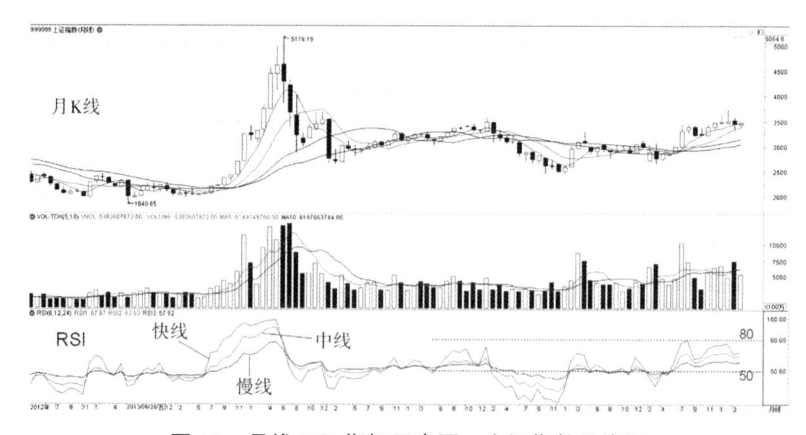

图 91　月线 RSI 指标示意图，上证指数月线图

注意，我们为什么要用月线 RSI？因为它的三条线的周期是以 6 个月、12 个月和 24 个月的标准设置的。如果用 6 天、12 天、24 天，时间太短，无法得出有价值的相对强弱指标。用 6 周、12 周、24 周的话，参考价值也不大。所以，我们利用月线 RSI 进行选股。

"月线 RSI 画个圈"，怎么画圈呢？注意看上图，图的右边有数据，分别对应了市场由弱到强的不同状态。RSI 值在 20 以下为弱势，20～50 为平衡势，50～80 为强势，80 以上为超强势。当月线 RSI 指标的快线上穿中线和慢线，接近或达到 80，然后掉头下行向中线和慢线靠拢，反压慢线而不跌破慢线，这就是我们要寻找的战机。

例如，下图是平安银行的月线图，经过初期上涨后，RSI 快线反压但没有跌破慢线。后面再压，依然不破，这就是"压而不破"。你看好了，快线上穿慢线形成金叉，快线接近或达到 80 进入强势状态，回压慢线，但压而不破，即反压但不跌破慢线。出现这种情况时，我们在反压之处画一个圈。

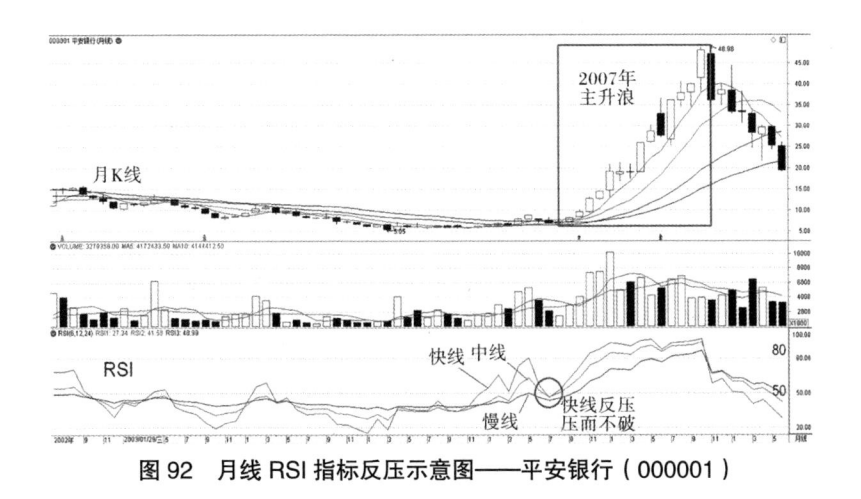

图 92　月线 RSI 指标反压示意图——平安银行（000001）

再看下面的案例——云南铜业月线图，RSI 快线超过 80 了，之后反压没有？反压了，但是没有跌破慢线，只是有一个反压的动作。出现这种情况时，我们就在发生反压的地方画一个圈。画圈意味着后面有可能会形成主升浪。

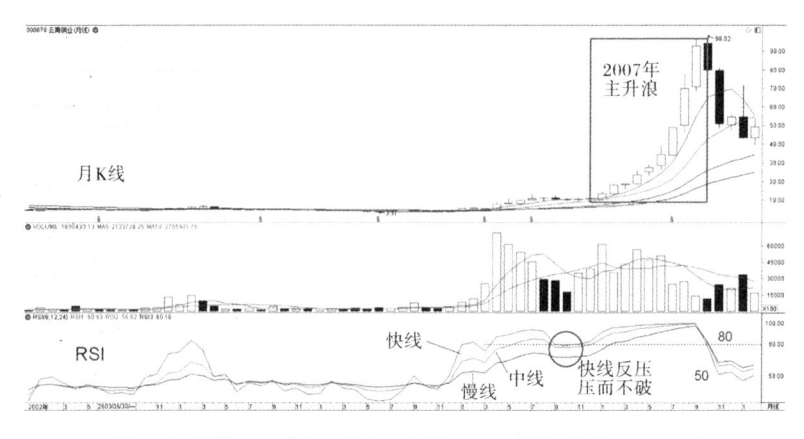

图 93　月线 RSI 指标反压示意图——云南铜业（000878）

继续看案例，2020 年新冠肺炎疫情来袭，医药板块风生水起，复星医药卷土重来，并于 7 月获得其上市以来单月最大涨幅。2020 年 7 月和 8 月，复星医药这一波行情称得上一段主升浪了。而在大涨之前，月线 RSI 指标的快线从低位上穿慢线，上行靠近 80 后反压，但没有跌破慢线。此处可画一个圈。

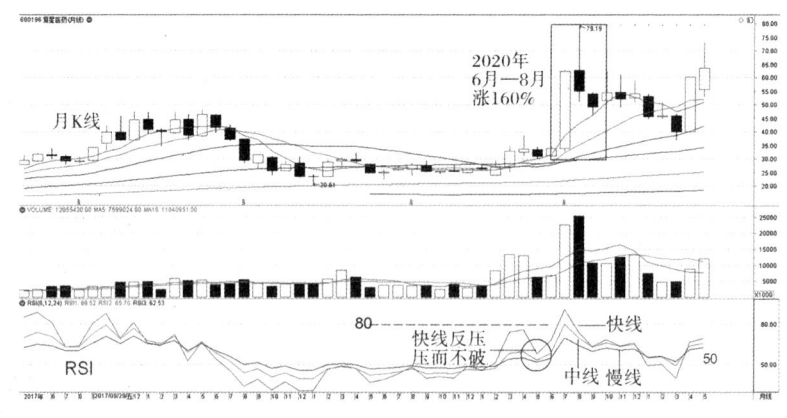

图 94　月线 RSI 指标反压示意图——复星医药（600196）

大家要注意，月线 RSI 指标的快线上穿慢线后，如果向上强度不够，快线没有达到或者接近 80 就回压，甚至只有五六十就回压了，在这种情况下，即使压而不破，也不满足我们用 RSI 抓主升浪的标准，因此我们也就不必在月线图上画圈。

如下图所示，日照港 2020 年从低位反弹，月线 RSI 指标的快线自下而上穿越慢线，但上行不到 60 就戛然而止了，然后开始反压。这意味着上行强度不足，即使后来反压不破，大概率也不是主升浪的信号。第二次上行依然只在 60 附近打住，虽然再一次反压不破，大概率也不是主升浪的信号。后来的股价表现果然如此。

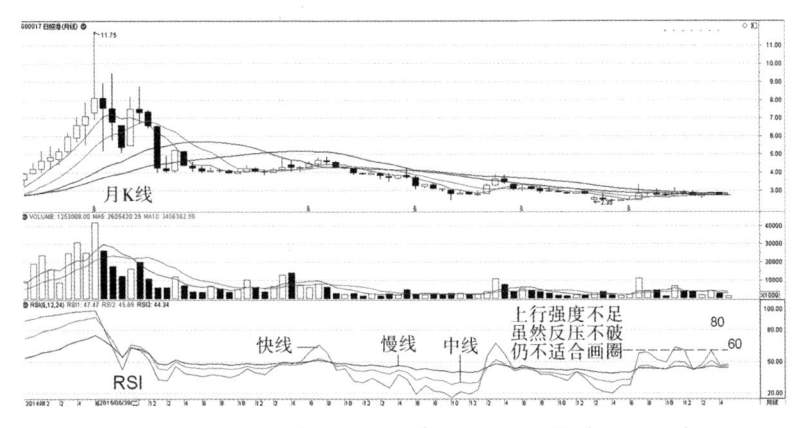

图 95　月线 RSI 指标反压示意图——日照港（600017）

虽然月线 RSI 指标的快线上行强度不足，但也出现了一波很不错的行情，这种情形有没有呢？当然有。如图 96 所示，太原重工在 2013 年年底到 2014 年 6 月，快线远没有达到 80 就反压（2013 年 11 月，快线实际值仅为 60）。虽然后来的一波行情也不错，但由于月线 RSI 快线指标不够强，这种情况就不是我们所选择的主升浪。

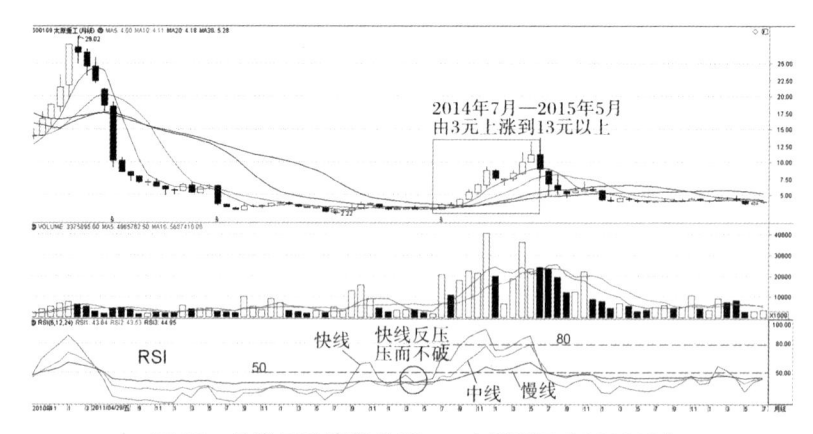

图96 月线RSI案例分析——太原重工（600169）

我们的条件是，月线RSI指标的快线上行到80或者接近80反压，压而不破慢线。这是站在大概率的角度来看的，只要出现了这种信号，就意味着后市出现主升浪的概率较大。如果不满足我们的条件，投资失败的风险就比较大。这种抓主升浪的模式可以复制，而坚持模式投资，站在大概率一边，正是逻辑买卖方法制胜的核心。

继续看案例，如图97所示，中远海科2020年的一波行情有点意思，月线RSI指标的快线从80以上反压。此时，可以观察指标是不是满足画圈的条件。但是非常遗憾，就在观察的过程中，快线跌破了慢线，破了就不能画圈。果然，后面股价继续下跌。

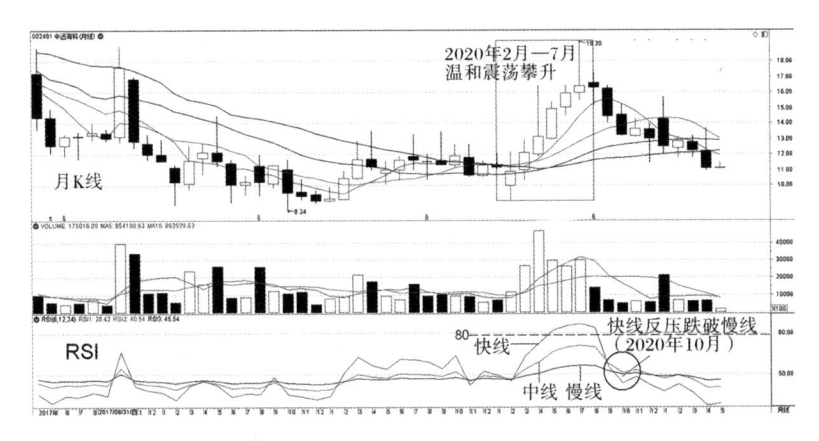

图97 月线RSI指标反压示意图——中远海科（002401）

在理解了月线RSI指标压而不破、可以画圈的要领后，怎样去抓个股的主升浪呢？我通过下面这两个经典案例来简要说明。

先看第一个案例——万方发展（000638）。虽然这个案例的时间比较早，但其主升浪的模式清晰，堪称经典。2015年年初，万方发展的主升浪爆发之前，月线图上的反压已十分清晰：2014年7月—11月，月线RSI指标的快线上穿慢线，快线最高达到80以上。随后于2014年12月反压，压而不破。此处当然可以画圈。

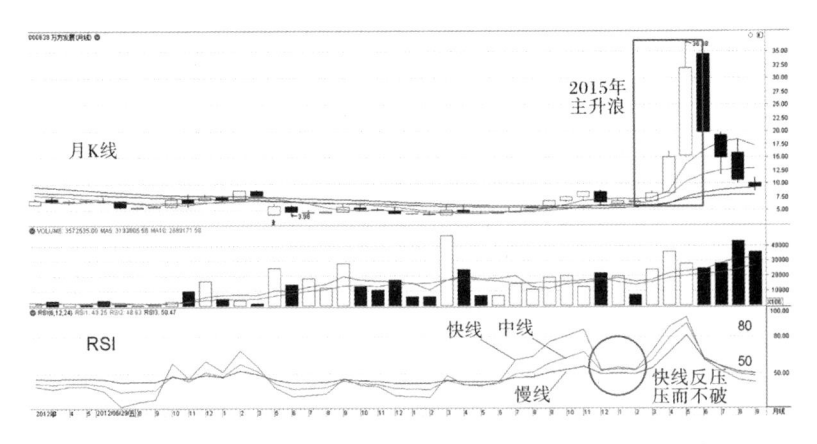

图98 月线RSI指标反压示意图——万方发展（000638）

那么，在什么情况下，我们可以下手买呢？

具体选买点的时候不看月线，而要看周线。我们已经在月线上画好了圈，目标就已确定，而用周线 RSI 选买点就非常简单了——当周线 RSI 出现黄金交叉时就是买点。

继续看万方发展的例子。我们已经在月线图上画好了圈，接下来要去观察万方发展的周 K 线（参见下图），周线 RSI 的黄金交叉出现在 2 月底。黄金交叉出现了，意味着抓主升浪的介入点出现了，3 月初就可以买入。其后，主升浪爆发了，涨幅不菲。

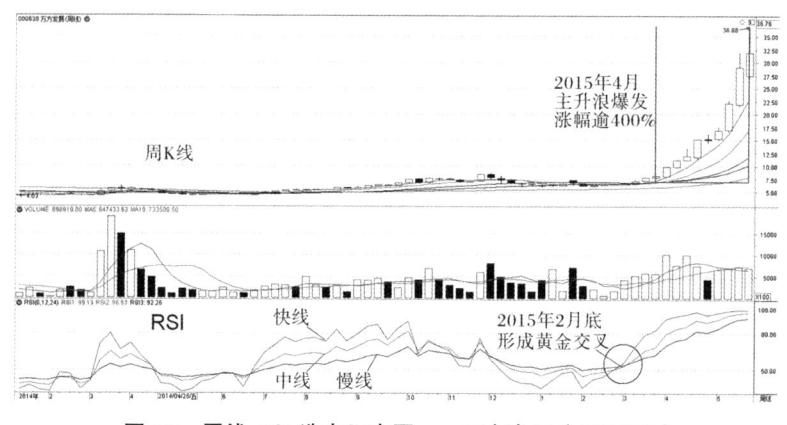

图 99　周线 RSI 选点示意图——万方发展（000638）

我们再来看第二个案例——比亚迪（002594）。2020 年是 A 股汽车板块的大年，新能源车龙头比亚迪（002594）风光无限。如图 100 所示，2019 年年底，比亚迪已蠢蠢欲动，从 2019 年 12 月到 2020 年 2 月，月线 RSI 指标的快线上穿慢线，向上靠近 80 之际开始反压。到 2020 年 5 月，压而不破、中规中矩，此处即可画一个圈。

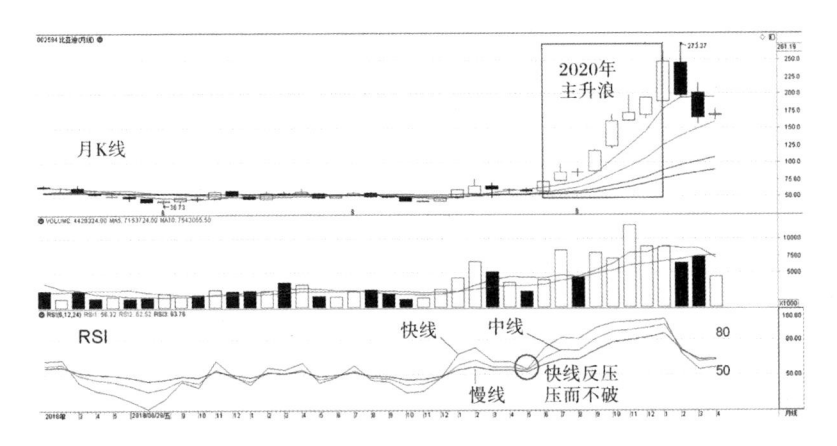

图 100　月线 RSI 指标反压示意图——比亚迪（002594）

月线图上的圈画好以后，到周线图上去选点，选择介入时机。怎么选？当周线 RSI 形成黄金交叉时，就意味着可以入手了。我们再去检查比亚迪的周线图，观察黄金交叉何时出现。如下图所示，2020 年 6 月初，比亚迪周线 RSI 形成黄金交叉，那 6 月初就是介入点了。后来的主升浪果然不负所望。

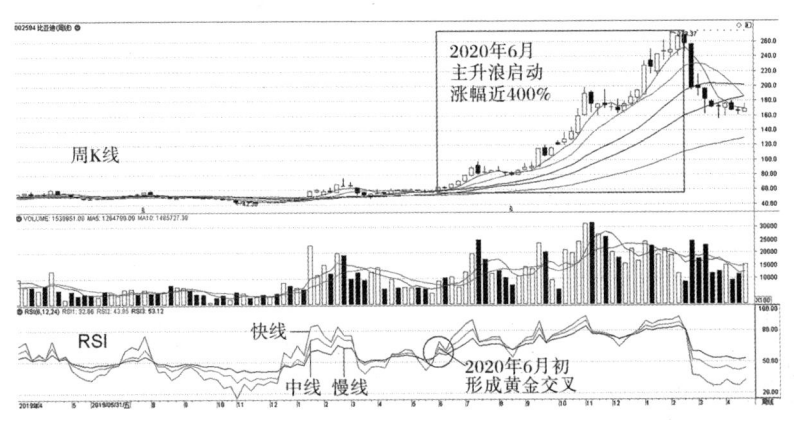

图 101　周线 RSI 选点示意图——比亚迪（002594）

不难看出，我们用 RSI 抓主升浪的方法非常简洁明快。你也可以通过复盘的方式回顾一下历史上曾经出现的这样的主升浪，检查一下它的成功率。

但我们必须明白，我们不可能做到百战百胜。符合条件的，有成功的，也有失败的，只是成功的比较多。不符合条件的，虽然也有走出主升浪的，但那不是我们要讨论的。符合条件的我们做，不符合条件的就不做。尤其当市场处在强势状态的时候，它会提高我们峰谷轮动的效率，获利也就非常惊人。

通过以上的分享，对于如何用 RSI 抓主升浪的方法，大家是不是已经跃跃欲试了呢？我们再来复习一遍这个方法的核心内容：

月线 RSI 指标的快线上穿慢线，接近或达到 80 后向下反压，压而不破慢线。然后，周线 RSI 发出黄金交叉信号，也就是快线成功上穿慢线，形成买点。

用 RSI 抓主升浪的方法，在市场处于弱势的时候，你可能觉得用处不大，因为大部分股票比较弱。但是，等到股票慢慢走强了以后，用这个方法选股，效率会非常高。因为所有的股票不是同涨同跌，特别是主升浪启动的时空不一样，所以我们可以利用"四季花开"的规律，峰谷轮动，左右逢源，这种感觉棒极了。在运用 RSI 时，用月线、周线，而不用日线，是因为长期趋势的误差小，能充分过滤随机波动的干扰。

最后，我还得提醒一句：无论任何股票、任何市场、任何时候，买入时都要在自己一开始想买的价格的基础上打九八折，这要长期坚持才有效。记住，"买入不急"在耳边。

分享了买点，那卖点呢？

我在讲"卖出不贪"的内容时，已经和大家做了详细的分享，这里我们再回顾一下。选卖点时，不用理睬小涨小跌，这是稳定平衡状态的一部分，不要因为随机波动和无效波动而分心。当所持股票出现加速上涨时，可以开始盯盘，因为原有的稳定平衡状态已经被打破了。什么叫加速上涨？股价连续三天创新高，涨幅 10%，那就叫加速上涨。如果股价连续三天创新高，可涨幅只有 1%，那不叫加速上涨。

10% 不是铁律，改变原有上涨斜率才是重点。但是，你把 10% 作为一个参考，至少可以判断它到底是不是真的走强了，是不是真的在加速上涨。

记住：不创新高卖一半，若破 10 日说"再见"。对于加速上涨的股票，哪天不创新高就卖出一半。如果收盘价跌破 10 日均线，就全部卖掉，干别的去。

此时此刻，诸位可以站起来放松一下。没错，暂时放下这本书，让自己的大脑休息一下。停下来，时时处处观自在，做情绪的主人。而且，建议诸位今后都养成这样的好习惯，常常从现实的场景中跳出来看看自己，其实这就是一种修炼。大德有言："不怕念起，只怕觉迟。"这样的训练对于我们走好人生道路和发财道路都很有价值。

如果你已放松身心，做好了准备，我们就可以一起进入学习逻辑买卖炼金术的环节。我可以满怀信心地告诉你，逻辑买卖的炼金术很厉害，赚钱大有希望，但我必须再次强调，"道之不足，其术必败"。

道是什么呢？可以理解为规律、道德规范，也可以把它理解为我们福报的不断增长。有了这个强大的地基，我们才能用逻辑买卖炼金术建造财富的高楼。"时时勤拂拭，勿使惹尘埃"，时时提醒自己"不忘初心，方得始终"。

抓住大事件，选择好股票

既然明白了我们做的是股票买卖，买好了，也卖好了，就成功了。那么现在，买学会了，卖学会了，选股也学会了，是不是有点斗志昂扬，想上战场了？

别急，虽然我们学习了逻辑买卖的心法和戒律，学习了选股的法则，也学习了如何抓住买点和卖点，但在实战中，怎样把这么多的"术"有机地结合起来呢？怎样才能获得概率上的成功，并实现可持续的复利增长呢？

现在进入关键环节。既然价差是我们永远的朋友，那么，是什么在创造价差？是处于股票背后的人心波动在创造价差。人心为何而波动？一般都是因为遇到了大事。

大事件总是让人心潮澎湃。因此，大事件会带来大波动，大波动孕育着大机会。这种逻辑可以称为"事件驱动"。事件驱动的是人心，比如2008年奥运会在北京召开，对我们中国人来说，这就是大事件。对于股市而言，它能带来什么呢？带来对体育行业上市公司的正面推动力。

所以，当成功申办2008年奥运会后，哪怕奥运会还没有举办，这个大事件就已经对股票市场产生了非常明显的推动作用。从申办成功到奥运会开幕前的几年里，只要是与奥运、体育行业相关的股票，行情都非常不错，价差也很大。

例如，2005年至2008年，中体产业的股价表现十分引人注目，这期间的买卖机会很多。

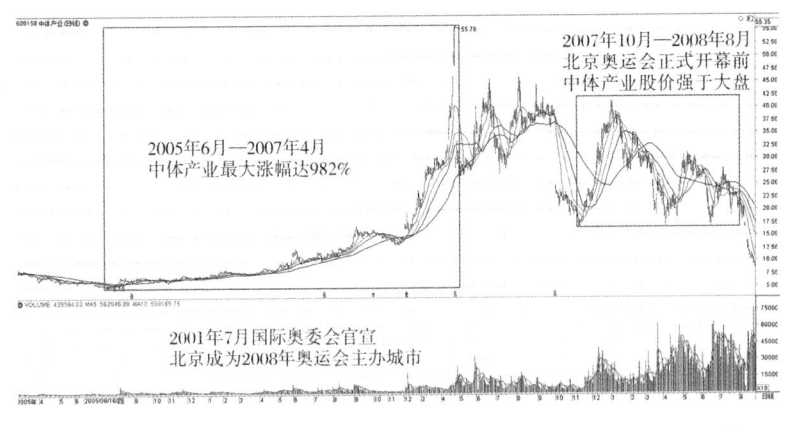

图102 大事件带来大机会案例分析——中体产业（600158）日K线图

大型国际运动会的推动力都很大，原因在于参与人数多，受关注度高。连亚运会都不得了，2015年，杭州成功申办亚运会，杭州钢铁集团公司因为地处杭州而受益。在2015年股灾之后，这个事件驱动的逻辑也给我的实战成果增了光添了彩。

波动产生价差，我们不需要提前打听消息，了解即将发生什么大事件，而是要知道大事件发生后，我们应该怎么做判断。

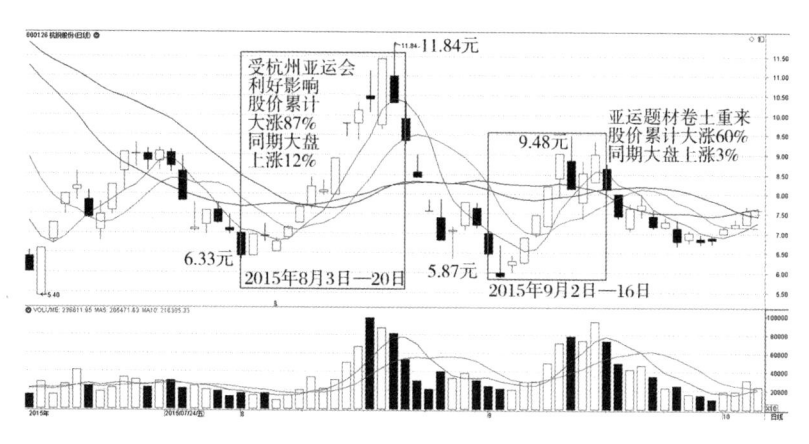

图103　大事件带来大机会案例分析——杭钢股份（600126）日K线图

我编了一个顺口溜。大事件带来大机会：**事有多大是关键，事件越大越来电。大事化小马上跑，只等新事又出现**。总之，事件越大，制造出的股价波动就越大。这就是事件驱动的逻辑。

新闻每天都在报道关于某些行业的利好、某些上市公司的利好，这些是不是事件呢？也是。但我们要判断事件的大小，判断它对股价的影响是短期的、中期的还是长期的。我们要尽量选择有长期影响、影响力足够大的事件，这对我们选股是有帮助的。上海举办2010年世博会是大事件，上海兴建迪士尼乐园也是大事件，它们所造成的影响持续时间很长。总之，事件越大越好，如果"大事化小"，它的推动力就会减弱，我们就要立即卖出股票，然后去"埋伏"另外一个大事件。

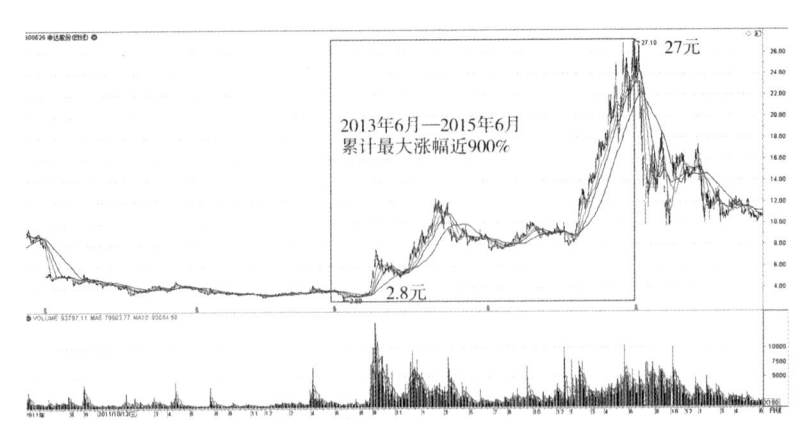

图 104　大事件带来大机会案例分析——申达股份（600626）历史走势图

股票价格波动的本质是人心波动，而大事件能够明显地制造人心的波动。因为在大事件出现的同时，一定会伴随着大新闻，每个人都会关注。眼球关注了，资金也就关注了。一旦有风吹草动，就将波涛汹涌，于是价差出现了。我们就是要依托这样的逻辑，去挖掘机会，去把握价差。

实战运用1：要想发，"骑熟马"

因为我们坚持品种不散的原则，持续追踪股票池里的少数几种股票，所以我们研究得比较深入和透彻，也很熟悉这些股票的特点。这就如同牧民掌握了不同马匹的脾性，知道它们什么时候要喝水，什么时候要吃草，什么时候要休息，什么时候会风驰电掣。也如同你熟悉回家的路一样，知道哪里有个坑，哪里有红绿灯，哪里有监控，要小心驾驶。因为熟悉，所以你的风险就变小了，成功的概率就变大了。所以，"骑熟马"是一条重要的经验。

怎么才能熟呢？当然，长期的研究跟踪是一个方面，更重要的是我们的精力有限，不能大水漫灌，一定要精准滴灌。因此，如果品种比较集中的话，就容易达到"骑熟马"的功效。

再教你一句口诀：**熟马知马性，马惊知退进。安全步步高，复利藏真金。**

当你把大部分股票放在一个长周期来观察时，你会发现，大部分股票居然都在"原地踏步"。尽管过程刺激，时而狂风暴雨，时而春风得意，时而"上九天揽月"，时而"下五洋捉鳖"，但最后总是又回到原点。曾经沧海所产生的无数价差，才是无尽的宝藏。

当然，有朋友会有不同意见："老严，长期持有贵州茅台、云南白药、片仔癀不好吗？这些股票是慢慢地稳步上涨的啊。"

老严曰："好啊，但仔细看看这些品种的'长征'，不仅有你事后看到的无限风光，也有无数的急流险滩、万丈深渊，你凭什么认为自己天赋异禀，能逃出生天？如果你选择长线持有的是乐视或康得新呢？"

不要和任何股票"谈恋爱"，因为任何股票都只是我们获取价差的工具，因为变才是唯一不变的。而把深情托付给没有任何感情的股票，结果只能是"多情总被无情伤，亏钱埋单和站岗"。

股市里只有两种人，一种人负责送钱，另一种人负责收钱。送钱的都由着自己的性子天马行空、杂乱无章地买入卖出，收钱的大多都建立并坚持了自己大概率成功的模式。而真正的财富奇迹皆由复利创造，从程咬金的"三板斧"到巴菲特的"滚雪球"，原来他们的底层逻辑是一模一样的。"模式恒久远，复利藏真金"，不断地提高获取价差的成功率，积小胜为大胜，坚持"滚雪球"就是稳定"印钞票"。

2021年，沪市和深市的上市公司总数已突破4300家，而且增大动能依然强大。这么多的公司，我们都要去研究吗？不仅不可能，而且没必要。因为我们唯一的朋友叫"价差"，一切研究必须为价差服务。2009年以来，我谈得上研究的品种不超过50个。坚持"骑熟马"，坚持模式投资，不断买卖下去，市场就会给我们提供源源不断的价差。

下面，我再举一个实战案例来加深诸位的理解。下面这家公司，我从2003年就开始关注，一直到2014年，追踪研究并反复买卖，真的把它变成了那个时段的"印钞机"。因为熟悉这家上市公司的经营情况和持续追踪公司的资本运作，我可以在股价的不断波动中不断地收获价差。

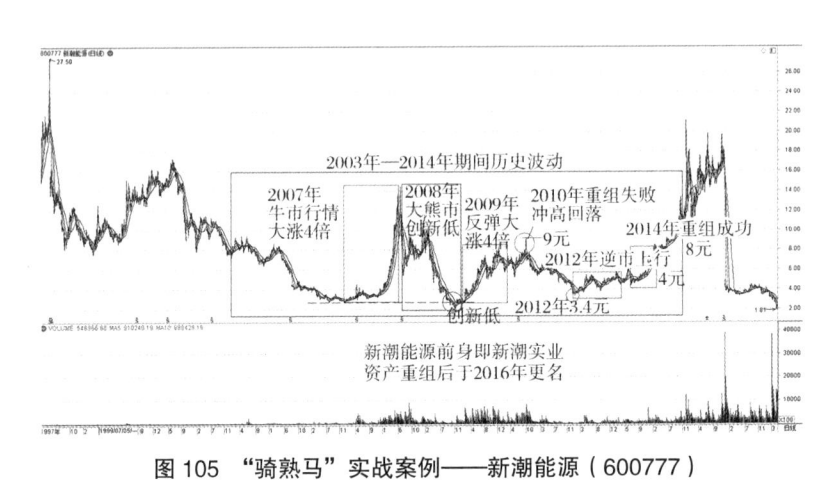

图105 "骑熟马"实战案例——新潮能源（600777）

这位老朋友以前名叫新潮实业，从2003年到2014年，我研究了整整11年，这么长的时间，股价波动产生价差的机会当然非常多。2006年到2007年的大牛市，简直是大风起兮，扶摇而上。涨起来并不稀奇，但后来又跌回去了，居然还创出新低。然后大风再起，2009年因整体行情不错而走高，2010年因为并购重组而走高。不过，重组失败后，从9元多又回到3元多。2012年，风云再起，在熊市中逆行。2014年，终因再次重组成功而飞天。

在这来来回回、起起伏伏长达10年的价格变化之中，可谓"价差无数，机会无数"。

我当初为什么重视新潮实业呢？2003年，我给这家上市公司的董事会办公室打过电话，知道这家公司拥有的土地是2002年以前拿的。其中的一块土地在烟台市滨海中路，有1180亩，公司还拥有1500亩沙滩和海面的独家使用权。"面朝大海，春暖花开"，这块地完美吧？太完美了，适合建高档住宅。而公司拿到这块地的价格是每平方米700元。

所以，后来不管新潮实业的股价怎么波动，跌下来我就买。即使有时阶段性套牢，但因为我知道它值多少，所以我敢确定，只要坚持总会扭亏为盈的。更重要的是，公司的价值估算不断被它的公告所印证。2010年，有一家公司想出资收购新潮实业，给出的收购对价高达每股7.88元。新潮实业的股价当时只有6元左右，那家公司为何给那么高的对价？显然，对方也看到了新潮实业拥有土地的巨大隐形价值。后来，因为重组方实际控制人不符合要求，导致重组方案被否决，加之当时大势不利，于是从2010年10月到2012年年初，新潮实业经历了一轮大跌。

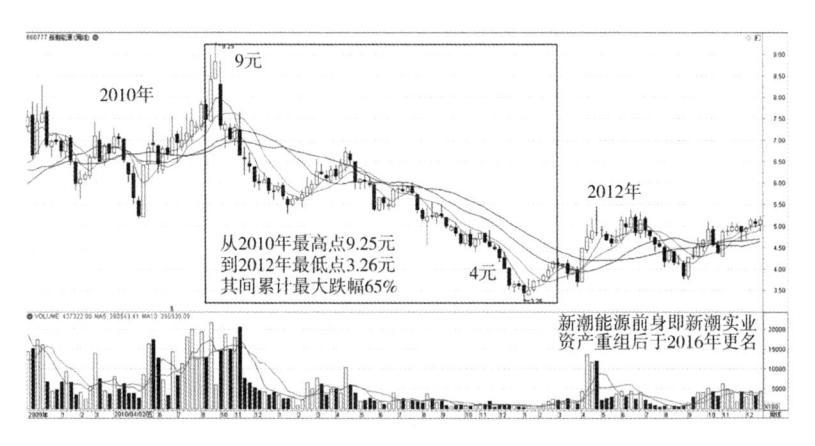

图106　2010年—2012年，新潮能源（600777）周K线图

2012年4月，当初阻挡新潮实业资产重组的力量土崩瓦解，新潮实业成交量快速增大。这个逻辑非常简单，2010年，对资产重组充满信心的资金被严重套牢了，现在解套赚钱的唯一机会，就是重启资产重组。而且，此时的房价比2010年有大幅上涨，公司拥有土地的价值也随之大涨，重启并购重组的交易对价不可能低于原收购对价7.88元。相对于当时不到4元的股价，一

个确定性很高的股价倍增机会就在眼前。有了这个安全的大背景，在 2012 年 4 月至 2014 年年初的宽幅震荡中，我们运用逻辑买卖模式，获取价差，自然事半功倍。

2014 年年初，新潮实业果然再次启动并购重组，而重组价格果然是 7.88 元。其后股价飙升，我在股价翻倍突破 8.5 元后，逐步减仓。

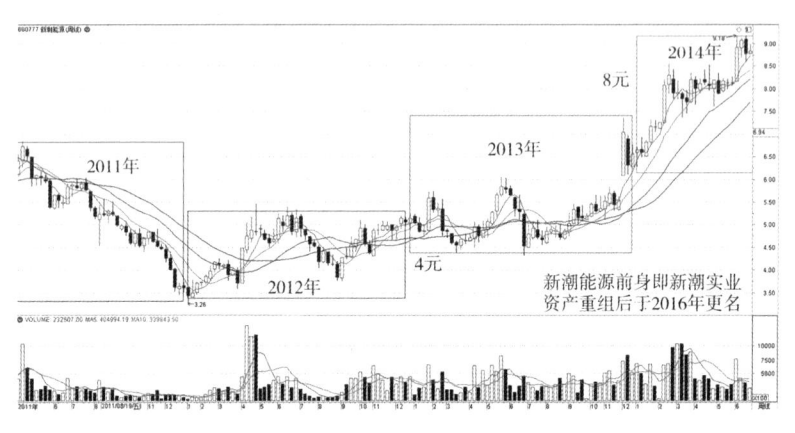

图 107　2011 年—2014 年，新潮能源（600777）周 K 线图

按照我的方法买卖，一只股票可以变出多份价差。当你选定了一只好股票，并不意味着你必须一根筋地拿着一直不动。"骑熟马"不是让你一直骑着不下马，它要喝水了，要吃草了，或者要休息了，你还不下马吗？之所以要"骑熟马"，是因为你知道这匹马的脾性，把握价差的成功率就会很高。

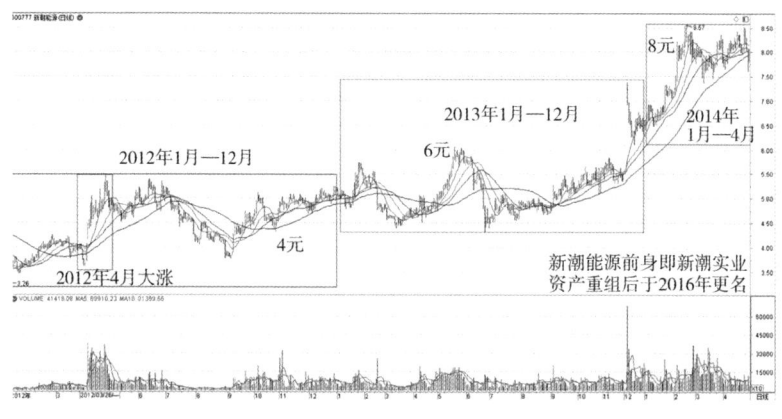

图108 2012年1月—2014年4月，新潮能源（600777）日K线图

绝大部分股票的股价都是这样起起伏伏的，如果一直拿着不动，就很难赚钱。你懂得了方法，成功率就高了，价差积累也就多了。为什么我们要对一只股票跟踪那么长时间？因为我们要把它的"性格"研究透，要用很多的时间研究不断变化的新情况。

实战运用2：弱水三千，只取一瓢饮

先分享一个口诀：

股票三千只，苦乐各有时。一年"十匹马"，精养上上吉。

什么意思？不求面面俱到，不求多多益善，一年就做10只股票，足够了。怎么选出这10只股票呢？一是要选跟大盘偏差比较大的，极大地落后于大盘的平均涨幅的；二是要选符合国家发展战略的行业；三是要看大股东的实力强不强，有没有扶持上市公司的能力和愿望。

当然，选"十匹马"不是同时持有10只股票，逻辑买卖这一模式在大多数情况下同时持有的股票不超过5只，其他的备选。再次强调，总量3000

万元以下的资金，我建议大家同时持有的股票不要超过5只，持股要集中。

除了向猎人学习投资，在股票池的有限品种里，我们要做出成绩来，还必须向猫和小鸟学习。

猫怎么抓鱼？小鸟怎么吃东西？我拥有第一手观察资料。

我在青城山脚下有个院子，夏天的时候会去住一住。在院子里，经常可以看到小鸟进餐，也看到过猫怎么抓鱼。

先说说猫怎么抓鱼。这是我亲眼所见：小院中有一个不大的鱼池，经常有死鱼浮在水面上，显然是非正常死亡。开始时，我猜想鱼是不是得了什么病，直到有一天我发现一只白猫匍匐在那个鱼池的旁边。一定有戏，我就埋伏在窗边观察。白猫时不时地抬头，偷偷地观察鱼池。看什么呢？肯定是看里面让它梦寐以求的鱼。当时，我还在推理：这个鱼池比较深，白猫是要跳进去抓鱼吗？鱼儿在水里那么灵活，白猫行吗？我觉得不可能。

继续观察。突然，白猫一跃而起，落在鱼池中间露出水面的假山上，说时迟、那时快，右前掌就往水里拍了一下。我看白猫一动，就立即大喊，白猫一惊就跑了。这时，我跑到水池边一看。你知道是什么情况吗？一条红色的大鱼被猫击中了天灵盖，已经翻肚皮了。我这才知道，猫抓鱼不是靠游泳的技能，而是耐心地潜伏，静待时机，雷霆出击，一招制胜。它把鱼拍昏过去，或者干脆拍死，然后把鱼捞起来，慢慢地享用。

猫捕鱼的过程对我们的投资有一定的启发作用，猫很谨慎，不是冲向猎物乱打一气，而是跟猎人一样先寻找目标，同时注意隐蔽自己。找到目标后，趁目标不太防备的时候，从最佳角度攻击，一招制胜。

再说说小鸟吃东西带给我的投资启发。

我本来已经为我养的红嘴玉准备好了鸟食。但是，我后来发现，有外面的野鸟来偷吃，于是我就有意撒了一些鸟食在院子的地上。据我观察，野鸟从外面飞来，先停在比较高的树枝上东张西望，在确保自身安全的前提下，再观察食物周边的情况。一看没事儿，挺安全，立即进餐吗？不急，它只是又降低一点高度，换一根树枝，再看一看有没有危险。没有危险，然后落地。落地也不马上吃，还要再看一看四周有没有危险。确定没有，才下嘴。

注意，小鸟不是蒙头狂吃，大快朵颐，而是啄几下后马上飞走，飞到安全的地方，再看看进食的地方安不安全。如果安全，就再飞下来啄几口。哪怕你家里有美食，小鸟来不来？它不敢来。哪怕它知道这个东西好吃，它也不来。它怕自己下油锅啊，安全是第一位的。

投资需要向小鸟学习，吃一嘴，要懂得跑，确定安全后可以回来接着吃。吃的是什么？吃的是价差，在安全的前提下把握价差。

我们从股市数千只股票中一年最多只选10只，就是为了能全面地观察和追踪这些投资目标的日常变化。了解得越是深入，我们投资的安全性就越高。对比一下小猫的专注和小鸟的谨慎，你就会明白，我们投资的随意性就是败多胜少的重要原因。

各位看官可以检验一下在下的实战记录，你可以清晰地看到我在一年中买卖的品种是非常集中的，甚至不少品种贯穿了6年的实战过程。显然，**选股已不是最重要的事，获取价差的稳定性和持续性才是逻辑买卖的核心。**我们要在无数波峰浪谷的起伏中，收获大概率成功的价差。

实战运用3：构建财富流水线

从股票池中再选择5只股票就比较轻松了，选自己认为上涨条件最成熟的就好。可能会选错，很正常，但即便错也不会离谱，因为相信概率是我们的不二选择。只要选了，就准备好了，然后怎么干？

再分享个口诀：

鞭打快马，峰谷轮动。不猜结果，过程为王。

5只股票,各占20%的仓位,每只股票坚持买入不急的原则分三次买入。

需要提醒朋友们的是,必须在大盘处于震荡向上和横盘震荡这两种稳定平衡状态时,才能满仓。而对于震荡向下的稳定平衡状态,我们的持股时间要缩短,持股仓位最多半仓。

同时,决定所持仓位的高低时还要考虑流动性状况。对于资金较多的朋友而言,选择流动性比较充沛的品种是必要的,选择流动性比较充沛的大盘也是必要的。因为死水微澜,没有流动性,买难买,卖也难卖,而如果流动性充沛、买卖比较及时,盈利效率就会提高。不过,对于绝大部分中小投资者而言,由于资金量较小,几乎不必考虑个股的流动性风险。

为什么买入要分三次呢?因为逻辑买卖的买入都是"见绿心喜,见跌心喜",都是"雪中送炭,卧底埋伏"。我们不能预知否极泰来的"极点"在哪里,分次买入有利于平均买入价格靠近极点。

把5只股票都布局好后,剩下的就是等待和追踪,等待"大风起兮",追踪它们的最新情报。

接下来,根据前面分享的口诀来进行操作。

鞭打快马

什么叫作"鞭打快马"呢?"快马"就是指先于其他品种加速上涨的品种。持仓股票中有一只先加速涨起来,怎么办呢?对于改变原有上升斜率的加速上涨,只要股价不创盘中新高,就把它卖掉,这叫"鞭打快马"。

峰谷轮动

把处于高峰的发出卖出信号的股票卖掉,然后立即布局位于山谷的发出买入信号的股票。这里的关键在于我们不猜未来涨跌,不因预测而持有或空仓,而是在符合逻辑买卖模式的买卖信号出现后立即进行操作。卖掉股票不是因为预测,而是因为模式;买入股票也不是因为预测,而是因为模式。在逻辑买卖的实战中,我们卖出发出信号的品种,并在同一时间买入股票池中的其他股票。如果其他持仓品种没有动静,我们就择优加仓。如果其他持仓品种也出现上涨,不适合加仓,我们就在股票池的未持仓品种中"选美",保持持仓品种最多不超过 5 只。

如果这 5 只股票,1 号涨了 21%,2 号跌了 5%,3 号持平,4 号跌了 15%,5 号涨了 10%。1 号卖出来的资金,就可以补仓 2 号、3 号、4 号。还可以在股票池中找一个候补的品种,以小仓位买入进行观察。当然,买入的应是符合逻辑买卖选股原则的、靠近极点的股票。

不猜结果

"不猜结果"是什么意思呢?就是不预测。实际上,A 股的投资文化是需要提升的。30 年了,"怪力乱神"依然横行江湖,"半仙神棍"仍然风生水起。千千万万的投资者固执地相信有人能欲知涨跌,如果能得到这类"股神"式专家的真话,必然点石成金。没有人去想这些未卜先知的"股神"为何没有富可敌国,没有人去观察这些指点江山的"股神"为何领带油腻。"股神"们使用那些历史悠久、油光可鉴的技术指标激情飞扬地预测着,却忘了这些技术的创始人、他们的"祖师爷"都被这个他们以为可以预测的股市给"消灭"了。

30 年来,关于股市预测的一切神话都变成了笑话。那不是预测,只是猜测。其实,"股神"的生产特别简单,100 人以上的各自公开猜测就会产生"股神"。但这些靠猜测侥幸成名的"股神"仍是凡夫俗子,将很快在下一次猜测中成为笑话,并伤害那些将其视为神的"病人"。"股神"的粉丝叫"精神病",是一群企图不劳而获的"病人",他们也是 A 股市场最不情愿但又最坚定的奉献者。他们不断地抛弃一个个假"股神",又转身拥抱一个个新"股神",就像猴子掰苞谷一样,总以为能让自己过上幸福生活的就是下一个"股神",结果头破血流之后却仍然喃喃自语:"这个神是假的,找到真的就好了!"

逻辑买卖主张在投资买卖的每一个环节增大确定性,减少不确定性。预测就是最大的不确定,用自己的钱去投资预测,约等于肉包子打狗。对于那些"股神"来说,没有本钱的预测是无本万利的,猜错了接着猜,猜对了就发财。发什么财?粉丝们缴的智商税。

不猜结果，指的就是彻底放弃预测，坚决遵循投资的原则，坚持使用逻辑买卖的方法。

不知道卖得对不对，是不是最高价，不猜，出现卖出信号就卖；不知道买入时是不是最低价，是不是马上涨，不猜，出现买进信号就买。按照逻辑买卖的戒律来买卖，买入不急，打九八折买，卖出不贪，不创新高就卖。就这样无限地循环下去，凭着看似不起眼的"三板斧"，就能不断地在市场中选择目标。打得赢就追，扩大战果；打不赢就跑，全身而退。

过程为王

我们要学习程咬金，始终站在大概率的一边使用"三板斧"，实现财富"滚雪球"。这是在可操作的市场环境下，在大盘处于稳定平衡状态时。同时，我们和程咬金先生有一点不一样的是，我们还背着"降落伞"。什么意思呢？程咬金先生穿盔甲，注重防守和自我保护，我们也要穿，但这是大盘处于稳定平衡状态时的日常防护。如果市场发生系统性风险，盔甲不管用了呢？我们必须使用"降落伞"。

大牛市仿佛攀登高山，不断地向上积累获利盘，积累做空能量。当市场见顶，趋势逆转之时，光有盔甲是没有用的，此时需要打开"降落伞"。只要背着"降落伞"登山，再高的山峰我们都敢去，未来1万点、2万点也敢去，我们有"降落伞"，怕什么？！什么叫"降落伞"呢？就是自我保护的风控机制。

我们处于峰谷轮动的操作状态时，那一定是大盘处在稳定平衡状态的时候，而我们要打开"降落伞"的时候，一定是大盘的稳定平衡被打破的时候。当发生系统性风险时，我们不必去猜大盘指数会跌到哪里，只要原有的大盘平衡被打破了，就立即全身而退，股票全变现金，然后耐心地等待大盘形成新的稳定平衡。

新的稳定平衡形成的标志是什么？只要有两个以上逐步抬高的低点，低点连线就是新趋势，就是新的稳定平衡，我们就可以重新开工了。在这个不断重复的过程中，复利增长不断创造奇迹，此为"过程为王"。

实战运用4：手握开关，敢上天山——准备好投资的"降落伞"

回过头来再给大家梳理一遍我的实战经验。

首先，选择能投资的大盘环境，即稳定平衡的环境，股市最好呈现震荡向上或横盘整理的趋势。成交量的配合也决定了我们仓位的多少和比重。

接着，选10只股票放入股票池。如何选？符合国家发展战略，跟大盘的乖离率越大越好，大股东越强越好、持股比例越高越好。

然后，从股票池里选择自己认为最好的5只，进行布局买入。

买入的方法，仍然是在充分回调的山谷里将自己想买的价格打九八折后买入，每一次买入都应遵循这个原则。然后鞭打快马，哪一只涨起来了，就卖哪只。

当大盘出现系统性风险时，即便没赚钱，亏了也要卖。

再总结一遍**卖股票的三种情况**：一、大盘出现系统性风险，没有商量余地，全部卖掉，控制风险；二、个股出现加速上涨，不创新高了，这就表明涨不动了，所以卖掉，落袋为安；三、支持我们选择这只股票的逻辑发生了变化，原来的逻辑不成立了，所以卖掉。

在这5只股票里，涨起来的，不创新高时卖掉。同时，用收回的资金买那些正在蓄势的、打花苞的。

你盛开的时候，我为你鼓掌，但如果你已经开始掉花瓣了，我就要离开你，不会参与你重新积累能量的过程。我还要立即买入那些正在打花苞的，然后耐心等待。具体地说就是：持仓的品种有低位补仓机会就大胆补仓，该买就买；如果持仓品种暂时没有机会涨起来，就从股票池的后备品种中选择替补。以此循环往复，"滚雪球"。随着时间的推移，逻辑买卖会帮助你建立自信，在A股市场里重新赢回财富和尊严。

当然，我也希望朋友们能够站在我这个矮子的肩膀上，运用自己的智慧，找到更好的、更适合自己的模式，"该买就买，该卖就卖，该逃命就逃命"，投资更加顺利。

此外，还要坚持"平衡不破，满仓操作"。说"满仓"可能有些极端，因为大盘可能会出现一种弱势的平衡不破的状态，比如在高位出现大盘指数跌破10日均线的时候。此时，我们的仓位可以酌情降低一点，但是也不用空仓。而当大盘的稳定平衡被有效地打破，原有的向上趋势被破坏时，就要果断地让自己"空仓快乐"。

不必因为稳定平衡状态下的小涨小跌而分心，因为无效波动和随机波动时时存在。如果你的资金量很大，必须考虑流动性风险，那么在成交量严重不足的情况下，可以适量地保有一部分现金，作为应对流动性不足的考量。当然，这是很小众的细节问题。

我们不要怀疑中国股市的辉煌未来，也不要担心1万点、2万点是不是太高，更不必猜测A股的顶峰在哪里。老严有诗：十年磨一剑，倚天护三千。夸父起身日，宝光越西天。

中国资本市场的伟大长征势不可当，我们生逢盛世，敢想敢做。未来一定会有前所未有的大牛市，也一定还有十面埋伏、急流险滩；一定会有百倍牛股一飞冲天，也一定会有个股黯然退市，令人肝肠寸断；一定会有人取"股神巴老"而代之，也一定会有人食巴豆而拉肚子。一笑。

世事变化，深不可测，但我辈壮怀激烈，与国俱进。二笑。

无论山有多高，路有多险，我们"手握开关，敢上天山"。什么开关？"降落伞"的开关，一旦遇到大盘系统性风险，我们就打开"降落伞"。小米科技创始人雷军说过这样一句话："只要站在风口，猪也能飞上天。"但风总有停的时候，没有翅膀的猪咋办？有了自己的"降落伞"就不同了，风越大，我心越荡漾，风停了，我有"降落伞"。三笑。

后记
没有永远的价值，只有永远的价差

股市火热！

老股民久旱逢甘霖，喜气洋洋；新股民后浪推前浪，雄心万丈。人们奔走相告："风来啦！猪飞了！牛疯了！"

各位看官，请恕我冒昧，只问一句：牛市总会结束，风停了，没有翅膀的猪咋办？

对于绝大多数投资者而言，行情好就赚钱，行情差就亏钱，把美好的人生托付给未知的行情，无论眼下是否上演喜剧，最终必然变成悲剧。因为没有高效的信息系统、没有稳健的操作系统、没有灵敏的风控系统，更没有高胜算的盈利模式，只有"月亮走，我也走，行情结束无路可走"的靠天吃饭。说实话，不要只看眼下"人人专家，个个赚钱"，相信牛市结束之后，我们看到的数据仍将是"七亏，二平，一赚"。

只知进攻不懂防守的队伍没有明天，只选股票不选模式的队伍没有明天，投资模式不合于道的队伍没有明天。

整个A股市场，真正的暴利来自绝大多数投资者是自主投资，来自全市场以预测为主流的投资文化，来自绝大部分投资者实际上是消费者。

要长期成为股市赢家，我们要瞄准的目标有且只有一个，叫作"确定性价差"。在我们的投资模式中，统计学和逻辑学是增大确定性的关键。必须在买卖的所有环节增加确定性，减少不确定性，确保所有操作都是依统计而做、依逻辑而做的。"确定性价差"一旦成为大概率，"复利增长"将帮助我们把"雪球"越滚越大，能阻挡它的只有我们的福报。2012年1月，我的团队发了第一个私募产品"吾股丰登1号"，截至4月16日，净值2.48元。2014年12月23日，发了"吾股丰登2号"，截至4月16日，净值1.55元。

目前，股市二级市场中的投资门派主要有三类：一类消息派，一类价值派，一类趋势派。消息派最没有前途，消息准了就涉嫌内幕交易，消息不准就自认倒霉。价值派时而被市场捧上天，时而被市场踩入地，心里常常委屈地想，看不懂这个垃圾上天、价值落地的市场。于是，他们常常气愤地说："我是对的，市场错了。"趋势派中迷信技术分析的人最多，技术分析能发财吗？谁用谁知道。而趋势派中的"涨停板敢死队"实际上是这个市场里为数不多的投资入门队伍。他们懂我在本书中所讲的理念，但他们的问题是，如果有一天股市取消涨跌停制度该咋办？

严为民曰："没有永远的价值，只有永远的价差。"技术是工具，价值是工具，涨停是工具……只有价差是我们要瞄准的目标。而增加价差的确定性就是财富"滚雪球"的秘诀。

谈到财富秘诀，必须研究波动。波动是股市风景最重要的组成部分，而起起伏伏的曲线所构成的股市江山如此奇妙，引诸位看官竞折腰。波动中有黄金屋，波动中有颜如玉，研究明白波动也就破解了股市财富的密码。

那么，股市波动是天造的吗？不是。股市波动是地设的吗？也不是。股市波动只能是人为的！因为买卖下单的是人，制定政策的是人，经营中介机构的是人，经营上市公司的是人，人心的波动造就了股市的波动。

"老严，人心难测啊！从哪里开始研究呢？"

难测不是不能测，跟我一起来试试。研究人心就两条主线：一是逻辑学主线，二是统计学主线。所有人买卖股票都会用到逻辑和统计，而要实现逻辑买卖和统计买卖的高成功率的关键是什么呢？就是要放弃小众逻辑，坚持大众逻辑和常识；要放弃小众统计，坚持大众统计和大数据。

有点晕吧？没事，我还是讲故事吧。

2014年年初，我注意到一家沿海城市的上市公司，股价3元多，总股本5亿元左右，横盘筑底3年。公司2012年亏损，而2014年第三季度的季报预告全年盈利1分，没有退市风险。我先买了一部分，想等年报出来后再加仓。等到年报出台前三天，这家公司突然发了一则公告，大意是说公司接到会计师事务所来函，其中提及一笔收入计入方法有问题，公司正和会计师事务所沟通，如果会计师事务所坚持，本年度财报将出现重大变化云云。

我一看，乐了，暗暗猜想这是公司配合机构洗盘，故意无中生有打压股价。结果，三天后一看年报，我错了，真由赚1分变成了亏1分。公司连续两年亏损，直接享受ST待遇，股价连续跌停！

如果是你，你会怎么做？我的做法简单而粗暴——加仓，大量地买入！你一定担心我疯了，一定问我为什么。（请你静一静，深呼吸，因为我的"神回答"会让你目瞪口呆！）

因为这家上市公司定有"隐情"！

"老严，你凭什么这样说人家？况且，这跟投资有什么关系？"

因为这家公司的公告内容违背常识！ST待遇对于上市公司是非常严重的打击，对企业的经营、融资都将产生不利的影响。常识是所有公司对ST待遇都避之唯恐不及，而这家公司为什么要主动"拥抱"呢？以仅仅亏损1分钱荣获ST称号，这公司就是一朵开创历史的奇葩！而这朵奇葩开花的方式更是颠覆常识，注意关键词"会计师事务所来函""年报出台前三天"。一家食上市公司俸禄，为上市公司打工的事务所突出奇兵，利用1分钱的小毛病对上市公司进行迅雷不及掩耳的突然袭击，成功将ST的帽子戴在了老板头上。这是疯了的节奏吧？这仇恨得有多深！可是，这家上市公司竟然安之若素、泰然处之、以德报怨,继续聘任这家欺主的事务所!

从表面上看,事情发展到了颠覆常识的程度,那就几乎可以断定——机会来了。这是有人希望这个底部横盘三年的股票跌,以便低价入手,背后定有"隐情"啊!结果呢,正如老严所料,此股在2014年上半年那么烂的行情中股价翻了一倍。后来呢?请接着看。

股价翻一倍后,公司停牌了。投资者都在梦想有重大资产重组发生,结果失望了,原来公司停牌只是为了卖资产保壳。复牌后一通猛跌!如果是你,你会如何操作?我的操作方法简单而粗暴,号召朋友一起继续买入!

"老严,都涨一倍了,又没有重组,你太贪了吧?"

不是我贪心,而是这家上市公司又撒谎了!公司的利润缺口仅有500万元,而公司的公告则显示卖出3.5亿元资产。违背常识,必有"诈"!

"老严,后来呢?"

大盘2015年上半年以来涨30%,这奇葩涨了200%!而我继续持有,因为幕后的"隐情"尚未揭晓。

这就是研究人心、洞察人性,依据常识推导而进行的逻辑买卖。我们推导出来的结论越接近常识,我们买卖的成功率就越高。

"老严,听你聊投资故事真开心,能讲讲统计买卖的案例吗?"

统计学是通过大数据来研究人的行为规律和变化趋势的。我们依据这些拥有大概率支持的规律买卖,成功也就是大概率事件。还是来点实战吧。

大部分投资者喜欢资产重组股,因为一旦重组成功,就意味着上演乌鸦变凤凰的财富神话。特别是ST股票,价格便宜,重组机会多。但是,未来注册制是方向,赌ST股死不了的风险越来越大。我建议朋友们不要把投资当作赌博,而是利用统计学稳稳当当地发财。我也做ST股票,不过不是赌重组,而是做那些已经重组成功的股票。

一般来说,一只经过漫长停牌并重组成功的ST股票都会这样运行:开盘高开高走，大涨爆量，连续数日群情激奋。这时，我不会动手。涨够了，涨不动了，开始横盘，我也不会动手。横盘三个月左右，成交量已经缩到开盘量的四分之一以下。这时，我开始关注这家上市公司的公告。所有ST公司重组成功后都会做一件事，就是把那顶难看的"帽子"摘掉。注意，上市公司向交易所递交摘帽申请会发布公告，而从申请摘帽到摘帽成功一般需要一两个月。我看到摘帽公告就上，看到摘帽成功就撤。在此期间，摘帽股上涨30%的概率超过85%！这就是确定性价差。这样的操作就是利用统计学知识进行逻辑买卖。

这本书想给大家一面"快乐令"，让更多的朋友证悟"金钱只能是奴才"。这本书更想给大家一面"智慧令"，让有缘的朋友从财富之门走向智慧之大本营。这本书最想给大家的是一面"免死金牌"，让更多人变成有翅膀的小鸟，至少让处于风口的人拥有"降落伞"。

严为民

春夏之交于蓉城

跋

终于完成了《逻辑买卖》的撰写，出人意料的是，此刻心中并没有激动或轻松的感觉，如同成都盛夏某个无风的午后，蝉噪我静。此心宁静，一切似乎刚好。阳光刚好，文章刚好，茶香亦刚好。

与股市缘深似海，知此暇满人身来之不易，这30年的相守又岂是容易的？拜改革开放所赐，1990年，中国股市启航，我尚在岸边仰望。及1992年大学毕业，方得初尝个中滋味，酸甜苦辣，极易成瘾。拜我一生的大哥解冶先生所赐，我于1998年成为中国首批证券执业分析师，吞吐股海风云，谈笑牛熊风流，少年得志，狂心不已。

十年一梦，当所有预测的神话都沦为笑话，2008年，我恍然大悟：预测原是不归路。高谈阔论、指点天下股民10年，只换来天下股民的指指点点，为何？众疑之，尔若不能盈利于股市，何以指点天下股民盈利！

2009年至2015年，这跨越牛熊的6年，也是披荆斩棘的6年。当这6年盈利60倍的完整交易记录摆在诸位面前时，诸位也就能明白我重回投资咨询行业的底气，诸位也就能明白我撰写这本《逻辑买卖》的初心。是感恩，是忏悔，是行善。

想告诉我亲爱的朋友们，书中所讲的每一句话、每一个理念、每一个方法，大家都可以尽情地传播。当然，希望是在你已经通过逻辑买卖变得好起来的前提之下，这样你会更自信，你造福的投资者会更多。

虽然我带着我最大的诚意，尽了我最大的努力来写这本书，但是因为才疏学浅、智慧不足，我的这本书可能并不能让朋友们满意。那样的话，我必须向朋友们表达由衷的歉意，并固执地建议你再读一遍。

最后以茶代酒，敬天敬地敬恩人。感恩亲爱的父母，感恩亲爱的妻子和孩子，感恩大智大慧的师父方宗骅大师，感恩众亲和良师益友的教诲和提携，感恩所有有缘人的宽容和善良。

感恩磨铁图书，感恩伟大的股市和这个伟大的时代，感恩一切！

再次祝福朋友们，**以道驭术善行无碍，复利增长逻辑买卖。**

中国股市最愚蠢的分析师　严为民

辛丑年仲夏于锦城之南

附录 6 年盈利 60 倍实录

发生日期	成交时间	委托编号	证券账号	买卖方向	证券代码	证券名称	成交数量	成交价格	成交金额	清算金额	佣金
20090326	102546	50188	A462416407	买入	600603	ST兴业	12000.00	5.550	66600.00	-66641.97	29.97
20090326	102612	50464	A462416407	买入	600603	ST兴业	1900.00	5.550	10545.00	-10551.90	5.00
20090326	102710	51114	A462416407	买入	600603	ST兴业	3800.00	5.560	21128.00	-21141.31	9.51
20090326	102745	51474	A462416407	买入	600603	ST兴业	67400.00	5.580	376101.00	-376337.65	169.25
20090326	102935	52520	A462416407	买入	600603	ST兴业	17700.00	5.646	99941.00	-100003.67	44.97
20090326	103342	54949	A462416407	买入	600603	ST兴业	5600.00	5.600	31360.00	-31379.71	14.11
20090326	104648	63519	A462416407	买入	600603	ST兴业	5600.00	5.570	31192.00	-31211.64	14.04
20090326	104711	63788	A462416407	买入	600603	ST兴业	6300.00	5.568	35076.08	-35098.08	15.78
20090326	104749	63997	A462416407	买入	600603	ST兴业	1340.00	5.560	7450.40	-7456.74	5.00
20090326	104834	64827	A462416407	买入	600603	ST兴业	35000.00	5.591	195691.00	-195814.06	88.06
20090326	104930	65226	A462416407	买入	600603	ST兴业	8600.00	5.570	47902.00	-47932.16	21.56
20090326	105239	67423	A462416407	买入	600603	ST兴业	13000.00	5.620	73060.00	-73105.88	32.88
20090326	105404	67858	A462416407	买入	600603	ST兴业	23000.00	5.600	128800.00	-128880.96	57.96
20090326	105409	68166	A462416407	买入	600603	ST兴业	20000.00	5.620	112400.00	-112470.58	50.58
20090326	105505	68628	A462416407	买入	600603	ST兴业	20000.00	5.618	112360.00	-112430.56	50.56
20090326	105655	68903	A462416407	买入	600603	ST兴业	13000.00	5.600	72800.00	-72845.76	32.76
20090326	105723	69370	A462416407	买入	600603	ST兴业	18100.00	5.600	101360.00	-101423.71	45.61
20090326	111305	70792	A462416407	买入	600603	ST兴业	43400.00	5.570	241738.00	-241890.18	108.78
20090326	111758	83906	A462416407	买入	600603	ST兴业	28700.00	5.620	161294.00	-161395.28	72.58
20090326	102425	49107	0102906777	卖出	000628	*ST高新	-99800.00	6.080	606784.14	605904.14	273.05
20090326	104519	62221	0102906777	卖出	000628	*ST高新	-120000.00	6.001	720074.00	719029.90	324.03
20090326	105153	66943	0102906777	卖出	000628	*ST高新	-100000.00	6.040	604006.00	603130.19	271.80
20090326	111316	94384	A462416407	买入	600603	ST兴业	2000.00	5.860	11720.00	-11727.27	5.27
20090402	111343	94640	A462416407	买入	600603	ST兴业	84000.00	5.817	488650.00	-488953.89	219.89
20090402	111217	93874	0102906777	卖出	000628	*ST高新	-80000.00	6.271	501669.00	500941.58	225.75
20090416	104242	83972	A462416407	卖出	600603	ST兴业	-130440.00	8.060	1051346.40	1049691.50	473.11

续表

发生日期	成交时间	委托编号	证券账号	买卖方向	证券代码	证券名称	成交数量	成交价格	成交金额	清算金额	佣金
20090416	104255	84362	0102906777	买人	000909	数源科技	6300.00	5.430	34209.00	-34224.39	15.39
20090416	104823	84723	0102906777	买人	000909	数源科技	25000.00	5.460	136500.00	-136561.43	61.43
20090416	104420	86115	0102906777	买人	000909	数源科技	100000.00	5.498	549779.00	-550026.40	247.40
20090416	104830	89602	A462416407	卖出	600603	ST兴业	60300.00	5.460	329238.00	-329386.16	148.16
20090417	133412	131088	0102906777	买人	000909	数源科技	-6300.00	8.090	50967.00	50886.78	22.94
20090417	133448	131541	0102906777	买人	000909	数源科技	5100.00	5.470	27897.00	-27909.55	12.55
20090417	133755	134063	0102906777	买人	000909	数源科技	4100.00	5.500	22550.00	-22560.15	10.15
20090420	93951	18896	0102906777	卖出	000909	数源科技	-50800.00	6.720	341376.00	340881.01	153.62
20090420	94505	23840	0102906777	买人	000628	*ST高新	54100.00	6.298	340723.00	-340876.33	153.33
20090421	92500	7122	0102906777	卖出	000909	数源科技	-150000.00	7.350	1102500.00	1100901.25	496.13
20090421	93142	13055	0102906777	买人	000628	*ST高新	6100.00	6.248	38112.00	-38129.15	17.15
20090421	93224	14190	0102906777	买人	000628	*ST高新	10000.00	6.279	62789.00	-62817.26	28.26
20090421	93723	22446	0102906777	买人	000628	*ST高新	10000.00	6.280	62800.00	-62828.26	28.26
20090421	93854	24621	0102906777	买人	000628	*ST高新	5000.00	6.290	31450.00	-31464.15	14.15
20090421	93917	25122	0102906777	买人	000628	*ST高新	10000.00	6.285	62851.00	-62879.28	28.28
20090421	93947	25800	0102906777	买人	000628	*ST高新	5600.00	6.300	35280.00	-35295.88	15.88
20090421	94006	26191	0102906777	买人	000628	*ST高新	6002.00	6.293	37770.60	-37787.60	17.00
20090421	94113	27609	0102906777	买人	000628	*ST高新	40000.00	6.346	253859.00	-253973.24	114.24
20090421	94510	32381	0102906777	买人	000628	*ST高新	77000.00	6.358	489554.03	-489774.33	220.30
20090422	103523	69132	A462416407	卖出	600603	ST兴业	-13700.00	7.513	102927.00	102764.05	46.32
20090422	103537	69281	A462416407	卖出	600603	ST兴业	-15000.00	7.520	112800.00	112621.41	50.76
20090422	103553	69487	A462416407	卖出	600603	ST兴业	-60000.00	7.530	451799.00	451083.89	203.31
20090422	103610	69695	A462416407	卖出	600603	ST兴业	-15000.00	7.540	113100.00	112921.00	50.90
20090422	103620	69793	A462416407	卖出	600603	ST兴业	-5000.00	7.550	37750.00	37690.26	16.99
20090422	103631	69931	A462416407	卖出	600603	ST兴业	-25000.00	7.548	188707.00	188408.36	84.92
20090422	103640	70033	A462416407	卖出	600603	ST兴业	-10000.00	7.550	75500.00	75380.51	33.98
20090422	103653	70180	A462416407	卖出	600603	ST兴业	-20000.00	7.550	151000.00	150761.04	67.95
20090422	103704	70294	A462416407	卖出	600603	ST兴业	-5000.00	7.550	37750.00	37690.24	16.99

续表

发生日期	成交时间	委托编号	证券账号	买卖方向	证券代码	证券名称	成交数量	成交价格	成交金额	清算金额	佣金
20090422	103723	70538	A462416407	卖出	600603	ST兴业	-15000.00	7.550	113250.00	113070.78	50.96
20090422	103736	70689	A462416407	卖出	600603	ST兴业	-110000.00	7.549	830432.00	829117.81	373.69
20090422	103846	71625	A462416407	买入	600777	新潮实业	501400.00	4.457	2234840.00	-2236347.08	1005.68
20090512	134254	92582	A462416407	买入	600777	新潮实业	46000.00	4.460	205144.00	-205282.31	92.31
20090512	134339	92920	A462416407	买入	600777	新潮实业	50000.00	4.465	223261.79	-223412.26	100.47
20090512	134355	93030	A462416407	买入	600777	新潮实业	23000.00	4.470	102810.00	-102879.26	46.26
20090512	134433	93266	A462416407	买入	600777	新潮实业	225200.00	4.490	1011135.00	-1011815.21	455.01
20090512	134223	93267	0102906777	卖出	000628	高新发展	-223802.00	6.910	1546471.82	1544229.42	695.91
20090525	131804	85547	A462416407	卖出	600777	新潮实业	-45600.00	5.065	230960.51	230580.03	103.93
20090525	131824	85626	A462416407	卖出	600777	新潮实业	-20000.00	5.070	101400.00	101232.96	45.63
20090525	131833	85720	A462416407	卖出	600777	新潮实业	-30000.00	5.070	152100.00	151849.44	68.45
20090525	131901	85886	A462416407	卖出	600777	新潮实业	-20000.00	5.070	101400.00	101232.98	45.63
20090525	131916	85970	A462416407	卖出	600777	新潮实业	-30000.00	5.070	152100.00	151849.45	68.45
20090525	131941	86091	A462416407	卖出	600853	龙建股份	34700.00	4.690	162743.00	-162850.93	73.23
20090525	132031	86192	A462416407	卖出	600853	龙建股份	7800.00	4.680	36504.00	-36528.23	16.43
20090525	132043	86457	A462416407	卖出	600777	新潮实业	-20000.00	5.080	101600.00	101432.68	45.72
20090525	132113	86630	A462416407	卖出	600777	新潮实业	-23000.00	5.080	116840.00	116647.58	52.58
20090525	132133	86742	A462416407	卖出	600777	新潮实业	-57000.00	5.080	289560.00	289083.14	130.30
20090525	132344	87455	A462416407	买入	600853	龙建股份	34182.00	4.700	160655.40	-160761.87	72.29
20090525	132940	89647	A462416407	卖出	600777	新潮实业	-100000.00	5.240	524000.00	523140.20	235.80
20090525	133008	89878	0102906777	买入	000301	东方市场	52700.00	5.200	274040.00	-274163.32	123.32
20090525	133055	90215	0102906777	买入	000301	东方市场	20000.00	5.190	103800.00	-103846.71	46.71
20090525	133117	90352	0102906777	买入	000301	东方市场	23000.00	5.190	119370.00	-119423.72	53.72
20090525	133131	90431	0102906777	买入	000301	东方市场	21600.00	5.190	112104.00	-112154.45	50.45
20090525	133220	90606	0102906777	买入	000301	东方市场	23000.00	5.190	119370.00	-119423.72	53.72
20090525	133211	90649	0102906777	买入	000301	东方市场	76800.00	5.200	399360.00	-399539.71	179.71
20090525	133503	91862	0102906777	买入	000301	东方市场	53600.00	5.230	280328.00	-280454.15	126.15
20090526	132803	98141	A462416407	卖出	600777	新潮实业	-20000.00	5.470	109400.00	109221.36	49.23

续表

发生日期	成交时间	委托编号	证券账号	买卖方向	证券代码	证券名称	成交数量	成交价格	成交金额	清算金额	佣金
20090526	132840	98225	A4624l6407	卖出	600777	新潮实业	-23000.00	5.470	125810.00	125604.56	56.61
20090526	133616	98649	A4624l6407	卖出	600777	新潮实业	-57000.00	5.480	312360.00	311850.09	140.56
20090526	132926	98816	A4624l6407	买入	600853	龙建股份	42400.00	4.657	197472.00	-197603.26	88.86
20090526	133101	99473	A4624l6407	买入	600853	龙建股份	80000.00	4.660	372800.00	-373047.76	167.76
20090526	133219	99866	A4624l6407	买入	600853	龙建股份	28400.00	4.660	132344.00	-132431.95	59.55
20090526	133219	99982	A4624l6407	买入	600853	龙建股份	5600.00	4.660	26096.00	-26113.34	11.74
20090526	133358	100511	A4624l6407	买入	600853	龙建股份	3900.00	4.650	18135.00	-18147.06	8.16
20090526	133739	102413	A4624l6407	买入	600853	龙建股份	70200.00	4.677	328305.01	-328522.95	147.74
20090526	133812	102612	A4624l6407	买入	600853	龙建股份	20900.00	4.670	97603.00	-97667.82	43.92
20090526	134008	103395	A4624l6407	买入	600853	龙建股份	32000.00	4.680	149760.00	-149859.39	67.39
20090526	134245	104492	A4624l6407	卖出	600777	新潮实业	-200000.00	5.450	1090000.00	1088219.42	490.50
20090526	134546	105840	A4624l6407	买入	600853	龙建股份	18300.00	4.670	85461.00	-85517.76	38.46
20090526	134605	105987	A4624l6407	买入	600853	龙建股份	21500.00	4.670	100405.00	-100471.68	45.18
20090526	134648	106257	A4624l6407	买入	600853	龙建股份	21599.00	4.670	100867.33	-100934.32	45.39
20090526	134705	106454	A4624l6407	买入	600853	龙建股份	45000.00	4.680	210600.00	-210739.77	94.77
20090526	134945	107758	A4624l6407	买入	600853	龙建股份	80000.00	4.695	375614.02	-375863.05	169.03
20090526	135106	108360	A4624l6407	买入	600853	龙建股份	23600.00	4.700	110920.00	-110993.51	49.91
20090526	140242	113723	A4624l6407	买入	600853	龙建股份	161100.00	4.700	757170.00	-757671.83	340.73
20090526	144912	141551	A4624l6407	卖出	600777	新潮实业	-200000.00	5.631	1126204.00	1124371.00	506.79
20090526	144936	141864	A4624l6407	买入	600853	龙建股份	242200.00	4.640	1123758.50	-1124506.39	505.69
20090526	133005	99128	0102906777	卖出	000301	东方市场	-70700.00	5.280	373296.00	372754.73	167.98
20090526	133125	99634	0102906777	卖出	000301	东方市场	-23000.00	5.290	121670.00	121493.57	54.75
20090526	133314	100349	0102906777	卖出	000301	东方市场	-7000.00	5.290	37030.00	36976.29	16.66
20090526	133416	100864	0102906777	卖出	000301	东方市场	-20000.00	5.290	105800.00	105646.59	47.61
20090526	133555	101048	0102906777	卖出	000301	东方市场	-50000.00	5.300	265000.00	264615.75	119.25
20090526	134059	103191	0102906777	卖出	000301	东方市场	-100000.00	5.300	530000.00	529231.50	238.50
20090601	144050	137289	A4624l6407	卖出	600853	龙建股份	-55000.00	4.770	262350.00	261914.59	118.06
20090601	144104	137681	A4624l6407	卖出	600853	龙建股份	-38000.00	4.760	180880.00	180579.72	81.40

续表

发生日期	成交时间	委托编号	证券账号	买卖方向	证券代码	证券名称	成交数量	成交价格	成交金额	清算金额	佣金
20090601	144130	137985	A462416407	卖出	600853	龙建股份	-18400.00	4.750	87400.00	87254.86	39.33
20090601	144213	138490	0102906777	买入	000628	高新发展	10000.00	7.170	71700.00	-71732.27	32.27
20090601	145530	138652	0102906777	买入	000628	高新发展	13800.00	7.170	98946.00	-98990.53	44.53
20090601	144257	139016	0102906777	买入	000628	高新发展	20000.00	7.207	144138.00	-144202.86	64.86
20090601	144324	139295	0102906777	买入	000628	高新发展	29800.00	7.200	214560.00	-214656.55	96.55
20090602	93710	16755	A462416407	卖出	600853	龙建股份	-11981.00	4.952	59323.95	59225.93	26.70
20090602	93728	17117	A462416407	卖出	600853	龙建股份	-23000.00	4.960	114080.00	113891.57	51.34
20090602	93741	17363	A462416407	卖出	600853	龙建股份	-27000.00	4.965	134045.00	133823.63	60.32
20090602	93800	17719	A462416407	卖出	600853	龙建股份	-25000.00	4.970	124250.00	124044.84	55.91
20090602	93810	17925	A462416407	卖出	600853	龙建股份	-15000.00	4.980	74700.00	74576.67	33.62
20090602	93823	18167	A462416407	卖出	600853	龙建股份	-12000.00	4.980	59760.00	59661.35	26.89
20090602	93837	18424	A462416407	卖出	600853	龙建股份	-23000.00	4.990	114770.00	114580.58	51.65
20090602	93848	18637	A462416407	卖出	600853	龙建股份	-25000.00	4.999	124982.00	124775.77	56.24
20090602	93911	19062	A462416407	卖出	600853	龙建股份	-23000.00	5.010	115237.00	115046.91	51.86
20090602	93939	19548	A462416407	卖出	600853	龙建股份	-17000.00	5.030	85510.00	85369.01	38.48
20090602	93950	19730	A462416407	卖出	600853	龙建股份	-13000.00	5.031	65397.00	65289.17	29.43
20090602	94003	19949	A462416407	卖出	600853	龙建股份	-17000.00	5.047	85804.00	85662.57	38.61
20090602	94105	21141	A462416407	卖出	600853	龙建股份	-30000.00	5.090	152700.00	152448.56	68.72
20090602	94119	21403	A462416407	卖出	600853	龙建股份	-23000.00	5.120	117760.00	117566.25	52.99
20090602	94128	21562	A462416407	卖出	600853	龙建股份	-24000.00	5.120	122880.00	122677.82	55.30
20090602	94137	21731	A462416407	卖出	600853	龙建股份	-13000.00	5.100	66304.00	66194.86	29.84
20090602	94149	21944	A462416407	卖出	600853	龙建股份	-40000.00	5.128	205127.50	204790.05	92.31
20090602	94203	22188	A462416407	卖出	600853	龙建股份	-23000.00	5.130	117990.00	117795.90	53.10
20090602	94211	22342	A462416407	卖出	600853	龙建股份	-17000.00	5.130	87210.00	87066.54	39.24
20090602	94219	22511	A462416407	卖出	600853	龙建股份	-13000.00	5.140	66820.00	66710.11	30.07
20090602	94228	22651	A462416407	卖出	600853	龙建股份	-23000.00	5.134	118081.00	117886.75	53.14
20090602	94240	22808	A462416407	卖出	600853	龙建股份	-24000.00	5.130	123120.00	122917.47	55.40
20090602	94250	23033	A462416407	卖出	600853	龙建股份	-12000.00	5.140	61680.00	61578.56	27.76

续表

发生日期	成交时间	委托编号	证券账号	买卖方向	证券代码	证券名称	成交数量	成交价格	成交金额	清算金额	佣金
20090602	94306	23305	A462416407	卖出	600853	龙建股份	-12000.00	5.140	61680.00	61578.56	27.76
20090602	94318	23531	A462416407	卖出	600853	龙建股份	-16000.00	5.150	82400.00	82264.50	37.08
20090602	94328	23683	A462416407	卖出	600853	龙建股份	-12000.00	5.160	61920.00	61818.21	27.86
20090602	94345	24013	A462416407	卖出	600853	龙建股份	-12000.00	5.168	62015.00	61913.07	27.91
20090602	94358	24259	A462416407	卖出	600853	龙建股份	-36000.00	5.160	185760.00	185454.65	83.59
20090602	94411	24430	A462416407	卖出	600853	龙建股份	-23000.00	5.150	118450.00	118255.25	53.30
20090602	94417	24588	A462416407	卖出	600853	龙建股份	-25000.00	5.151	128780.00	128568.21	57.95
20090602	94427	24781	A462416407	卖出	600853	龙建股份	-15000.00	5.160	77400.00	77272.77	34.83
20090602	94439	25007	A462416407	卖出	600853	龙建股份	-37000.00	5.160	190920.00	190606.17	85.91
20090602	94449	25187	A462416407	卖出	600853	龙建股份	-13000.00	5.160	67080.00	66969.73	30.19
20090602	94458	25334	A462416407	卖出	600853	龙建股份	-17000.00	5.163	87778.00	87633.72	39.50
20090602	94507	25479	A462416407	卖出	600853	龙建股份	-13000.00	5.160	67081.00	66970.73	30.19
20090602	94516	25657	A462416407	卖出	600853	龙建股份	-17000.00	5.170	87890.00	87745.56	39.55
20090602	94527	25829	A462416407	卖出	600853	龙建股份	-12000.00	5.160	61920.00	61818.22	27.86
20090602	94537	26036	A462416407	卖出	600853	龙建股份	-28000.00	5.170	144760.00	144522.11	65.14
20090602	94605	26545	A462416407	卖出	600853	龙建股份	-100000.00	5.166	516601.00	515751.92	232.47
20090602	130012	97963	A462416407	买入	600020	中原高速	100000.00	3.770	377000.00	-377269.65	169.65
20090602	130041	98016	A462416407	买入	600020	中原高速	1660.00	3.770	6258.20	-6264.86	5.00
20090602	130156	98423	A462416407	买入	600020	中原高速	450575.00	3.780	1703173.50	-1704390.51	766.43
20090602	130220	98556	A462416407	买入	600035	楚天高速	150000.00	5.110	766500.00	-766994.93	344.93
20090602	130345	99071	A462416407	买入	600020	中原高速	200000.00	3.790	758000.00	-758541.10	341.10
20090602	131727	105236	A462416407	买入	600020	中原高速	204900.00	3.800	778620.00	-779175.28	350.38
20090604	95411	35852	A462416407	卖出	600035	楚天高速	-150000.00	5.210	781500.00	780216.81	351.68
20090604	93518	15556	0102906777	卖出	000628	高新发展	-3600.00	7.950	28620.00	28578.50	12.88
20090604	93538	15978	0102906777	卖出	000628	高新发展	-3600.00	7.914	28490.10	28448.78	12.82
20090604	93552	16243	0102906777	卖出	000628	高新发展	-6400.00	7.940	50816.00	50742.31	22.87
20090604	93607	16622	0102906777	卖出	000628	高新发展	-5400.00	7.900	42660.00	42598.14	19.20
20090604	93817	19279	0102906777	卖出	000628	高新发展	-35000.00	7.903	276608.27	276207.19	124.47

续表

发生日期	成交时间	委托编号	证券账号	买卖方向	证券代码	证券名称	成交数量	成交价格	成交金额	清算金额	佣金
20090604	93903	19825	0102906777	卖出	000628	高新发展	-15000.00	7.900	118500.00	118328.17	53.33
20090604	95506	36803	0102906777	买入	000628	高新发展	35000.00	7.778	272226.00	-272348.50	122.50
20090604	95531	37180	0102906777	买入	000628	高新发展	15500.00	7.780	120590.00	-120644.27	54.27
20090604	95631	37824	0102906777	买入	000628	高新发展	50000.00	7.780	389000.00	-389175.05	175.05
20090604	104506	76046	0102906777	买入	000628	高新发展	45000.00	7.700	346500.00	-346655.93	155.93
20090604	104553	76160	0102906777	买入	000628	高新发展	25500.00	7.700	196350.00	-196438.36	88.36
20090605	94600	28102	A462416407	卖出	600020	中原高速	-57135.00	4.029	230184.60	229793.69	103.58
20090605	94618	28404	A462416407	卖出	600020	中原高速	-23000.00	4.021	92477.20	92320.12	41.61
20090605	94657	28684	A462416407	卖出	600020	中原高速	-17000.00	4.030	68510.00	68393.64	30.83
20090605	94712	29269	A462416407	买入	600020	中原高速	-550000.00	4.020	2211026.70	2207270.72	994.96
20090605	94728	29491	A462416407	卖出	600020	中原高速	-310000.00	4.020	1246200.00	1244083.04	560.79
20090605	95406	35837	A462416407	买入	600821	津劝业	100000.00	4.500	450000.00	-450302.50	202.50
20090605	95722	36496	A462416407	买入	600821	津劝业	130000.00	4.500	585000.00	-585393.25	263.25
20090605	100402	44810	A462416407	买入	600821	津劝业	250000.00	4.500	1125000.00	-1125756.25	506.25
20090605	100809	46749	A462416407	买入	600821	津劝业	134800.00	4.490	605252.00	-605659.16	272.36
20090605	100302	44001	0102906777	卖出	000628	高新发展	23000.00	7.660	176180.00	-176259.28	79.28
20090605	100644	47161	0102906777	卖出	000628	高新发展	17400.00	7.650	133110.00	-133169.90	59.90
20090605	130442	99255	0102906777	买入	000628	高新发展	19300.00	7.695	148522.88	-148589.72	66.84
20090605	130812	99504	0102906777	买入	000628	高新发展	80000.00	7.700	616000.00	-616277.20	277.20
20090611	143433	139194	A462416407	卖出	600821	津劝业	-50000.00	5.085	254248.00	253829.32	114.41
20090611	143513	139522	A462416407	买入	600821	津劝业	-230000.00	5.022	1154996.00	1153091.25	519.75
20090611	143806	141103	A462416407	买入	600821	津劝业	-99800.00	5.017	500741.03	499915.14	225.33
20090611	144203	143484	A462416407	买入	600821	津劝业	-190000.00	5.000	950000.00	948432.49	427.50
20090611	144222	143741	0102906777	买入	000628	高新发展	100000.00	7.995	799488.00	-799847.77	359.77
20090611	144249	143994	0102906777	买入	000628	高新发展	56800.00	8.000	454400.00	-454604.48	204.48
20090611	144712	145365	0102906777	买入	000628	高新发展	4000.00	7.950	31800.00	-31814.31	14.31
20090611	145041	149045	0102906777	买入	000628	高新发展	12000.00	7.970	95640.00	-95683.04	43.04
20090611	145113	149380	0102906777	买入	000628	高新发展	138400.00	8.000	1107200.00	-1107698.24	498.24

续表

发生日期	成交时间	委托编号	证券账号	买卖方向	证券代码	证券名称	成交数量	成交价格	成交金额	清算金额	佣金
20090612	100340	22639	A462416407	卖出	600821	津劝业	-45000.00	4.950	222750.00	222381.98	100.24
20090612	144935	141791	A462416407	买入	600821	津劝业	255800.00	4.743	1213270.00	-1214071.77	545.97
20090612	94749	23682	0102906777	买入	000628	高新发展	45700.00	7.999	365558.00	-365722.50	164.50
20090612	100441	36335	0102906777	买入	000628	高新发展	28000.00	7.949	222573.00	-222673.16	100.16
20090612	144156	133099	0102906777	卖出	000628	高新发展	-10000.00	8.010	80100.00	79983.85	36.05
20090612	144249	136919	0102906777	卖出	000628	高新发展	-23000.00	8.030	184690.00	184422.20	83.11
20090612	144303	137109	0102906777	卖出	000628	高新发展	-13500.00	8.032	108437.00	108279.76	48.80
20090612	144313	137247	0102906777	卖出	000628	高新发展	-13000.00	8.050	104650.00	104498.26	47.09
20090612	144324	137408	0102906777	卖出	000628	高新发展	-17000.00	8.051	136864.00	136665.54	61.59
20090612	144334	137555	0102906777	卖出	000628	高新发展	-12000.00	8.060	96720.00	96579.76	43.52
20090612	144343	137663	0102906777	卖出	000628	高新发展	-13000.00	8.080	105040.00	104887.69	47.27
20090612	144352	137772	0102906777	卖出	000628	高新发展	-13000.00	8.070	104910.00	104757.86	47.21
20090612	144404	137904	0102906777	卖出	000628	高新发展	-12000.00	8.080	96960.00	96819.40	43.63
20090612	144413	138054	0102906777	卖出	000628	高新发展	-20000.00	8.090	161800.00	161565.39	72.81
20090612	144422	138172	0102906777	卖出	000628	高新发展	-12000.00	8.070	96840.00	96699.58	43.58
20090612	144446	138300	0102906777	卖出	000628	高新发展	-12000.00	8.090	97080.00	96939.22	43.69
20090612	144546	139233	0102906777	卖出	000628	高新发展	-40000.00	8.057	322297.00	321829.66	145.03
20090612	144816	141006	0102906777	卖出	000628	高新发展	-48100.00	8.024	385959.00	385399.36	173.68
20090615	100126	29420	A462416407	买入	600821	津劝业	19900.00	4.760	94724.00	-94786.53	42.63
20090615	100200	29753	A462416407	买入	600777	新潮实业	240000.00	5.597	1343374.17	-1344218.69	604.52
20090615	100747	31897	A462416407	买入	600821	津劝业	32600.00	4.800	156480.00	-156583.02	70.42
20090615	104404	49049	A462416407	买入	600777	新潮实业	68700.00	5.550	381285.00	-381525.28	171.58
20090615	95035	22530	0102906777	卖出	000628	高新发展	-41600.00	8.048	334777.19	334291.74	150.65
20090615	95107	22965	0102906777	卖出	000628	高新发展	-5000.00	8.040	40200.00	40141.71	18.09
20090615	95125	23081	0102906777	卖出	000628	高新发展	-17219.00	8.040	138440.76	138240.03	62.30
20090615	95204	23732	0102906777	卖出	000628	高新发展	-75000.00	8.001	600111.00	599240.84	270.05
20090618	93313	10671	A462416407	卖出	600777	新潮实业	-10000.00	5.840	58400.00	58305.32	26.28
20090618	93324	10882	A462416407	卖出	600777	新潮实业	-150000.00	5.840	876000.00	874579.80	394.20

续表

发生日期	成交时间	委托编号	证券账号	买卖方向	证券代码	证券名称	成交数量	成交价格	成交金额	清算金额	佣金
20090618	93435	12040	A462416407	卖出	600777	新潮实业	-85820.00	5.850	502047.00	501233.14	225.92
20090618	140631	121651	A462416407	卖出	600777	新潮实业	-62880.00	5.732	360438.41	359852.86	162.20
20090618	93526	12965	0102906777	买入	000628	高新发展	80000.00	7.800	623979.00	-624259.79	280.79
20090618	93706	14686	0102906777	买入	000628	高新发展	6300.00	7.792	49087.00	-49109.09	22.09
20090618	93910	15043	0102906777	买入	000628	高新发展	18100.00	7.750	140275.00	-140338.12	63.12
20090618	93911	16795	0102906777	买入	000628	高新发展	9500.00	7.780	73910.00	-73943.26	33.26
20090618	93935	17188	0102906777	买入	000628	高新发展	30000.00	7.788	233627.00	-233732.13	105.13
20090618	95816	17872	0102906777	买入	000628	高新发展	40500.00	7.730	313065.00	-313205.88	140.88
20090618	141621	122219	0102906777	买入	000628	高新发展	46200.00	7.770	358974.00	-359135.54	161.54
20090619	95327	32466	A462416407	买入	600821	津劝业	50000.00	4.847	242344.00	-242503.05	109.05
20090619	95722	32945	A462416407	买入	600821	津劝业	58400.00	4.830	282072.00	-282257.33	126.93
20090619	102416	37428	A462416407	买入	600821	津劝业	134900.00	4.800	647520.00	-647946.28	291.38
20090619	102138	57857	A462416407	买入	600821	津劝业	18700.00	4.827	90264.00	-90323.32	40.62
20090619	104022	70008	A462416407	买入	600821	津劝业	115000.00	4.880	561200.00	-561567.54	252.54
20090619	145227	161373	A462416407	卖出	600821	津劝业	-58300.00	4.990	290917.00	290436.87	130.91
20090619	145238	161658	A462416407	卖出	600821	津劝业	-150000.00	4.980	747000.00	745766.84	336.15
20090619	145325	162414	A462416407	买入	600777	新潮实业	54400.00	5.620	305728.00	-305919.98	137.58
20090619	145344	162735	A462416407	买入	600777	新潮实业	100000.00	5.620	562000.00	-562352.90	252.90
20090619	93955	19317	0102906777	卖出	000628	高新发展	-3381.00	7.840	26507.04	26468.60	11.93
20090619	94045	19829	0102906777	卖出	000628	高新发展	-30000.00	7.850	235500.00	235158.48	105.98
20090619	94238	22053	0102906777	卖出	000628	高新发展	-100000.00	7.801	780050.00	778918.93	351.02
20090619	95008	29358	0102906777	卖出	000628	高新发展	-23000.00	7.850	180550.00	180288.19	81.25
20090619	95246	29631	0102906777	卖出	000628	高新发展	-35000.00	7.850	274750.00	274351.61	123.64
20090619	100222	30134	0102906777	卖出	000628	高新发展	-12000.00	7.850	94200.00	94063.40	42.39
20090619	100348	30472	0102906777	卖出	000628	高新发展	-18000.00	7.850	141300.00	141095.09	63.59
20090619	100427	30665	0102906777	卖出	000628	高新发展	-12000.00	7.850	94200.00	94063.40	42.39
20090622	145542	160052	A462416407	卖出	600821	津劝业	-77000.00	5.130	395010.00	394360.22	177.75
20090622	145557	160255	A462416407	卖出	600821	津劝业	-100000.00	5.130	513000.00	512156.12	230.85

续表

发生日期	成交时间	委托编号	证券账号	买卖方向	证券代码	证券名称	成交数量	成交价格	成交金额	清算金额	佣金
20090622	145626	160654	A4624164O7	买入	600777	新潮实业	41510.00	5.560	230795.60	-230940.97	103.86
20090622	145711	1611315	A4624164O7	买入	600777	新潮实业	56900.00	5.570	316933.00	-317132.52	142.62
20090622	132229	103990	0102906777	买入	000628	高新发展	21800.00	7.700	167860.00	-167935.54	75.54
20090622	93306	12020	A4624164O7	买入	600777	新潮实业	43900.00	5.500	241450.00	-241602.55	108.65
20090623	100645	41225	A4624164O7	卖出	600821	津劝业	-12000.00	5.250	63000.00	62896.65	28.35
20090623	100654	41316	A4624164O7	卖出	600821	津劝业	-13000.00	5.251	68265.00	68152.99	30.72
20090623	100705	41408	A4624164O7	卖出	600821	津劝业	-8100.00	5.270	42687.00	42617.00	19.21
20090623	100722	41576	A4624164O7	卖出	600821	津劝业	-6900.00	5.260	36294.00	36234.48	16.33
20090623	100810	41982	A4624164O7	卖出	600821	津劝业	-18000.00	5.260	94680.00	94524.70	42.61
20090623	100838	42261	A4624164O7	卖出	600777	新潮实业	-120000.00	5.250	630000.00	628966.46	283.50
20090623	100958	43075	A4624164O7	买入	600777	新潮实业	66900.00	5.590	373971.00	-374206.19	168.29
20090623	101301	43452	A4624164O7	买入	600821	津劝业	100100.00	5.580	558558.00	-558909.45	251.35
20090623	103054	55010	A4624164O7	卖出	600821	津劝业	-12000.00	5.200	62400.00	62297.52	28.08
20090623	105453	55100	A4624164O7	卖出	600821	津劝业	-28000.00	5.200	145600.00	145360.88	65.52
20090623	103325	56440	A4624164O7	卖出	600821	津劝业	-82000.00	5.180	424760.00	424062.11	191.14
20090623	131819	90013	A4624164O7	买入	600777	新潮实业	27500.00	5.550	152625.00	-152721.18	68.68
20090623	95321	31746	0102906777	买入	000628	高新发展	15500.00	7.560	117180.00	-117232.73	52.73
20090623	103429	56921	0102906777	买入	000628	高新发展	9300.00	7.530	70029.00	-70060.51	31.51
20090624	104251	57482	0102906777	买入	000628	高新发展	54500.00	7.500	408750.00	-408933.94	183.94
20090624	145133	146957	A4624164O7	买入	600777	新潮实业	70000.00	5.809	406597.22	-406850.19	182.97
20090624	145235	147649	A4624164O7	买入	600777	新潮实业	9600.00	5.800	55680.00	-55714.66	25.06
20090624	145438	149410	A4624164O7	卖出	600777	新潮实业	3800.00	5.810	22078.00	-22091.74	9.94
20090624	145051	146441	0102906777	卖出	000628	高新发展	-35000.00	7.970	278950.00	278545.50	125.53
20090624	145112	146740	0102906777	卖出	000628	高新发展	-16100.00	7.960	128156.00	127970.17	57.67
20090624	145156	147140	0102906777	卖出	000628	高新发展	-9799.00	7.970	78098.03	77984.78	35.14
20090625	100622	40033	A4624164O7	买入	600805	悦达投资	425200.00	6.130	2606476.00	-2608074.11	1172.91
20090625	94743	24750	0102906777	卖出	000628	高新发展	-320201.00	8.156	2611582.15	2607795.20	1175.21
20090701	131507	87475	A4624164O7	卖出	600777	新潮实业	-74610.00	6.410	478250.10	477482.02	215.21

续表

发生日期	成交时间	委托编号	证券账号	买卖方向	证券代码	证券名称	成交数量	成交价格	成交金额	清算金额	佣金
20090701	133111	88011	A462416407	买入	600805	悦达投资	100000.00	6.120	612000.00	-612375.40	275.40
20090701	133140	88338	A462416407	买入	600805	悦达投资	4200.00	6.120	25704.00	-25719.77	11.57
20090701	131442	87275	0102906777	卖出	000628	高新发展	-20000.00	8.060	161200.00	160966.26	72.54
20090702	140126	149341	A462416407	卖出	600805	悦达投资	-19400.00	6.730	130562.00	130353.29	58.75
20090702	140306	149952	A462416407	卖出	600805	悦达投资	-18000.00	6.750	121500.00	121305.82	54.68
20090702	140306	150286	A462416407	买入	600805	悦达投资	-92000.00	6.750	621000.00	620007.55	279.45
20090702	140310	150575	A462416407	买入	600777	新潮实业	20900.00	6.250	130625.00	-130704.68	58.78
20090702	140357	151136	A462416407	买入	600777	新潮实业	18500.00	6.245	115536.06	-115606.55	51.99
20090702	140418	151370	A462416407	买入	600777	新潮实业	100000.00	6.249	624914.00	-625295.21	281.21
20090702	140452	151703	A462416407	卖出	600805	悦达投资	-23000.00	6.800	156400.00	156150.22	70.38
20090702	140521	151961	A462416407	卖出	600805	悦达投资	-17000.00	6.800	115600.00	115415.38	52.02
20090702	140542	152332	A462416407	卖出	600805	悦达投资	-360000.00	6.781	2441277.00	2437377.15	1098.57
20090702	140610	152625	A462416407	买入	600777	新潮实业	100000.00	6.250	624974.00	-625355.24	281.24
20090702	140649	153059	A462416407	买入	600777	新潮实业	33200.00	6.247	207401.26	-207527.79	93.33
20090702	141000	154544	A462416407	买入	600777	新潮实业	100000.00	6.200	620000.00	-620379.00	279.00
20090702	142050	161828	A462416407	卖出	600777	新潮实业	202400.00	6.200	1254880.00	-1255647.10	564.70
20090707	100232	45431	0102906777	卖出	600777	新潮实业	-575000.00	6.710	3858132.06	3851962.73	1736.16
20090707	100427	47084	0102906777	买入	600777	新潮实业	-500000.00	6.702	3350777.00	3345418.34	1507.85
20090707	100607	48427	0102906777	买入	000423	东阿阿胶	22000.00	18.020	396440.00	-396618.40	178.40
20090707	100632	48858	0102906777	买入	000423	东阿阿胶	150000.00	18.038	2705694.12	-2706911.68	1217.56
20090707	102529	63450	0102906777	买入	000423	东阿阿胶	23000.00	18.250	419750.00	-419938.89	188.89
20090707	102553	63761	0102906777	买入	000423	东阿阿胶	20600.00	18.257	376085.50	-376254.74	169.24
20090707	102644	64323	0102906777	买入	000423	东阿阿胶	1100.00	18.250	20075.00	-20084.03	9.03
20090707	102706	64559	0102906777	买入	000423	东阿阿胶	50000.00	18.238	911909.50	-912319.86	410.36
20090707	102745	64970	0102906777	买入	000423	东阿阿胶	9600.00	18.200	174720.00	-174798.62	78.62
20090707	102803	65143	0102906777	买入	000423	东阿阿胶	8588.00	18.200	156301.60	-156371.94	70.34
20090707	102837	65576	0102906777	买入	000423	东阿阿胶	90459.00	18.250	1650876.75	-1651619.64	742.89
20090707	131106	109648	0102906777	买入	000423	东阿阿胶	20100.00	18.990	381699.00	-381870.76	171.76

续表

发生日期	成交时间	委托编号	证券账号	买卖方向	证券代码	证券名称	成交数量	成交价格	成交金额	清算金额	佣金
20090722	100113	46955	A462416407	买入	600172	黄河旋风	8000.00	7.610	60880.00	-60915.40	27.40
20090722	100149	47601	A462416407	买入	600172	黄河旋风	23000.00	7.620	175255.00	-175356.86	78.86
20090722	100211	48008	A462416407	买入	600172	黄河旋风	16900.00	7.620	128778.00	-128852.85	57.95
20090722	100305	48951	A462416407	买入	600172	黄河旋风	20000.00	7.630	152600.00	-152688.67	68.67
20090722	100322	49263	A462416407	买入	600172	黄河旋风	19500.00	7.628	148750.00	-148836.44	66.94
20090722	100613	52318	A462416407	买入	600172	黄河旋风	11000.00	7.610	83710.00	-83758.67	37.67
20090722	100747	53016	A462416407	买入	600172	黄河旋风	55000.00	7.600	418000.00	-418243.10	188.10
20090722	100750	53337	A462416407	买入	600172	黄河旋风	35500.00	7.600	269800.00	-269956.91	121.41
20090722	100754	53991	A462416407	买入	600172	黄河旋风	22000.00	7.610	167420.00	-167517.34	75.34
20090722	100838	54706	A462416407	买入	600172	黄河旋风	22000.00	7.610	167420.00	-167517.34	75.34
20090722	104750	55843	A462416407	买入	600172	黄河旋风	56000.00	7.600	425600.00	-425847.52	191.52
20090722	101241	58784	A462416407	买入	600172	黄河旋风	50000.00	7.620	381000.00	-381221.45	171.45
20090722	101327	59451	A462416407	买入	600172	黄河旋风	148900.00	7.646	1138495.00	-1139156.22	512.32
20090722	95516	40661	0102906777	卖出	000423	东阿阿胶	-15447.00	19.743	304972.28	304530.07	137.24
20090722	95548	41254	0102906777	卖出	000423	东阿阿胶	-23500.00	19.740	463890.00	463217.36	208.75
20090722	95608	41526	0102906777	卖出	000423	东阿阿胶	-20000.00	19.730	394600.00	394027.81	177.57
20090722	95616	41788	0102906777	卖出	000423	东阿阿胶	-56000.00	19.709	1103721.00	1102120.62	496.67
20090722	95637	42134	0102906777	卖出	000423	东阿阿胶	-55000.00	19.700	1083500.00	1081928.92	487.58
20090722	95939	42545	0102906777	卖出	000423	东阿阿胶	-19000.00	19.700	374300.00	373757.26	168.44
20090727	103557	82482	A462416407	买入	600172	黄河旋风	99459.00	7.670	762850.53	-763293.27	343.28
20090727	103649	83103	A462416407	买入	600172	黄河旋风	55000.00	7.680	422400.00	-422645.08	190.08
20090727	104835	91729	A462416407	买入	600172	黄河旋风	127000.00	7.737	982593.44	-983162.61	442.17
20090727	103501	81153	0102906777	卖出	000423	东阿阿胶	-6500.00	20.430	132795.00	132602.44	59.76
20090727	103522	82072	0102906777	卖出	000423	东阿阿胶	-100000.00	20.412	2041152.00	2038192.32	918.52
20090806	131641	139934	A462416407	卖出	600172	黄河旋风	-9259.00	8.820	81664.38	81536.70	36.75
20090806	131717	140186	A462416407	卖出	600172	黄河旋风	-6300.00	8.820	55566.00	55479.13	25.00
20090806	131727	140481	A462416407	卖出	600172	黄河旋风	-5600.00	8.820	49392.00	49314.78	22.23
20090806	131743	140723	A462416407	卖出	600172	黄河旋风	-8100.00	8.820	71442.00	71330.31	32.15

续表

发生日期	成交时间	委托编号	证券账号	买卖方向	证券代码	证券名称	成交数量	成交价格	成交金额	清算金额	佣金
20090806	131802	140998	A4624l6407	卖出	600172	黄河旋风	-6300.00	8.820	55566.00	55479.13	25.00
20090806	131811	141112	A4624l6407	卖出	600172	黄河旋风	-5500.00	8.820	48510.00	48434.15	21.83
20090806	131824	141290	A4624l6407	卖出	600172	黄河旋风	-8200.00	8.820	72324.00	72210.93	32.55
20090806	131837	141463	A4624l6407	卖出	600172	黄河旋风	-5300.00	8.820	46746.00	46672.92	21.04
20090806	131855	141707	A4624l6407	卖出	600172	黄河旋风	-5800.00	8.820	51156.00	51076.02	23.02
20090806	131918	142041	A4624l6407	卖出	600172	黄河旋风	-8900.00	8.820	78498.00	78375.29	35.32
20090806	132000	142598	A4624l6407	买入	600777	新潮实业	86600.00	7.054	610891.00	-611252.50	274.90
20090806	132022	142860	A4624l6407	卖出	600172	黄河旋风	-3500.00	8.810	30835.00	30786.79	13.88
20090806	132037	143064	A4624l6407	卖出	600172	黄河旋风	-5500.00	8.810	48455.00	48379.24	21.80
20090806	132048	143211	A4624l6407	卖出	600172	黄河旋风	-3900.00	8.818	34391.00	34337.23	15.48
20090806	132102	143412	A4624l6407	卖出	600172	黄河旋风	-5600.00	8.810	49336.00	49258.86	22.20
20090806	132119	143608	A4624l6407	卖出	600172	黄河旋风	-5600.00	8.820	49392.00	49314.79	22.23
20090806	132135	143802	A4624l6407	卖出	600172	黄河旋风	-5900.00	8.810	51979.00	51897.73	23.39
20090806	132150	143964	A4624l6407	卖出	600172	黄河旋风	-5500.00	8.810	48455.00	48379.24	21.80
20090806	132215	144287	A4624l6407	卖出	600172	黄河旋风	-4500.00	8.810	39645.00	39583.01	17.84
20090806	132222	144407	A4624l6407	卖出	600172	黄河旋风	-60000.00	8.800	528000.00	527174.40	237.60
20090806	132309	145067	A4624l6407	卖出	600172	黄河旋风	-23000.00	8.800	202400.00	202083.52	91.08
20090806	132336	145310	A4624l6407	卖出	600172	黄河旋风	-17000.00	8.800	149600.00	149366.08	67.32
20090806	132418	145982	A4624l6407	买入	600777	新潮实业	9500.00	7.060	67070.00	-67109.68	30.18
20090806	132443	146289	A4624l6407	买入	600777	新潮实业	164300.00	7.077	1162730.02	-1163417.55	523.23
20090806	132516	146707	A4624l6407	卖出	600172	黄河旋风	-160000.00	8.758	1401281.00	1399089.08	630.58
20090806	133108	152532	A4624l6407	买入	600777	新潮实业	194900.00	7.180	1399382.00	-1400206.62	629.72
20090806	133217	153738	A4624l6407	买入	600777	新潮实业	-200000.00	8.700	1740000.00	1737276.99	783.00
20090806	135455	154554	A4624l6407	卖出	600172	黄河旋风	-50000.00	8.700	435000.00	434319.25	195.75
20090806	133346	155079	A4624l6407	卖出	600172	黄河旋风	-150000.00	8.680	1302000.00	1299962.10	585.90
20090806	133414	155526	A4624l6407	买入	600777	新潮实业	68000.00	7.130	484840.00	-485126.18	218.18
20090806	133445	155941	A4624l6407	买入	600777	新潮实业	59200.00	7.100	420320.00	-420568.34	189.14
20090806	134257	156561	A4624l6407	买入	600777	新潮实业	55000.00	7.100	390500.00	-390730.73	175.73

续表

发生日期	成交时间	委托编号	证券账号	买卖方向	证券代码	证券名称	成交数量	成交价格	成交金额	清算金额	佣金
20090806	134302	156998	A462416407	买入	600777	新潮实业	45000.00	7.100	319500.00	-319688.78	143.78
20090806	133658	157614	A462416407	买入	600777	新潮实业	99400.00	7.120	707728.00	-708145.88	318.48
20090806	134414	158428	A462416407	买入	600777	新潮实业	100600.00	7.080	712248.00	-712669.11	320.51
20090806	135850	172987	A462416407	买入	600777	新潮实业	60700.00	7.149	433957.00	-434212.98	195.28
20090806	142254	148508	A462416407	卖出	600777	新潮实业	-550000.00	5.900	3245000.00	3239744.75	1460.25
20090825	142626	150787	A462416407	卖出	600777	新潮实业	-150000.00	5.852	877733.00	876310.23	394.98
20090825	142957	152760	A462416407	卖出	600777	新潮实业	-143200.00	5.870	840584.00	839221.96	378.26
20090825	143443	155543	A462416407	卖出	600777	新潮实业	-100000.00	5.930	593000.00	592040.15	266.85
20090825	142315	148926	01029067777	买入	000423	东阿阿胶	11300.00	17.997	203361.00	-203452.51	91.51
20090825	142323	149006	01029067777	买入	000423	东阿阿胶	8300.00	17.999	149395.00	-149462.23	67.23
20090825	142458	149961	01029067777	买入	000423	东阿阿胶	25300.00	18.000	455400.00	-455604.93	204.93
20090825	142521	150191	01029067777	买入	000423	东阿阿胶	5500.00	18.000	99000.00	-99044.55	44.55
20090825	142644	150950	01029067777	买入	000423	东阿阿胶	48700.00	18.000	876600.00	-876994.47	394.47
20090825	143013	152953	01029067777	买入	000423	东阿阿胶	46600.00	18.000	838800.00	-839177.46	377.46
20090825	143205	154220	01029067777	买入	000423	东阿阿胶	18800.00	18.000	338400.00	-338552.28	152.28
20090825	143224	154421	01029067777	买入	000423	东阿阿胶	25700.00	18.000	462600.00	-462808.17	208.17
20090825	143233	154526	01029067777	买入	000423	东阿阿胶	9100.00	18.000	163800.00	-163873.71	73.71
20090825	143241	154605	01029067777	买入	000423	东阿阿胶	22600.00	18.000	406800.00	-406983.06	183.06
20090825	143249	154699	01029067777	买入	000423	东阿阿胶	4000.00	18.000	72000.00	-72032.40	32.40
20090825	143255	154759	01029067777	买入	000423	东阿阿胶	3800.00	18.000	68400.00	-68430.78	30.78
20090825	143302	154831	01029067777	买入	000423	东阿阿胶	17000.00	18.000	306000.00	-306137.70	137.70
20090825	143310	154913	01029067777	买入	000423	东阿阿胶	24800.00	18.000	446400.00	-446600.88	200.88
20090825	143323	155049	01029067777	买入	000423	东阿阿胶	3600.00	18.000	64800.00	-64829.16	29.16
20090825	143722	157501	01029067777	买入	000628	高新发展	68200.00	8.696	593095.00	-593361.89	266.89
20090903	0	0	01029067777	卖出	000423	东阿阿胶	0.00	0.000	54014.40	54014.40	0.00
20090904	100128	40803	01029067777	买入	000628	高新发展	6400.00	8.390	53698.00	-53722.16	24.16
20090907	112622	82460	A462416407	买入	600608	ST沪科	16700.00	6.080	101536.00	-101598.39	45.69
20090907	132548	99691	A462416407	买入	600608	ST沪科	63900.00	6.190	395529.00	-395770.89	177.99

续表

发生日期	成交时间	委托编号	证券账号	买卖方向	证券代码	证券名称	成交数量	成交价格	成交金额	清算金额	佣金
20090907	132736	100658	A462416407	买入	600608	ST沪科	158800.00	6.246	991822.00	-992427.12	446.32
20090907	112437	81668	0102906777	卖出	000423	东阿阿胶	-5100.00	19.830	101133.00	100986.35	45.51
20090907	130005	81901	0102906777	卖出	000423	东阿阿胶	-20000.00	19.850	397000.00	396424.35	178.65
20090907	132716	100502	0102906777	卖出	000423	东阿阿胶	-50000.00	19.887	994368.00	992926.15	447.47
20090910	105118	68067	A462416407	买入	600608	ST沪科	8000.00	6.260	50080.00	-50110.54	22.54
20090910	105156	68441	A462416407	买入	600608	ST沪科	50000.00	6.270	313500.00	-313691.08	141.08
20090910	105322	68700	A462416407	买入	600608	ST沪科	9900.00	6.260	61974.00	-62011.79	27.89
20090910	105326	69422	A462416407	买入	600608	ST沪科	60000.00	6.271	376286.00	-376515.33	169.33
20090910	105511	69746	A462416407	买入	600608	ST沪科	39900.00	6.260	249774.00	-249926.30	112.40
20090910	105620	71618	A462416407	买入	600608	ST沪科	35500.00	6.250	221875.00	-222010.34	99.84
20090910	105939	74142	A462416407	买入	600608	ST沪科	45000.00	6.270	282150.00	-282321.97	126.97
20090910	111221	80483	A462416407	买入	600608	ST沪科	59100.00	6.300	372330.00	-372556.65	167.55
20090910	105045	67805	0102906777	卖出	000423	东阿阿胶	-100000.00	19.310	1931004.02	1928204.07	868.95
20091022	94933	25813	0102906777	卖出	000628	高新发展	-10000.00	9.420	94200.00	94063.40	42.39
20091026	102559	55785	0102906777	卖出	000423	东阿阿胶	-20000.00	21.580	431600.00	430974.17	194.22
20091026	110517	79896	0102906777	卖出	000423	东阿阿胶	-30000.00	21.980	659400.00	658443.88	296.73
20091027	133050	109026	A462416407	买入	600608	ST沪科	-40000.00	6.880	275200.00	274760.96	123.84
20091027	0	72047	0102906777	买入	002304	洋河股份	10000.00	60.000	600000.00	-600000.00	0.00
20091027	0	74620	0102906777	买入	002305	南国置业	30000.00	12.300	369000.00	-369000.00	0.00
20091028	0	72047	0102906777	买入	002304	洋河股份	20.00	0.000	0.00	0.00	0.00
20091028	0	74620	0102906777	买入	002305	南国置业	60.00	0.000	0.00	0.00	0.00
20091028	142513	118304	0102906777	卖出	000423	东阿阿胶	-50000.00	22.400	1120000.00	1118376.00	504.00
20091029	93402	11003	A462416407	买入	600172	黄河旋风	5000.00	7.570	37850.00	-37872.03	17.03
20091029	93400	11624	A462416407	买入	600172	黄河旋风	12000.00	7.603	91235.01	-91288.07	41.06
20091029	93450	12177	A462416407	买入	600172	黄河旋风	12000.00	7.600	91200.00	-91253.04	41.04
20091029	94951	12706	A462416407	买入	600172	黄河旋风	33400.00	7.560	252504.00	-252651.03	113.63
20091029	93743	15449	A462416407	买入	600172	黄河旋风	15000.00	7.597	113958.00	-114024.28	51.28
20091029	93700	14949	0102906777	买入	000301	东方市场	80000.00	6.270	501600.00	-501825.72	225.72

续表

发生日期	成交时间	委托编号	证券账号	买卖方向	证券代码	证券名称	成交数量	成交价格	成交金额	清算金额	佣金
20091029	94612	22899	0102906777	买入	000301	东方市场	82300.00	6.300	518459.00	-518692.31	233.31
20091029	0	72047	0102906777	卖出	002304	洋河股份	-10000.00	60.000	600000.00	600000.00	0.00
20091029	0	74620	0102906777	卖出	002305	南国置业	-30000.00	12.300	369000.00	369000.00	0.00
20091030	100229	37037	A462416407	买入	600172	黄河旋风	18600.00	7.529	140046.00	-140127.62	63.02
20091030	101755	45981	A462416407	买入	600172	黄河旋风	75800.00	7.550	572290.00	-572623.33	257.53
20091030	145537	144176	A462416407	买入	600172	黄河旋风	42760.00	7.496	320521.40	-320708.39	144.23
20091030	145618	144825	A462416407	买入	600172	黄河旋风	99400.00	7.544	749855.00	-750291.83	337.43
20091030	100243	37279	0102906777	买入	000301	东方市场	135400.00	6.120	828614.98	-828987.86	372.88
20091030	101302	41801	0102906777	卖出	000628	高新发展	-64600.00	9.100	587860.00	587007.60	264.54
20091030	101710	45645	0102906777	买入	000301	东方市场	2300.00	6.140	14122.00	-14128.35	6.35
20091030	145441	130793	0102906777	卖出	000423	东阿阿胶	-50000.00	23.600	1180000.00	1178289.00	531.00
20091102	94259	20588	A462416407	买入	600172	黄河旋风	14500.00	7.379	107001.00	-107063.65	48.15
20091102	144751	135831	A462416407	卖出	600172	黄河旋风	-13960.00	7.750	108190.00	108019.16	48.69
20091103	132948	145100	A462416407	卖出	600172	黄河旋风	-14500.00	7.820	113390.00	113211.08	51.03
20091103	133017	145466	A462416407	卖出	600172	黄河旋风	-10000.00	7.829	78287.20	78163.68	35.23
20091103	133054	145962	A462416407	卖出	600172	黄河旋风	-10000.00	7.830	78300.00	78176.45	35.24
20091103	133128	146396	A462416407	卖出	600172	黄河旋风	-10000.00	7.830	78300.00	78176.44	35.24
20091103	133201	146786	A462416407	卖出	600172	黄河旋风	-10000.00	7.830	78300.00	78176.46	35.24
20091103	133239	147105	A462416407	卖出	600172	黄河旋风	-10000.00	7.830	78300.00	78176.45	35.24
20091103	133353	148002	A462416407	卖出	600172	黄河旋风	-13000.00	7.820	101790.00	101629.40	45.81
20091103	134015	148479	A462416407	卖出	600172	黄河旋风	-27000.00	7.820	211140.00	210806.86	95.01
20091103	133518	148905	A462416407	卖出	600172	黄河旋风	-20000.00	7.820	156440.00	156153.22	70.38
20091103	133704	149070	A462416407	卖出	600172	黄河旋风	-180000.00	7.800	1404000.00	1401784.20	631.80
20091103	133607	149420	A462416407	卖出	600608	ST沪科	-206800.00	6.621	1369308.00	1367115.70	616.19
20091103	143007	186164	0102906777	买入	000301	东方市场	17000.00	6.370	108290.00	-108338.73	48.73
20091103	95157	39752	0102906777	买入	000301	东方市场	43700.00	6.410	280117.00	-280243.05	126.05
20091103	133724	150290	0102906777	买入	000301	东方市场	22900.00	6.410	146789.00	-146855.06	66.06
20091103	134013	151708	0102906777								

续表

发生日期	成交时间	委托编号	证券账号	买卖方向	证券代码	证券名称	成交数量	成交价格	成交金额	清算金额	佣金
20091103	134058	152577	01029067777	买入	000301	东方市场	113200.00	6.420	726744.00	-727071.03	327.03
20091103	134443	154969	01029067777	买入	000301	东方市场	201500.00	6.431	1295769.92	-1296353.02	583.10
20091103	143124	187132	01029067777	买入	000301	东方市场	192800.00	6.410	1235848.00	-1236404.13	556.13
20091103	143632	187731	01029067777	买入	000301	东方市场	13794.00	6.410	88419.54	-88459.33	39.79
20091103	144019	194256	01029067777	买入	000301	东方市场	6900.00	6.430	44367.00	-44386.97	19.97
20091104	132827	131430	A4624164407	卖出	600608	ST沪科	-200000.00	6.709	1341814.00	1339668.36	603.82
20091104	135734	151787	A4624164407	卖出	600608	ST沪科	-100000.00	6.703	670251.00	669179.13	301.61
20091104	132002	125717	01029067777	卖出	000423	东阿阿胶	-50000.00	24.300	1215000.00	1213238.25	546.75
20091104	132348	126127	01029067777	买入	000301	东方市场	186600.00	6.500	1212900.00	-1213445.81	545.81
20091104	133407	131641	01029067777	买入	000301	东方市场	186900.00	6.500	1214850.00	-1215396.68	546.68
20091104	133531	133885	01029067777	买入	000301	东方市场	19100.00	6.500	124150.00	-124205.87	55.87
20091104	135936	153125	01029067777	买入	000301	东方市场	87000.00	6.500	565500.00	-565754.48	254.48
20091104	140447	156667	01029067777	买入	000301	东方市场	4700.00	6.500	30550.00	-30563.75	13.75
20091104	142507	172221	01029067777	买入	000301	东方市场	11200.00	6.500	72800.00	-72832.76	32.76
20091104	142244	143060	01029067777	卖出	000301	东方市场	-407294.00	7.256	2955355.50	2951070.00	1329.91
20091112	142324	143716	01029067777	买入	000628	高新发展	26400.00	9.944	262518.00	-262636.13	118.13
20091112	142433	144187	01029067777	买入	000628	高新发展	20000.00	9.950	199000.00	-199089.55	89.55
20091112	142517	145528	01029067777	买入	000628	高新发展	13900.00	9.950	138305.00	-138367.24	62.24
20091112	142607	146331	01029067777	买入	000628	高新发展	21600.00	9.970	215352.00	-215448.91	96.91
20091112	142721	147559	01029067777	买入	000628	高新发展	50000.00	9.997	499826.28	-500051.20	224.92
20091112	142809	148421	01029067777	买入	000628	高新发展	4400.00	10.000	44000.00	-44019.80	19.80
20091112	142858	149196	01029067777	买入	000628	高新发展	31810.00	10.020	318736.20	-318879.63	143.43
20091112	143018	150316	01029067777	买入	000628	高新发展	57800.00	10.049	580825.00	-581086.37	261.37
20091112	143209	151651	01029067777	卖出	000301	东方市场	-400000.00	7.304	2921409.00	2917172.98	1314.63
20091112	143238	151984	01029067777	买入	000628	高新发展	150000.00	10.100	1514941.00	-1515622.72	681.72
20091112	143429	153137	01029067777	买入	000628	高新发展	57100.00	10.100	576710.00	-576969.52	259.52
20091112	143457	153314	01029067777	买入	000628	高新发展	150000.00	10.100	1515000.00	-1515681.75	681.75
20091124	105954	116999	01029067777	卖出	000628	高新发展	-3010.00	11.160	33591.60	33542.89	15.12

续表

发生日期	成交时间	委托编号	证券账号	买卖方向	证券代码	证券名称	成交数量	成交价格	成交金额	清算金额	佣金
20091124	110006	117131	0102906777	卖出	000628	高新发展	-17500.00	11.160	195300.00	195016.81	87.89
20091124	112538	122436	0102906777	卖出	000628	高新发展	-12000.00	11.100	133200.00	133006.86	59.94
20091124	110707	122634	0102906777	卖出	000628	高新发展	-30000.00	11.080	332400.00	331918.02	149.58
20091124	132344	160723	0102906777	卖出	000628	高新发展	-20500.00	11.080	227140.00	226810.64	102.21
20091124	133601	161252	0102906777	买入	000301	东方市场	123500.00	7.290	900315.00	-900720.14	405.14
20091124	133620	161539	0102906777	买入	000301	东方市场	700.00	7.290	5103.00	-5108.00	5.00
20091124	133620	163032	0102906777	买入	000301	东方市场	2000.00	7.290	14580.00	-14586.56	6.56
20091122	132336	110056	0102906777	卖出	000628	高新发展	-500000.00	11.460	5730000.00	5721691.46	2578.50
20091122	135708	130127	0102906777	卖出	000301	东方市场	-226200.00	6.600	1492920.00	1490755.27	671.81
20091122	135954	131499	0102906777	卖出	000301	东方市场	-500000.00	6.602	3300969.45	3296183.05	1485.44
20100128	92500	3222	A462416407	买入	600050	中国联通	104700.00	6.980	730806.00	-731239.56	328.86
20100128	93054	5102	A462416407	买入	600050	中国联通	12000.00	6.960	83520.00	-83569.58	37.58
20100128	93103	5208	A462416407	买入	600050	中国联通	92000.00	6.960	640320.00	-640700.14	288.14
20100128	93848	5863	A462416407	买入	600050	中国联通	35000.00	6.950	243250.00	-243394.46	109.46
20100128	93233	6244	A462416407	买入	600050	中国联通	300000.00	7.001	2100222.00	-2101467.10	945.10
20100128	93312	6713	A462416407	买入	600050	中国联通	100000.00	6.980	698000.00	-698414.10	314.10
20100128	93338	7013	A462416407	买入	600050	中国联通	858100.00	6.998	6005358.22	-6008918.73	2702.41
20100201	101647	38541	A462416407	卖出	600050	中国联通	-990000.00	6.890	6821100.00	6810219.33	3069.50
20100201	101746	39118	A462416407	卖出	600050	中国联通	-511800.00	6.880	3521184.00	3515566.49	1584.53
20100202	140726	94647	A462416407	买入	600769	祥龙电业	200000.00	5.647	1129313.14	-1130021.33	508.19
20100202	140745	94790	A462416407	买入	600796	钱江生化	30000.00	7.840	235200.00	-235335.84	105.84
20100202	140809	94965	A462416407	买入	600796	钱江生化	33000.00	7.850	259050.00	-259199.57	116.57
20100202	140830	95109	A462416407	买入	600796	钱江生化	20000.00	7.859	157187.60	-157278.33	70.73
20100202	140907	95228	A462416407	买入	600796	钱江生化	35000.00	7.850	274750.00	-274908.64	123.64
20100202	140920	95418	A462416407	买入	600769	祥龙电业	200000.00	5.695	1138984.00	-1139696.54	512.54
20100202	140952	95611	A462416407	买入	600796	钱江生化	250000.00	7.881	1970153.00	-1971289.57	886.57
20100202	144950	95730	A462416407	买入	600769	祥龙电业	100000.00	5.650	565000.00	-565354.25	254.25
20100202	141036	95840	A462416407	买入	600796	钱江生化	81000.00	7.900	639891.00	-640259.95	287.95

续表

发生日期	成交时间	委托编号	证券账号	买卖方向	证券代码	证券名称	成交数量	成交价格	成交金额	清算金额	佣金
20100202	141656	97985	A462416407	买入	600796	钱江生化	100000.00	7.898	789819.10	-790274.52	355.42
20100202	141841	98553	A462416407	买入	600769	祥龙电业	150000.00	5.740	860948.60	-861486.03	387.43
20100202	142203	99737	A462416407	买入	600796	钱江生化	51000.00	7.900	402900.00	-403132.31	181.31
20100202	142600	102008	A462416407	买入	600769	祥龙电业	130000.00	5.749	747349.00	-747815.31	336.31
20100202	142710	102535	A462416407	买入	600796	钱江生化	45000.00	7.858	353625.00	-353829.13	159.13
20100202	145409	104625	A462416407	买入	600769	祥龙电业	141000.00	5.650	796650.00	-797149.49	358.49
20100211	111746	45928	A462416407	卖出	600796	钱江生化	-24000.00	8.240	197760.00	197449.25	88.99
20100211	111754	45959	A462416407	卖出	600796	钱江生化	-21000.00	8.245	173140.00	172867.95	77.91
20100211	111824	46084	A462416407	买入	600769	祥龙电业	17200.00	5.990	103028.00	-103091.56	46.36
20100211	111913	46177	A462416407	买入	600769	祥龙电业	14600.00	5.990	87454.00	-87507.95	39.35
20100211	112028	46453	A462416407	买入	600769	祥龙电业	30000.00	5.990	179700.00	-179810.87	80.87
20100211	134020	46677	A462416407	卖出	600796	钱江生化	-100000.00	8.250	825000.00	823703.70	371.25
20100211	144423	75592	A462416407	买入	600769	祥龙电业	134500.00	6.119	822979.00	-823483.84	370.34
20100211	145646	81798	A462416407	卖出	600769	祥龙电业	-100000.00	8.500	850000.00	848667.50	382.50
20100211	145715	82109	A462416407	买入	600769	祥龙电业	65500.00	6.087	398711.98	-398956.90	179.42
20100211	145733	82290	A462416407	买入	600769	祥龙电业	9400.00	6.094	57285.47	-57320.65	25.78
20100211	145759	82595	A462416407	买入	600769	祥龙电业	9400.00	6.100	57340.00	-57375.20	25.80
20100211	145823	82856	A462416407	卖出	600769	祥龙电业	-100000.00	8.500	850000.00	848667.50	382.50
20100211	145843	83069	A462416407	买入	600769	祥龙电业	193300.00	6.114	1181765.13	-1182490.22	531.79
20100211	145952	83705	A462416407	买入	600796	钱江生化	-63369.00	8.583	543865.71	543013.70	244.74
20100212	103346	27596	A462416407	卖出	600769	祥龙电业	64700.00	8.400	543480.00	-543789.27	244.57
20100225	142245	126489	A462416407	买入	600769	祥龙电业	-33000.00	6.420	211860.00	211519.80	95.34
20100225	142303	126631	A462416407	买入	600769	祥龙电业	-23000.00	6.420	147660.00	147422.89	66.45
20100225	142336	126905	A462416407	买入	600769	祥龙电业	-200000.00	6.410	1282000.00	1279941.10	576.90
20100225	142411	127230	A462416407	卖出	600796	钱江生化	50000.00	8.500	425000.00	-425241.25	191.25
20100225	142535	127460	A462416407	买入	600796	钱江生化	39400.00	8.490	3345006.00	-334695.93	150.53
20100225	143946	135144	A462416407	买入	600796	钱江生化	103600.00	8.480	878528.00	-879026.94	395.34
20100225	145452	145736	A462416407	卖出	600769	祥龙电业	-35000.00	6.370	222950.00	222591.72	100.33

续表

发生日期	成交时间	委托编号	证券账号	买卖方向	证券代码	证券名称	成交数量	成交价格	成交金额	清算金额	佣金
20100225	145509	145988	A462416407	卖出	600769	祥龙电业	-100000.00	6.353	635262.00	634240.82	285.87
20100225	145531	146286	A462416407	买入	600796	钱江生化	60000.00	8.450	507000.00	-507288.15	228.15
20100225	145558	146680	A462416407	买入	600796	钱江生化	34300.00	8.450	289835.00	-289999.73	130.43
20100225	145726	148036	A462416407	买入	600796	钱江生化	7100.00	8.450	59995.00	-60029.10	27.00
20100302	104447	59978	A462416407	卖出	600769	祥龙电业	-3900.00	7.020	27378.00	27334.40	12.32
20100302	102600	60316	A462416407	卖出	600769	祥龙电业	-55000.00	7.000	385000.00	384386.75	173.25
20100302	102705	60644	A462416407	卖出	600769	祥龙电业	-145000.00	6.990	1013550.00	1011935.35	456.10
20100302	102745	61906	A462416407	买入	600796	钱江生化	18000.00	8.440	151920.00	-152006.36	68.36
20100302	103042	64438	A462416407	买入	600796	钱江生化	80000.00	8.477	678187.18	-678572.18	305.18
20100302	103112	64869	A462416407	买入	600796	钱江生化	66500.00	8.499	565184.00	-565504.83	254.33
20100302	105457	78293	A462416407	买入	600796	钱江生化	3200.00	8.460	27072.00	-27087.38	12.18
20100302	144014	149071	A462416407	卖出	600769	祥龙电业	-33000.00	7.130	235290.00	234915.82	105.88
20100302	144024	149181	A462416407	卖出	600769	祥龙电业	-27000.00	7.130	192510.00	192203.86	86.63
20100302	144045	149360	A462416407	卖出	600769	祥龙电业	-20000.00	7.130	142600.00	142373.22	64.17
20100302	144144	150035	A462416407	卖出	600769	祥龙电业	-20000.00	7.146	142925.00	142697.76	64.32
20100302	144222	150468	A462416407	买入	600796	钱江生化	13000.00	8.470	110110.00	-110172.55	49.55
20100302	144240	150691	A462416407	买入	600796	钱江生化	30000.00	8.480	254400.00	-254544.48	114.48
20100302	144331	151318	A462416407	买入	600796	钱江生化	40900.00	8.490	347241.00	-347438.16	156.26
20100304	112019	92612	A462416407	卖出	600769	祥龙电业	-100000.00	7.300	730000.00	728841.50	328.50
20100304	112047	92868	A462416407	卖出	600769	祥龙电业	10000.00	8.580	85800.00	-85848.61	38.61
20100304	112125	93210	A462416407	买入	600796	钱江生化	30000.00	8.567	257006.92	-257152.57	115.65
20100304	112155	93471	A462416407	买入	600796	钱江生化	45000.00	8.560	385200.00	-385418.34	173.34
20100304	112218	93693	A462416407	买入	600796	钱江生化	100.00	8.540	854.00	-860.00	5.00
20100304	112637	96639	A462416407	卖出	600769	祥龙电业	-60185.00	7.200	433332.00	432643.48	195.00
20100304	112722	97225	A462416407	买入	600796	钱江生化	9800.00	8.480	83104.00	-83151.20	37.40
20100304	130555	105672	A462416407	买入	600796	钱江生化	41100.00	8.498	349281.00	-349479.28	157.18
20100304	130629	105927	A462416407	卖出	600769	祥龙电业	-39815.00	7.250	288658.75	288200.37	129.90
20100304	130659	106276	A462416407	买入	600796	钱江生化	26000.00	8.500	221000.00	-221125.45	99.45

续表

发生日期	成交时间	委托编号	证券账号	买卖方向	证券代码	证券名称	成交数量	成交价格	成交金额	清算金额	佣金
20100304	130821	106988	A462416407	买入	600796	钱江生化	7900.00	8.520	67308.00	-67346.19	30.29
20100317	134946	87480	A462416407	卖出	600769	祥龙电业	-33000.00	7.750	255750.00	255346.14	115.09
20100317	134955	87555	A462416407	卖出	600769	祥龙电业	-23000.00	7.750	178250.00	177968.53	80.21
20100317	135013	87706	A462416407	卖出	600796	钱江生化	-44000.00	7.740	340560.00	340022.21	153.25
20100317	135100	88141	A462416407	买入	600769	祥龙电业	80900.00	8.144	658887.00	-659264.40	296.50
20100317	135126	88353	A462416407	买入	600796	钱江生化	100.00	8.140	814.00	-820.00	5.00
20100317	135202	88800	A462416407	卖出	600769	祥龙电业	-100000.00	7.705	770497.00	769279.78	346.72
20100317	135223	89002	A462416407	买入	600796	钱江生化	40000.00	8.160	326400.00	-326586.88	146.88
20100317	135713	89382	A462416407	卖出	600796	钱江生化	54300.00	8.150	442545.00	-442798.45	199.15
20100317	140128	94515	A462416407	买入	600769	祥龙电业	-100000.00	7.711	771106.56	769888.45	347.00
20100317	140152	94748	A462416407	买入	600796	钱江生化	14500.00	8.140	118030.00	-118097.61	53.11
20100317	140233	94890	A462416407	买入	600796	钱江生化	3709.00	8.140	30191.26	-30208.56	13.59
20100317	140222	95028	A462416407	买入	600796	钱江生化	20000.00	8.150	163000.00	-163093.35	73.35
20100317	140717	97170	A462416407	买入	600796	钱江生化	13800.00	8.150	112470.00	-112534.41	50.61
20100317	141317	100625	A462416407	卖出	600796	钱江生化	56000.00	8.178	457944.00	-458206.07	206.07
20100409	134944	7731	A462416407	卖出	600769	祥龙电业	-190000.00	8.702	1653294.58	1650707.31	743.98
20100409	135120	7793	A462416407	卖出	600769	祥龙电业	-9000.00	8.710	78390.00	78267.33	35.28
20100409	135152	7817	A462416407	买入	600796	钱江生化	44000.00	8.560	376640.00	-376853.49	169.49
20100409	135230	7843	A462416407	买入	600796	钱江生化	3550.00	8.560	30388.00	-30405.22	13.67
20100409	135326	7887	A462416407	买入	600796	钱江生化	149500.00	8.582	1283035.00	-1283761.87	577.37
20100409	135431	7923	A462416407	买入	600769	祥龙电业	4500.00	8.590	38655.00	-38676.89	17.39
20100414	93127	711	A462416407	买入	600796	钱江生化	-999.00	9.010	9000.99	8985.99	5.00
20100414	93148	747	A462416407	买入	600796	钱江生化	1100.00	8.481	9329.00	-9335.10	5.00
20100825	101645	2559	A462416407	卖出	600796	钱江生化	-33000.00	8.302	273960.50	273530.26	123.28
20100825	101701	2571	A462416407	卖出	600796	钱江生化	-2190.00	8.330	18242.70	18214.06	8.21
20100825	101719	2587	A462416407	卖出	600796	钱江生化	-8000.00	8.330	66640.00	66535.36	29.99
20100825	101729	2591	A462416407	卖出	600796	钱江生化	-23000.00	8.330	191590.00	191289.17	86.22
20100825	101745	2605	A462416407	卖出	600796	钱江生化	-37000.00	8.330	308210.00	307726.10	138.69

续表

发生日期	成交时间	委托编号	证券账号	买卖方向	证券代码	证券名称	成交数量	成交价格	成交金额	清算金额	佣金
20100825	101804	2615	A4624I6407	卖出	600796	钱江生化	-23000.00	8.340	191820.00	191518.87	86.32
20100825	101817	2623	A4624I6407	卖出	600796	钱江生化	-17000.00	8.340	141780.00	141557.42	63.80
20100825	101828	2633	A4624I6407	卖出	600796	钱江生化	-23000.00	8.350	192055.00	191753.51	86.42
20100825	101858	2637	A4624I6407	卖出	600796	钱江生化	-23000.00	8.360	192280.00	191978.19	86.53
20100825	102026	2689	A4624I6407	买入	600821	津劝业	130000.00	6.009	781114.00	-781595.50	351.50
20100825	102044	2697	A4624I6407	买入	600821	津劝业	132000.00	6.000	791999.00	-792487.40	356.40
20100825	102227	2653	A4624I6407	卖出	600796	钱江生化	-14000.00	8.400	117600.00	117415.48	52.92
20100825	102420	2813	A4624I6407	卖出	600796	钱江生化	-12000.00	8.414	100962.00	100803.59	45.43
20100825	102442	2817	A4624I6407	卖出	600796	钱江生化	-20000.00	8.400	168000.00	167736.40	75.60
20100825	102812	2929	A4624I6407	卖出	600796	钱江生化	-18000.00	8.500	153000.00	152760.15	68.85
20100825	102827	2937	A4624I6407	卖出	600796	钱江生化	-12000.00	8.524	102291.00	102130.68	46.03
20100825	102849	2953	A4624I6407	卖出	600796	钱江生化	-12000.00	8.580	102960.00	102798.71	46.33
20100825	102915	2965	A4624I6407	卖出	600796	钱江生化	-12000.00	8.602	103222.00	103060.33	46.45
20100825	102937	2985	A4624I6407	卖出	600796	钱江生化	-14000.00	8.630	120826.00	120636.79	54.37
20100825	102957	2993	A4624I6407	卖出	600796	钱江生化	-12000.00	8.622	103468.26	103306.24	46.56
20100825	103005	3001	A4624I6407	卖出	600796	钱江生化	-12000.00	8.650	103800.00	103637.49	46.71
20100825	103019	3023	A4624I6407	卖出	600796	钱江生化	-12000.00	8.660	103920.00	103757.31	46.76
20100825	103040	3037	A4624I6407	卖出	600796	钱江生化	-14000.00	8.660	121240.00	121050.19	54.56
20100825	103056	3049	A4624I6407	卖出	600796	钱江生化	-12000.00	8.690	104280.00	104116.79	46.93
20100825	103106	3057	A4624I6407	卖出	600796	钱江生化	-12000.00	8.690	104280.00	104116.79	46.93
20100825	103151	2773	A4624I6407	买入	600821	津劝业	19600.00	6.000	117600.00	-117672.52	52.92
20100825	103209	2845	A4624I6407	买入	600821	津劝业	44700.00	6.000	268200.00	-268365.39	120.69
20100825	103406	3155	A4624I6407	买入	600821	津劝业	204100.00	5.980	1220518.00	-1221271.33	549.23
20100825	103548	3305	A4624I6407	卖出	600796	钱江生化	-12000.00	8.630	103560.00	103397.84	46.60
20100825	103557	3313	A4624I6407	卖出	600796	钱江生化	-20000.00	8.630	172600.00	172329.72	77.67
20100825	103615	3325	A4624I6407	卖出	600796	钱江生化	-12000.00	8.620	103440.00	103278.01	46.55
20100825	103644	3351	A4624I6407	卖出	600796	钱江生化	-56000.00	8.600	481600.00	480845.68	216.72
20100825	105426	3073	A4624I6407	卖出	600796	钱江生化	-26000.00	8.700	226200.00	225846.01	101.79

续表

发生日期	成交时间	委托编号	证券账号	买卖方向	证券代码	证券名称	成交数量	成交价格	成交金额	清算金额	佣金
20100825	105508	4139	A462416407	买入	600821	津劝业	37700.00	5.980	225446.00	-225585.15	101.45
20100825	105714	4221	A462416407	卖出	600796	钱江生化	-12000.00	8.850	106200.00	106034.01	47.79
20100825	105724	4225	A462416407	卖出	600796	钱江生化	-12000.00	8.857	106278.00	106111.89	47.83
20100825	105820	4257	A462416407	卖出	600796	钱江生化	-12000.00	8.900	106800.00	106633.14	48.06
20100825	105845	4269	A462416407	卖出	600821	津劝业	-14000.00	8.924	124932.00	124736.86	56.22
20100825	110157	3967	A462416407	买入	600821	津劝业	144500.00	5.950	859775.00	-860306.40	386.90
20100825	111137	4305	A462416407	买入	600821	津劝业	16999.00	5.950	101144.05	-101206.56	45.51
20100825	112641	4859	A462416407	买入	600821	津劝业	57000.00	6.000	342000.00	-342210.90	153.90
20100825	133445	5765	A462416407	卖出	600796	钱江生化	-50000.00	8.600	430000.00	429326.50	193.50
20100825	133603	5789	A462416407	卖出	600796	钱江生化	-120000.00	8.501	1020107.00	1018507.84	459.05
20100825	133838	5803	A462416407	卖出	600821	津劝业	-80000.00	8.500	680000.00	678934.00	306.00
20100825	134028	5951	A462416407	买入	600821	津劝业	111300.00	5.949	662092.00	-662501.24	297.94
20100825	134545	5975	A462416407	买入	600821	津劝业	66100.00	5.950	393295.00	-393538.08	176.98
20100825	134620	6107	A462416407	买入	600821	津劝业	150000.00	5.950	892500.00	-893051.63	401.63
20100825	135541	6315	A462416407	买入	600821	津劝业	29900.00	5.930	177307.00	-177416.69	79.79
20100825	140921	6735	A462416407	卖出	600796	钱江生化	-12000.00	8.660	103920.00	103757.32	46.76
20100825	140933	6743	A462416407	卖出	600796	钱江生化	-28000.00	8.660	242480.00	242100.39	109.12
20100825	141145	6789	A462416407	卖出	600821	津劝业	58100.00	5.950	345695.00	-345908.66	155.56
20100825	145802	8385	A462416407	买入	600796	钱江生化	-150000.00	8.400	1260057.00	1258079.91	567.03
20100826	93253	655	A462416407	买入	600821	津劝业	100000.00	5.930	593000.00	-593366.85	266.85
20100826	94200	1143	A462416407	买入	600821	津劝业	112300.00	5.920	664816.00	-665227.47	299.17
20100826	144015	6797	A462416407	卖出	600796	钱江生化	-33000.00	8.300	273900.00	273469.84	123.26
20100826	144208	6855	A462416407	卖出	600796	钱江生化	46300.00	5.900	273170.00	-273339.23	122.93
20100827	144923	6851	A462416407	买入	600821	津劝业	-4600.00	8.300	38180.00	38120.04	17.18
20100827	142741	5733	A462416407	卖出	600796	钱江生化	4700.00	8.120	38164.00	-38185.87	17.17
20100830	143943	7369	A462416407	卖出	600821	津劝业	-30000.00	6.140	184200.00	183902.91	82.89
20100830	144002	7383	A462416407	卖出	600821	津劝业	-30000.00	6.140	184200.00	183902.91	82.89
20100830	144031	7405	A462416407	卖出	600821	津劝业	-40000.00	6.140	245600.00	245203.89	110.52

续表

发生日期	成交时间	委托编号	证券账号	买卖方向	证券代码	证券名称	成交数量	成交价格	成交金额	清算金额	佣金
20100830	144058	7421	A4624l6407	卖出	600821	津劝业	-30500.00	6.140	187270.00	186967.97	84.27
20100830	144120	7431	A4624l6407	买入	600796	钱江生化	53000.00	8.160	432480.00	-432727.62	194.62
20100830	144203	7459	A4624l6407	买入	600796	钱江生化	45000.00	8.158	367088.00	-367298.19	165.19
20100830	144429	7535	A4624l6407	卖出	600821	津劝业	-30000.00	6.140	184200.00	183902.91	82.89
20100830	144437	7543	A4624l6407	买入	600821	津劝业	-50000.00	6.140	307000.00	306504.85	138.15
20100830	144539	7567	A4624l6407	买入	600796	钱江生化	12200.00	8.170	99674.00	-99731.05	44.85
20100830	144554	7547	A4624l6407	卖出	600821	津劝业	-50000.00	6.150	307500.00	307004.12	138.38
20100830	144605	7591	A4624l6407	买入	600796	钱江生化	30100.00	8.180	246218.00	-246358.90	110.80
20100830	144739	7627	A4624l6407	买入	600796	钱江生化	18200.00	8.200	149240.00	-149325.36	67.16
20100830	144947	7701	A4624l6407	买入	600796	钱江生化	36700.00	8.208	301237.32	-301409.58	135.56
20100830	145618	7721	A4624l6407	卖出	600821	津劝业	-200000.00	6.160	1232000.00	1230013.60	554.40
20100830	145833	8075	A4624l6407	买入	600796	钱江生化	73200.00	8.226	602133.45	-602477.61	270.96
20100830	145847	8089	A4624l6407	买入	600796	钱江生化	35500.00	8.230	292165.00	-292331.97	131.47
20100830	145855	8103	A4624l6407	买入	600796	钱江生化	5200.00	8.230	42796.00	-42820.46	19.26
20100830	145911	8117	A4624l6407	买入	600796	钱江生化	35600.00	8.230	292988.00	-293155.44	131.84
20100831	112311	4949	A4624l6407	卖出	600796	钱江生化	-21800.00	8.570	186826.00	186533.31	84.07
20100831	112422	4965	A4624l6407	卖出	600796	钱江生化	-12000.00	8.580	102960.00	102798.71	46.33
20100831	112505	4975	A4624l6407	卖出	600796	钱江生化	-12000.00	8.580	102960.00	102798.71	46.33
20100831	134944	6367	A4624l6407	卖出	600796	钱江生化	-90000.00	8.500	765000.00	763800.75	344.25
20100831	142724	7479	A4624l6407	卖出	600796	钱江生化	-12000.00	8.610	103320.00	103158.18	46.49
20100831	142749	7491	A4624l6407	卖出	600796	钱江生化	-58000.00	8.600	498800.00	498018.74	224.46
20100831	142826	7513	A4624l6407	买入	600821	津劝业	81800.00	6.140	502252.00	-502559.81	226.01
20100831	142834	7515	A4624l6407	买入	600821	津劝业	3200.00	6.140	19648.00	-19660.04	8.84
20100831	143055	7593	A4624l6407	买入	600821	津劝业	12900.00	6.140	79206.00	-79254.54	35.64
20100831	145955	8621	A4624l6407	卖出	600796	钱江生化	-585.00	8.480	4960.80	4949.84	5.00
20100831	112919	5012	0102906777	买入	000678	襄阳轴承	47000.00	7.900	371300.00	-371467.09	167.09
20100831	133330	5386	0102906777	买入	000678	襄阳轴承	2600.00	7.900	20540.00	-20549.24	9.24
20100831	135046	6640	0102906777	买入	000678	襄阳轴承	97100.00	7.860	763206.00	-763549.44	343.44

续表

发生日期	成交时间	委托编号	证券账号	买卖方向	证券代码	证券名称	成交数量	成交价格	成交金额	清算金额	佣金
20100901	104554	4335	A462416407	买入	600796	钱江生化	600.00	8.340	5004.00	-5010.00	5.00
20100901	143319	9235	A462416407	买入	600796	钱江生化	12000.00	8.110	97320.00	-97375.79	43.79
20100901	143334	9245	A462416407	买入	600796	钱江生化	12000.00	8.110	97320.00	-97375.79	43.79
20100901	143349	9259	A462416407	买入	600796	钱江生化	117700.00	8.114	954970.54	-955517.98	429.74
20100901	143608	9375	A462416407	卖出	600821	津劝业	-17000.00	6.150	104550.00	104381.37	47.05
20100901	143650	9407	A462416407	卖出	600821	津劝业	-15000.00	6.150	92250.00	92101.24	41.51
20100901	143746	9437	A462416407	卖出	600821	津劝业	-65000.00	6.150	399750.00	399105.31	179.89
20100901	143814	9463	A462416407	买入	600796	钱江生化	66500.00	8.175	543648.00	-543959.14	244.64
20100901	143903	9499	A462416407	卖出	600821	津劝业	-23000.00	6.150	141450.00	141221.87	63.65
20100901	143920	9515	A462416407	卖出	600821	津劝业	-30000.00	6.159	184762.29	184464.38	83.14
20100901	144000	9543	A462416407	卖出	600821	津劝业	-15000.00	6.160	92400.00	92251.02	41.58
20100901	144010	9549	A462416407	卖出	600821	津劝业	-30000.00	6.160	184800.00	184502.05	83.16
20100901	144034	9559	A462416407	买入	600796	钱江生化	73500.00	8.190	601963.00	-602307.38	270.88
20100901	144210	9611	A462416407	买入	600796	钱江生化	-100000.00	6.170	617000.00	616005.34	277.65
20100901	144445	9721	A462416407	卖出	600796	钱江生化	-50000.00	6.160	308000.00	307503.39	138.60
20100901	144504	9729	A462416407	卖出	600796	钱江生化	-150000.00	6.150	922508.00	921020.30	415.13
20100901	144820	9851	A462416407	卖出	600796	钱江生化	-102999.00	6.160	634473.84	633450.84	285.51
20100901	145106	9949	A462416407	买入	600796	钱江生化	75000.00	8.380	628500.00	-628857.83	282.83
20100901	145212	9997	A462416407	买入	600796	钱江生化	68430.00	8.500	581655.00	-581985.17	261.74
20100901	145355	10099	A462416407	卖出	600796	钱江生化	-15415.00	8.608	132691.00	132483.17	59.71
20100901	145416	10115	A462416407	卖出	600796	钱江生化	-12000.00	8.622	103468.00	103305.97	46.56
20100901	145435	10139	A462416407	卖出	600796	钱江生化	-12000.00	8.630	103560.00	103397.84	46.60
20100901	145504	10171	A462416407	卖出	600796	钱江生化	-16000.00	8.650	138400.00	138183.32	62.28
20100901	145528	10197	A462416407	卖出	600796	钱江生化	-60000.00	8.640	518400.00	517588.32	233.28
20100901	145539	10209	A462416407	卖出	600796	钱江生化	-50000.00	8.643	432141.00	431464.39	194.46
20100901	145555	10213	A462416407	卖出	600796	钱江生化	-50000.00	8.643	432165.01	431488.36	194.47
20100901	145625	10235	A462416407	卖出	600796	钱江生化	-50000.00	8.650	432500.00	431822.83	194.63
20100901	143257	9590	01029067777	卖出	000678	襄阳轴承	-146700.00	7.860	1153086.00	1151413.96	518.89

续表

发生日期	成交时间	委托编号	证券账号	买卖方向	证券代码	证券名称	成交数量	成交价格	成交金额	清算金额	佣金
20100902	95111	1987	A462416407	买入	601628	中国人寿	10000.00	22.610	226100.00	-226211.75	101.75
20100902	95142	2021	A462416407	买入	601628	中国人寿	10000.00	22.600	226000.00	-226111.70	101.70
20100902	95201	2059	A462416407	买入	601628	中国人寿	29600.00	22.600	668960.00	-669290.63	301.03
20100902	95235	2069	A462416407	买入	601628	中国人寿	33000.00	22.600	745800.00	-746168.61	335.61
20100902	95307	2105	A462416407	买入	601628	中国人寿	77000.00	22.598	1740013.60	-1740873.61	783.01
20100902	95925	2399	A462416407	卖出	600796	钱江生化	-35700.00	8.906	317944.00	317447.28	143.07
20100902	95944	2427	A462416407	卖出	600796	钱江生化	-40030.00	8.900	356276.00	355719.37	160.32
20100902	100148	2457	A462416407	买入	601628	中国人寿	29900.00	22.480	672152.00	-672484.37	302.47
20100902	100229	2581	A462416407	卖出	600796	钱江生化	-50000.00	8.900	445000.00	444304.75	200.25
20100902	100800	2633	A462416407	买入	601628	中国人寿	4449.00	22.480	100013.52	-100062.98	45.01
20100902	101301	3103	A462416407	买入	601628	中国人寿	15300.00	22.584	345538.00	-345708.79	155.49
20100902	103430	3947	A462416407	卖出	600796	钱江生化	-50000.00	8.700	435000.00	434319.25	195.75
20100902	103438	3951	A462416407	卖出	600796	钱江生化	-50000.00	8.700	435000.00	434319.25	195.75
20100902	103452	3961	A462416407	卖出	600796	钱江生化	-80000.00	8.681	694444.00	693357.06	312.50
20100902	103709	4035	A462416407	买入	601628	中国人寿	69500.00	22.450	1560275.00	-1561046.62	702.12
20100902	103924	4101	A462416407	卖出	600796	钱江生化	-10000.00	8.760	87600.00	87462.98	39.42
20100902	103937	4115	A462416407	卖出	600796	钱江生化	-10000.00	8.760	87600.00	87462.99	39.42
20100902	104001	4119	A462416407	卖出	600796	钱江生化	-1000.00	8.760	8760.00	8745.24	5.00
20100902	104155	4171	A462416407	买入	601628	中国人寿	8200.00	22.440	184008.00	-184099.00	82.80
20100902	104304	4211	A462416407	卖出	600796	钱江生化	-49000.00	8.700	426300.00	425632.86	191.84
20100902	104400	4235	A462416407	买入	601628	中国人寿	19000.00	22.430	426170.00	-426380.78	191.78
20100902	104423	4247	A462416407	买入	601628	中国人寿	-30000.00	8.700	261000.00	260591.54	117.45
20100902	104536	4281	A462416407	买入	601628	中国人寿	11600.00	22.430	260188.00	-260316.68	117.08
20100902	104549	4301	A462416407	卖出	600796	钱江生化	-70000.00	8.700	609000.00	608046.94	274.05
20100902	104836	4323	A462416407	买入	601628	中国人寿	27100.00	22.420	607582.00	-607882.51	273.41
20100902	144630	9195	A462416407	卖出	600796	钱江生化	-299999.00	9.480	2843990.52	2839566.73	1279.80
20100902	144918	9301	A462416407	买入	601628	中国人寿	126700.00	22.400	2838080.00	-2839483.84	1277.14
20100907	110917	5143	A462416407	卖出	601628	中国人寿	-200000.00	22.440	4488000.00	4481292.41	2019.60

续表

发生日期	成交时间	委托编号	证券账号	买卖方向	证券代码	证券名称	成交数量	成交价格	成交金额	清算金额	佣金
20100907	110929	5153	A462416407	卖出	601628	中国人寿	-271349.00	22.402	6078833.48	6069747.83	2735.48
20100907	111006	5169	A462416407	买入	600821	津劝业	18000.00	6.290	113220.00	-113288.95	50.95
20100907	111015	5179	A462416407	买入	600821	津劝业	18000.00	6.290	113220.00	-113288.95	50.95
20100907	111032	5189	A462416407	买入	600821	津劝业	18000.00	6.290	113220.00	-113288.95	50.95
20100907	111034	5195	A462416407	买入	600821	津劝业	58699.00	6.298	369704.70	-369929.77	166.37
20100907	111316	5299	A462416407	买入	600821	津劝业	33000.00	6.326	208756.00	-208882.94	93.94
20100907	111337	5309	A462416407	买入	600821	津劝业	100000.00	6.348	634846.00	-635231.68	285.68
20100907	111722	5437	A462416407	买入	600821	津劝业	100000.00	6.346	634620.00	-635005.58	285.58
20100907	112255	5619	A462416407	买入	600821	津劝业	49900.00	6.350	316865.00	-317057.49	142.59
20100907	131203	6135	A462416407	买入	600821	津劝业	62280.00	6.400	398592.00	-398833.65	179.37
20100907	131225	6147	A462416407	买入	600821	津劝业	39550.00	6.410	253515.50	-253669.13	114.08
20100907	131352	6181	A462416407	买入	600821	津劝业	300000.00	6.446	1933850.00	-1935020.23	870.23
20100907	132023	6325	A462416407	买入	600821	津劝业	100000.00	6.440	644000.00	-644389.80	289.80
20100907	132054	6345	A462416407	买入	600821	津劝业	120000.00	6.450	774000.00	-774468.30	348.30
20100907	132204	6379	A462416407	买入	600821	津劝业	124600.00	6.478	807172.00	-807659.83	363.23
20100907	143332	8423	A462416407	买入	600821	津劝业	97600.00	6.450	629520.00	-629900.88	283.28
20100907	111839	3962	0102906777	买入	000301	东方市场	500000.00	5.200	2600000.00	-2601170.00	1170.00
20100907	142929	9949	A462416407	买入	600821	津劝业	98400.00	6.290	618936.00	-619312.92	278.52
20100909	142956	9971	A462416407	买入	600821	津劝业	14500.00	6.300	91350.00	-91405.61	41.11
20100909	143012	9975	A462416407	买入	600821	津劝业	13000.00	6.300	81900.00	-81949.86	36.86
20100909	143259	9999	A462416407	买入	600821	津劝业	31800.00	6.300	200340.00	-200461.95	90.15
20100909	143308	10101	A462416407	买入	600821	津劝业	40100.00	6.319	253376.00	-253530.12	114.02
20100909	143501	10183	A462416407	买入	600821	津劝业	12000.00	6.320	75840.00	-75886.13	34.13
20100909	143544	10203	A462416407	买入	600821	津劝业	20000.00	6.320	126400.00	-126476.88	56.88
20100909	143756	10315	A462416407	买入	600821	津劝业	15000.00	6.320	94800.00	-94857.66	42.66
20100909	143809	10329	A462416407	买入	600821	津劝业	30000.00	6.320	189600.00	-189715.32	85.32
20100909	143946	10407	A462416407	买入	600821	津劝业	40500.00	6.320	255960.00	-256115.68	115.18
20100909	144319	10153	A462416407	买入	600821	津劝业	50000.00	6.300	315000.00	-315191.75	141.75

续表

发生日期	成交时间	委托编号	证券账号	买卖方向	证券代码	证券名称	成交数量	成交价格	成交金额	清算金额	佣金
20100909	142851	8496	01029006777	卖出	000301	东方市场	-500000.00	5.030	2515000.00	2511353.16	1131.75
20100910	94936	1679	A462416407	买入	600821	津劝业	32700.00	6.310	206337.00	-206462.55	92.85
20100913	145445	9283	A462416407	卖出	600821	津劝业	-65000.00	6.480	421200.00	420524.26	189.54
20100913	145504	9307	A462416407	卖出	600821	津劝业	-65000.00	6.490	421850.00	421173.32	189.83
20100913	145529	9323	A462416407	卖出	600821	津劝业	-7629.00	6.490	49512.21	49432.78	22.28
20100913	145639	9403	A462416407	卖出	600821	津劝业	-100000.00	6.500	650000.00	648957.50	292.50
20100913	145654	9411	A462416407	卖出	600821	津劝业	-100000.00	6.510	651000.00	649956.04	292.95
20100913	145710	9423	A462416407	买入	600796	钱江生化	132500.00	9.800	1298500.00	-1299216.83	584.33
20100914	102428	3671	A462416407	卖出	600796	钱江生化	92100.00	9.670	890607.00	-891099.87	400.77
20100914	133857	7251	A462416407	卖出	600796	钱江生化	-2500.00	10.020	25050.00	25011.18	11.27
20100914	133912	7261	A462416407	卖出	600796	钱江生化	-10000.00	10.030	100300.00	100144.56	45.14
20100914	134054	7331	A462416407	卖出	600796	钱江生化	-50000.00	10.020	501000.00	500223.55	225.45
20100914	140736	8059	A462416407	买入	600821	津劝业	96200.00	6.500	625300.00	-625677.59	281.39
20100915	95234	2013	A462416407	卖出	600821	津劝业	-16200.00	6.680	108216.00	108042.87	48.70
20100915	95330	2069	A462416407	卖出	600821	津劝业	-20000.00	6.690	133800.00	133585.99	60.21
20100915	95348	2103	A462416407	卖出	600821	津劝业	-20000.00	6.690	133800.00	133585.99	60.21
20100915	95456	2157	A462416407	卖出	600821	津劝业	-20000.00	6.710	134200.00	133985.41	60.39
20100915	100059	2503	A462416407	买入	600796	钱江生化	12300.00	9.720	119556.00	-119622.10	53.80
20100915	100152	2527	A462416407	买入	600796	钱江生化	10300.00	9.720	100116.00	-100171.35	45.05
20100915	100739	2841	A462416407	卖出	600821	津劝业	-40000.00	6.680	267200.00	266772.56	120.24
20100915	100830	2887	A462416407	卖出	600821	津劝业	-20000.00	6.690	133800.00	133585.99	60.21
20100915	100944	2933	A462416407	卖出	600821	津劝业	-20000.00	6.700	134000.00	133785.70	60.30
20100915	101338	2187	A462416407	卖出	600821	津劝业	-8855.00	6.720	59505.60	59410.45	26.78
20100915	103406	3841	A462416407	买入	600796	钱江生化	90000.00	9.800	882000.00	-882486.90	396.90
20100915	110755	4935	A462416407	卖出	600821	津劝业	-220000.00	6.600	1452000.00	1449674.60	653.40
20100915	112127	5255	A462416407	卖出	600821	津劝业	-200000.00	6.555	1311024.00	1308922.95	589.96
20100915	112434	5331	A462416407	卖出	600796	钱江生化	38000.00	9.798	372305.00	-372510.54	167.54
20100915	112516	5353	A462416407	买入	600796	钱江生化	13000.00	9.760	126880.00	-126950.10	57.10

续表

发生日期	成交时间	委托编号	证券账号	买卖方向	证券代码	证券名称	成交数量	成交价格	成交金额	清算金额	佣金
20100915	112544	5363	A462416407	买入	600796	钱江生化	50000.00	9.760	488000.00	-488269.60	219.60
20100915	131431	5873	A462416407	买入	600796	钱江生化	1600.00	9.800	15680.00	-15688.66	7.06
20100915	131454	5881	A462416407	买入	600796	钱江生化	9200.00	9.790	90068.00	-90117.73	40.53
20100915	131512	5893	A462416407	买入	600796	钱江生化	9800.00	9.797	96008.00	-96061.00	43.20
20100915	131701	5929	A462416407	买入	600796	钱江生化	12000.00	9.800	117600.00	-117664.92	52.92
20100915	133058	6389	A462416407	买入	600796	钱江生化	45000.00	9.850	443250.00	-443494.46	199.46
20100915	133124	6405	A462416407	买入	600796	钱江生化	46000.00	9.860	453560.00	-453810.10	204.10
20100915	133337	6435	A462416407	买入	600796	钱江生化	22000.00	9.860	216920.00	-217039.61	97.61
20100915	133512	6493	A462416407	买入	600796	钱江生化	11200.00	9.860	110432.00	-110492.89	49.69
20100915	133633	6401	A462416407	买入	600796	钱江生化	23000.00	9.850	226550.00	-226674.95	101.95
20101029	102643	4725	A462416407	卖出	600821	津劝业	-23000.00	6.430	147890.00	147652.55	66.55
20101029	102733	4739	A462416407	卖出	600821	津劝业	-36000.00	6.430	231480.00	231108.35	104.17
20101029	102815	4819	A462416407	卖出	600821	津劝业	-52000.00	6.430	334360.00	333823.17	150.46
20101029	102857	4867	A462416407	买入	600796	钱江生化	27600.00	9.119	251696.00	-251836.86	113.26
20101029	102925	4885	A462416407	买入	600796	钱江生化	38500.00	9.148	352203.00	-352399.99	158.49
20101029	103104	4961	A462416407	卖出	600821	津劝业	9400.00	9.170	86198.00	-86246.19	38.79
20101029	103712	5219	A462416407	买入	600821	津劝业	-200000.00	6.404	1280879.93	1278822.65	576.40
20101029	103802	5279	A462416407	买入	600796	钱江生化	36000.00	9.174	330279.00	-330463.63	148.63
20101029	103834	5315	A462416407	买入	600796	钱江生化	103100.00	9.189	947393.00	-947922.43	426.33
20101029	104018	5403	A462416407	卖出	600821	津劝业	-200000.00	6.400	1280000.00	1277944.00	576.00
20101029	104733	5791	A462416407	买入	600796	钱江生化	99108.00	9.266	918328.08	-918840.44	413.25
20101029	110611	6621	A462416407	买入	600796	钱江生化	41100.00	9.270	380997.00	-381209.55	171.45
20101103	131509	9495	A462416407	卖出	600821	津劝业	-23000.00	6.650	152950.00	152705.22	68.83
20101103	131529	9513	A462416407	卖出	600821	津劝业	-23000.00	6.660	153180.00	152934.89	68.93
20101103	131603	9543	A462416407	买入	600796	钱江生化	33800.00	9.060	306228.00	-306399.60	137.80
20101103	131700	9595	A462416407	卖出	600821	津劝业	-55000.00	6.680	367423.00	366835.22	165.34
20101103	131837	9673	A462416407	卖出	600821	津劝业	-150000.00	6.690	1003500.00	1001894.89	451.58
20101103	131846	9659	A462416407	卖出	600821	津劝业	-50000.00	6.700	335000.00	334464.25	150.75

续表

发生日期	成交时间	委托编号	证券账号	买卖方向	证券代码	证券名称	成交数量	成交价格	成交金额	清算金额	佣金
20101103	131927	9723	A462416407	买入	600796	钱江生化	30000.00	9.060	271800.00	-271952.31	122.31
20101103	132053	9813	A462416407	买入	600796	钱江生化	30000.00	9.060	271800.00	-271952.31	122.31
20101103	132153	9879	A462416407	买入	600796	钱江生化	27800.00	9.060	251868.00	-252009.14	113.34
20101103	132638	10167	A462416407	卖出	600821	钱江生化	-120000.00	6.660	799200.00	797921.15	359.64
20101103	132720	10191	A462416407	买入	600796	钱江生化	60000.00	9.080	544800.00	-545105.16	245.16
20101103	133503	10505	A462416407	买入	600796	钱江生化	30000.00	9.080	272400.00	-272552.58	122.58
20101103	134630	10979	A462416407	买入	600796	钱江生化	19900.00	9.110	181289.00	-181390.48	81.58
20101103	134803	11043	A462416407	买入	600796	钱江生化	17900.00	9.110	163069.00	-163160.28	73.38
20101103	141231	11099	A462416407	卖出	600796	钱江生化	59600.00	9.100	542360.00	-542663.66	244.06
20101104	102302	5179	A462416407	卖出	600821	津劝业	-9144.00	6.660	60899.04	60801.60	27.40
20101104	102312	5199	A462416407	卖出	600821	津劝业	-70000.00	6.645	465124.00	464379.57	209.31
20101104	102337	5219	A462416407	买入	600796	钱江生化	58300.00	8.980	523534.00	-523827.89	235.59
20101104	103219	5273	A462416407	买入	600796	钱江生化	100.00	8.980	898.00	-904.00	5.00
20101109	112248	9261	A462416407	卖出	600821	津劝业	-120000.00	6.903	828316.00	826994.94	372.74
20101109	112329	9283	A462416407	卖出	600821	津劝业	-70000.00	6.900	483000.00	482229.65	217.35
20101109	112343	9309	A462416407	买入	600796	钱江生化	40000.00	9.454	378174.00	-378384.18	170.18
20101109	112403	9313	A462416407	买入	600796	钱江生化	73700.00	9.459	697100.00	-697487.40	313.70
20101109	112626	9397	A462416407	买入	600796	钱江生化	24700.00	9.450	233415.00	-233544.74	105.04
20101109	135137	9235	A462416407	卖出	600821	津劝业	-10000.00	6.920	69200.00	69089.66	31.14
20101109	140747	12889	A462416407	卖出	600796	钱江生化	-100000.00	7.010	701000.00	699883.55	315.45
20101109	141056	12967	A462416407	买入	600796	钱江生化	81800.00	9.400	768920.00	-769347.81	346.01
20110222	135708	9267	A462416407	卖出	600796	钱江生化	-95000.00	8.900	845500.00	844179.02	380.48
20110222	135758	10315	A462416407	卖出	600796	钱江生化	-88000.00	8.900	783200.00	781976.36	352.44
20110222	140045	10479	A462416407	卖出	600796	钱江生化	-114900.00	8.900	1022610.00	1021012.32	460.17
20110222	140403	10613	A462416407	卖出	600796	钱江生化	-100000.00	8.900	890000.00	888609.50	400.50
20110222	143841	10735	A462416407	卖出	600796	钱江生化	-88000.00	8.900	783200.00	781976.36	352.44
20110222	143912	10767	A462416407	卖出	600796	钱江生化	-12008.00	8.900	106871.20	106704.23	48.09
20110222	142653	7890	0102906777	买入	000301	东方市场	55800.00	4.690	261702.00	-261819.77	117.77

续表

发生日期	成交时间	委托编号	证券账号	买卖方向	证券代码	证券名称	成交数量	成交价格	成交金额	清算金额	佣金
20110222	142716	7914	0102906777	买入	000301	东方市场	50000.00	4.690	234500.00	-234605.53	105.53
20110222	143108	7918	0102906777	买入	000301	东方市场	88000.00	4.690	412720.00	-412905.72	185.72
20110222	143901	8122	0102906777	买入	000301	东方市场	80000.00	4.710	376800.00	-376969.56	169.56
20110222	145414	8664	0102906777	买入	000301	东方市场	68000.00	4.690	318920.00	-319063.51	143.51
20110222	145641	8920	0102906777	买入	000301	东方市场	55000.00	4.690	257950.00	-258066.08	116.08
20110223	93742	750	0102906777	买入	000301	东方市场	60000.00	4.700	282000.00	-282126.90	126.90
20110223	94121	716	0102906777	买入	000301	东方市场	33000.00	4.680	154440.00	-154509.50	69.50
20110223	94121	880	0102906777	买入	000301	东方市场	23000.00	4.680	107640.00	-107688.44	48.44
20110223	94655	1240	0102906777	买入	000301	东方市场	80000.00	4.700	376000.00	-376169.20	169.20
20110223	95408	1560	0102906777	买入	000301	东方市场	100000.00	4.700	470000.00	-470211.50	211.50
20110223	95623	1610	0102906777	买入	000301	东方市场	100500.00	4.700	472350.00	-472562.56	212.56
20110223	100925	1790	0102906777	买入	000301	东方市场	148700.00	4.690	697403.00	-697716.83	313.83
20110223	104843	5109	A462416407	买入	600372	ST昌河	19600.00	34.630	678748.00	-679073.04	305.44
20110223	112335	6413	A462416407	卖出	600796	钱江生化	-80000.00	8.950	716000.00	714881.78	322.20
20110223	112408	6441	A462416407	卖出	600796	钱江生化	-120000.00	8.930	1071600.00	1069926.17	482.22
20110223	112519	6467	A462416407	买入	600372	ST昌河	37900.00	34.550	1309442.00	-1310069.15	589.25
20110223	130603	6907	A462416407	买入	600372	ST昌河	25100.00	34.400	863440.00	-863853.65	388.55
20110223	131830	7257	A462416407	买入	600372	ST昌河	5400.00	34.400	185760.00	-185848.99	83.59
20110224	134223	8065	A462416407	买入	600372	ST昌河	6000.00	34.160	204960.00	-205058.23	92.23
20110224	134228	8089	A462416407	买入	600372	ST昌河	5300.00	34.180	181154.00	-181240.82	81.52
20110224	144111	10071	A462416407	买入	600372	ST昌河	10000.00	34.300	343000.00	-343164.35	154.35
20110224	144508	10195	A462416407	买入	600372	ST昌河	4100.00	34.300	140630.00	-140697.38	63.28
20110224	104248	3228	0102906777	卖出	000301	东方市场	-142000.00	4.800	681600.00	680611.68	306.72
20110224	112415	3762	0102906777	卖出	000301	东方市场	-120000.00	4.810	577200.00	576363.03	259.74
20110224	134048	5340	0102906777	卖出	000301	东方市场	-53000.00	4.830	255990.00	255618.76	115.20
20110224	134148	5350	0102906777	卖出	000301	东方市场	-27000.00	4.830	130410.00	130220.91	58.68
20110224	143918	6694	0102906777	卖出	000301	东方市场	-100000.00	4.840	484000.00	483298.22	217.80
20110228	111826	5757	A462416407	卖出	600796	钱江生化	-50000.00	8.901	445040.00	444344.69	200.27

续表

发生日期	成交时间	委托编号	证券账号	买卖方向	证券代码	证券名称	成交数量	成交价格	成交金额	清算金额	佣金
20110228	112839	5787	A4624l6407	卖出	600796	钱江生化	-50000.00	8.920	446000.00	445303.30	200.70
20110228	134508	7757	A4624l6407	买入	600386	北巴传媒	93300.00	9.544	890442.00	-890936.00	400.70
20110301	143659	11509	A4624l6407	卖出	600372	ST昌河	-16000.00	34.800	556800.00	555976.64	250.56
20110301	145846	12531	A4624l6407	买入	600777	新潮实业	100000.00	6.030	603000.00	-603371.35	271.35
20110301	145933	12575	A4624l6407	买入	600777	新潮实业	100000.00	6.040	604000.00	-604371.80	271.80
20110301	142509	7886	0102906777	卖出	000301	东方市场	-500000.00	4.880	2440000.00	2436462.00	1098.00
20110303	94709	2157	A4624l6407	买入	600777	新潮实业	292500.00	6.091	1781677.98	-1782772.24	801.76
20110303	95326	2485	A4624l6407	卖出	600777	新潮实业	-100000.00	6.250	625000.00	623993.72	281.25
20110303	95424	2537	A4624l6407	卖出	600777	新潮实业	-100000.00	6.280	628000.00	626989.39	282.60
20110303	100100	2909	A4624l6407	买入	600386	北巴传媒	60000.00	9.700	582000.00	-582321.90	261.90
20110303	100200	2955	A4624l6407	买入	600386	北巴传媒	40000.00	9.720	388800.00	-389014.96	174.96
20110303	100922	3325	A4624l6407	买入	600386	北巴传媒	29100.00	9.700	282270.00	-282426.12	127.02
20110303	131616	7193	A4624l6407	卖出	600796	钱江生化	-100000.00	8.955	895503.13	894104.58	402.98
20110303	132101	7379	A4624l6407	卖出	600386	北巴传媒	-100000.00	8.900	890000.00	888609.50	400.50
20110303	132240	7449	A4624l6407	买入	600386	北巴传媒	26000.00	9.700	252200.00	-252339.49	113.49
20110303	132347	7491	A4624l6407	买入	600386	北巴传媒	100000.00	9.717	971668.24	-972205.49	437.25
20110303	133159	7503	A4624l6407	卖出	600386	北巴传媒	57750.00	9.700	557750.00	-558058.49	250.99
20110303	144739	10867	A4624l6407	卖出	600372	ST昌河	-5500.00	36.200	199100.00	198805.80	89.60
20110303	145029	11087	A4624l6407	买入	600386	北巴传媒	20500.00	9.700	198850.00	-198959.98	89.48
20110307	95322	2623	A4624l6407	卖出	600372	ST昌河	-3900.00	37.512	146295.38	146079.35	65.83
20110307	112339	7117	A4624l6407	买入	600777	新潮实业	22900.00	6.360	145644.00	-145732.44	65.54
20110307	140922	10675	A4624l6407	卖出	600372	ST昌河	-48000.00	36.763	1764636.00	1762029.25	794.09
20110307	141006	10699	A4624l6407	买入	600777	新潮实业	266100.00	6.370	1695057.00	-1696085.88	762.78
20110307	145819	12909	A4624l6407	买入	600777	新潮实业	10400.00	6.330	65832.02	-65872.02	29.62
20110308	145156	11277	A4624l6407	卖出	600386	北巴传媒	-50000.00	9.800	490000.00	489239.50	220.50
20110308	145232	11293	A4624l6407	买入	600777	新潮实业	77200.00	6.340	489448.00	-489745.45	220.25
20110308	145645	11269	A4624l6407	卖出	600386	北巴传媒	-26400.00	9.810	258984.00	258582.08	116.54
20110308	145926	11695	A4624l6407	买入	600777	新潮实业	40600.00	6.360	258216.00	-258372.80	116.20

续表

发生日期	成交时间	委托编号	证券账号	买卖方向	证券代码	证券名称	成交数量	成交价格	成交金额	清算金额	佣金
20110315	94307	1663	A462416407	卖出	600372	ST昌河	-39999.00	38.150	1525966.85	1523714.19	686.69
20110315	94415	1751	A462416407	买入	600777	新潮实业	12000.00	6.220	74640.00	-74685.59	33.59
20110315	94520	1833	A462416407	买入	600777	新潮实业	18800.00	6.247	117440.00	-117511.65	52.85
20110315	94546	1695	A462416407	买入	600777	新潮实业	13000.00	6.200	80600.00	-80649.27	36.27
20110315	95842	2853	A462416407	买入	600777	新潮实业	80000.00	6.180	494400.00	-494702.48	222.48
20110315	100146	3099	A462416407	买入	600050	中国联通	127400.00	5.930	755482.00	-755949.37	339.97
20110315	132757	10235	A462416407	卖出	600386	北巴传媒	-50000.00	10.180	509000.00	508211.96	229.05
20110315	132847	10255	A462416407	卖出	600386	北巴传媒	-50000.00	10.220	511000.00	510209.05	229.95
20110315	132949	10285	A462416407	卖出	600386	北巴传媒	-50000.00	10.220	511000.00	510209.05	229.95
20110315	133003	10323	A462416407	买入	600796	钱江生化	112300.00	9.147	1027170.00	-1027744.53	462.23
20110315	134150	10353	A462416407	买入	600796	钱江生化	46100.00	9.100	419510.00	-419744.88	188.78
20110315	134610	10681	A462416407	卖出	600796	钱江生化	8900.00	9.100	80990.00	-81035.35	36.45
20110315	144049	12987	A462416407	卖出	600386	北巴传媒	-9999.00	10.400	103989.60	103828.81	46.80
20110315	144234	13089	A462416407	卖出	600386	北巴传媒	-20000.00	10.390	207800.00	207478.69	93.51
20110315	144314	13127	A462416407	卖出	600777	新潮实业	33600.00	6.180	207631.28	-207758.31	93.43
20110315	144352	13163	A462416407	买入	600386	北巴传媒	-40000.00	10.380	415200.00	414557.96	186.84
20110315	144705	13277	A462416407	买入	600050	中国联通	88700.00	5.840	518008.00	-518329.80	233.10
20110315	145042	13365	A462416407	卖出	600386	北巴传媒	-30000.00	10.420	312600.00	312116.73	140.67
20110315	145212	13481	A462416407	卖出	600777	新潮实业	14700.00	6.170	90699.00	-90754.51	40.81
20110315	145537	13697	A462416407	买入	600777	新潮实业	30400.00	6.200	188480.00	-188595.22	84.82
20110315	145839	13915	A462416407	卖出	600777	新潮实业	5300.00	6.210	32913.00	-32933.11	14.81
20110316	140342	8937	A462416407	卖出	600386	北巴传媒	-100000.00	10.507	1050728.00	1049104.44	472.83
20110316	140438	8985	A462416407	买入	600050	中国联通	169200.00	5.930	1003356.00	-1003976.71	451.51
20110316	140457	8993	A462416407	买入	600050	中国联通	6900.00	5.930	40917.00	-40942.31	18.41
20110318	95241	2379	A462416407	卖出	600796	钱江生化	-7300.00	9.854	71936.00	71824.39	32.37
20110318	95251	2395	A462416407	卖出	600796	钱江生化	-3600.00	9.863	35506.00	35450.91	15.98
20110318	95310	2415	A462416407	卖出	600796	钱江生化	-6400.00	9.880	63232.00	63133.92	28.45
20110318	95404	2447	A462416407	卖出	600796	钱江生化	-8100.00	9.910	80271.00	80146.50	36.12

续表

发生日期	成交时间	委托编号	证券账号	买卖方向	证券代码	证券名称	成交数量	成交价格	成交金额	清算金额	佣金
20110318	95441	2477	A4624I6407	卖出	600796	钱江生化	-3800.00	9.930	37734.00	37675.49	16.98
20110318	100538	2999	A4624I6407	买入	600050	中国联通	50000.00	5.840	292000.00	-292181.40	131.40
20110321	111421	5183	A4624I6407	卖出	600796	钱江生化	-100000.00	9.900	990000.00	988464.50	445.50
20110321	112355	5421	A4624I6407	买入	600050	中国联通	172100.00	5.737	987351.00	-987967.41	444.31
20110321	130230	5783	A4624I6407	卖出	600796	钱江生化	-200000.00	9.900	1980000.00	1976929.00	891.00
20110321	130848	5931	A4624I6407	买入	600050	中国联通	86000.00	5.710	491060.00	-491366.98	220.98
20110321	143531	5839	A4624I6407	买入	600777	新潮实业	100000.00	6.050	605000.00	-605372.25	272.25
20110322	93041	691	A4624I6407	卖出	600050	中国联通	153900.00	5.720	880308.00	-880858.04	396.14
20110322	94406	1621	A4624I6407	卖出	600796	钱江生化	-138100.00	9.712	1341209.00	1339126.12	603.54
20110322	94508	1681	A4624I6407	买入	600759	正和股份	216000.00	6.179	1334642.86	-1335459.45	600.59
20110322	100501	2281	A4624I6407	买入	600777	新潮实业	600.00	6.040	3624.00	-3630.00	5.00
20110322	100635	2935	A4624I6407	卖出	600796	钱江生化	-42100.00	9.550	402055.00	401429.87	180.92
20110322	101004	3171	A4624I6407	卖出	600759	正和股份	65500.00	6.119	400765.84	-401011.68	180.34
20110322	102124	3777	A4624I6407	卖出	600796	钱江生化	-157900.00	9.456	1493131.50	1490808.37	671.91
20110322	102142	3795	A4624I6407	买入	600759	正和股份	229400.00	6.160	1413104.00	-1413969.30	635.90
20110322	102616	3989	A4624I6407	买入	600759	正和股份	12500.00	6.182	77271.80	-77319.07	34.77
20110325	93203	701	A4624I6407	卖出	600050	中国联通	-500000.00	5.750	2875000.00	2870331.19	1293.75
20110325	93222	737	A4624I6407	买入	600086	东方金钰	86900.00	26.867	2334762.00	-2335899.54	1050.64
20110325	93326	815	A4624I6407	卖出	600086	东方金钰	16300.00	26.824	437230.00	-437443.05	196.75
20110325	93744	1179	A4624I6407	卖出	600050	中国联通	-354200.00	5.731	2030070.41	2026772.61	913.53
20110325	93825	1231	A4624I6407	买入	600086	东方金钰	80500.00	26.350	2121155.36	-2122190.38	954.52
20110328	140831	10541	A4624I6407	卖出	600777	新潮实业	-30000.00	6.260	187800.00	187497.69	84.51
20110328	140927	10595	A4624I6407	卖出	600777	新潮实业	-50000.00	6.250	312500.00	311996.84	140.63
20110328	140938	10609	A4624I6407	卖出	600777	新潮实业	-50000.00	6.250	312500.00	311996.83	140.63
20110328	141000	10621	A4624I6407	买入	600759	正和股份	20000.00	6.210	124200.00	-124275.89	55.89
20110328	141226	10729	A4624I6407	买入	600759	正和股份	111000.00	6.200	688220.00	-688620.69	309.69
20110328	141555	10839	A4624I6407	卖出	600777	新潮实业	-200000.00	6.250	1250032.00	1248019.40	562.51
20110328	141739	10901	A4624I6407	买入	600759	正和股份	70000.00	6.200	434000.00	-434265.30	195.30

续表

发生日期	成交时间	委托编号	证券账号	买卖方向	证券代码	证券名称	成交数量	成交价格	成交金额	清算金额	佣金
20110328	142352	10891	A4624164407	买入	600759	正和股份	50000.00	6.190	309500.00	-309689.28	139.28
20110328	142531	10923	A4624164407	买入	600759	正和股份	81500.00	6.180	503670.00	-503978.15	226.65
20110328	144508	12047	A4624164407	卖出	600777	新潮实业	-200000.00	6.230	1246000.00	1243993.24	560.70
20110328	144539	12083	A4624164407	买入	600759	正和股份	192026.00	6.160	1182880.16	-1183604.49	532.30
20110329	101319	4463	A4624164407	买入	600086	东方金钰	2400.00	25.200	60480.00	-60509.62	27.22
20110406	145558	10471	A4624164407	卖出	600777	新潮实业	-120000.00	6.360	763200.00	761973.34	343.44
20110406	145620	10491	A4624164407	买入	600759	正和股份	110500.00	6.510	719355.00	-719789.21	323.71
20110406	145737	10505	A4624164407	买入	600759	正和股份	6500.00	6.510	42315.00	-42340.54	19.04
20110414	94340	1797	A4624164407	卖出	600777	新潮实业	-8100.00	6.730	54513.00	54425.86	24.53
20110414	94351	1811	A4624164407	卖出	600777	新潮实业	-23000.00	6.730	154790.00	154542.55	69.66
20110414	94406	1835	A4624164407	卖出	600777	新潮实业	-37000.00	6.730	249010.00	248611.94	112.05
20110414	94417	1857	A4624164407	卖出	600777	新潮实业	-56606.00	6.730	380958.38	380349.39	171.43
20110414	94521	1921	A4624164407	买入	600759	正和股份	12000.00	6.490	77880.00	-77927.05	35.05
20110414	94540	1943	A4624164407	买入	600759	正和股份	15000.00	6.490	97350.00	-97408.81	43.81
20110414	94556	1969	A4624164407	买入	600759	正和股份	30000.00	6.490	194700.00	-194817.62	87.62
20110414	94625	1987	A4624164407	买入	600759	正和股份	23000.00	6.490	149270.00	-149360.17	67.17
20110414	94953	2019	A4624164407	买入	600759	正和股份	49000.00	6.490	318010.00	-318202.10	143.10
20110414	145937	11165	A4624164407	卖出	600777	新潮实业	-39681.00	6.630	263085.03	262663.87	118.39
20110414	145947	11171	A4624164407	买入	600759	正和股份	12100.00	6.390	77319.00	-77365.89	34.79
20110414	145957	11181	A4624164407	买入	600759	正和股份	18700.00	6.393	119551.00	-119623.50	53.80
20110415	102641	4035	A4624164407	卖出	600777	新潮实业	-50000.00	6.740	337000.00	336461.36	151.65
20110415	103423	4425	A4624164407	卖出	600777	新潮实业	-153712.00	6.722	1033311.64	1031659.61	464.99
20110415	103724	4595	A4624164407	买入	600759	正和股份	35000.00	6.380	223300.00	-223435.49	100.49
20110415	103804	4637	A4624164407	买入	600759	正和股份	25000.00	6.380	159500.00	-159596.78	71.78
20110415	104050	4725	A4624164407	买入	600759	正和股份	33000.00	6.370	210210.00	-210337.59	94.59
20110415	104302	4851	A4624164407	买入	600759	正和股份	32100.00	6.360	204156.00	-204279.97	91.87
20110415	112131	5075	A4624164407	买入	600759	正和股份	100100.00	6.350	635635.00	-636021.14	286.04
20110511	160000	0	A4624164407	卖出	600796	钱江生化	0.00	0.000	0.01	0.01	0.00

续表

发生日期	成交时间	委托编号	证券账号	买卖方向	证券代码	证券名称	成交数量	成交价格	成交金额	清算金额	佣金
20110817	145422	5895	A462416407	卖出	600759	正和股份	-900000.00	8.414	7572264.29	7560384.48	3407.52
20110817	145505	5915	A462416407	卖出	600759	正和股份	-349925.00	8.415	2944670.25	2940050.56	13253.10
20110817	145648	5959	A462416407	买入	600390	金瑞科技	50000.00	18.300	915000.00	-915461.75	411.75
20110817	145722	5985	A462416407	买入	600390	金瑞科技	1787.00	18.297	32697.23	-32713.73	14.71
20110817	145748	5995	A462416407	买入	600777	新潮实业	65260.00	5.392	351853.00	-352076.59	158.33
20110817	145826	6023	A462416407	买入	600777	新潮实业	98965.00	5.410	535400.65	-535740.55	240.93
20110818	93001	359	A462416407	买入	600086	东方金钰	130000.00	22.875	2973767.23	-2975235.43	1338.20
20110818	93124	515	A462416407	买入	600086	东方金钰	20000.00	22.446	448923.00	-449145.02	202.02
20110818	93541	705	A462416407	买入	600086	东方金钰	80000.00	22.236	1778845.00	-1779725.48	800.48
20110818	93620	737	A462416407	买入	600086	东方金钰	40000.00	22.247	889882.00	-890322.45	400.45
20110818	93659	763	A462416407	买入	600086	东方金钰	50000.00	22.199	1109960.00	-1110509.48	499.48
20110818	93822	833	A462416407	买入	600086	东方金钰	66000.00	22.000	1452000.00	-1452719.40	653.40
20110818	101852	2067	A462416407	卖出	600759	正和股份	-100000.00	8.480	848000.00	846670.39	381.60
20110818	102303	2101	A462416407	买入	600390	金瑞科技	20000.00	17.850	357000.00	-357180.65	160.65
20110818	103556	2611	A462416407	卖出	600759	正和股份	-12800.00	8.500	108800.00	108629.44	48.96
20110818	103634	2629	A462416407	买入	600086	东方金钰	5000.00	21.740	108700.00	-108753.92	48.92
20110818	103708	2637	A462416407	买入	600086	东方金钰	15000.00	21.750	326250.00	-326411.81	146.81
20110818	103842	2677	A462416407	买入	600086	东方金钰	7700.00	21.856	168288.34	-168371.77	75.73
20110818	105348	2977	A462416407	卖出	600759	正和股份	-187200.00	8.360	1564992.00	1562535.57	704.25
20110818	105845	3047	A462416407	买入	600086	东方金钰	6000.00	21.850	131100.00	-131165.00	59.00
20110818	105908	3057	A462416407	买入	600086	东方金钰	6000.00	21.862	131172.00	-131237.03	59.03
20110818	105941	3061	A462416407	买入	600086	东方金钰	12000.00	21.900	262794.76	-262925.02	118.26
20110818	110045	3095	A462416407	买入	600086	东方金钰	6600.00	21.900	144540.00	-144611.64	65.04
20110818	110250	3123	A462416407	买入	600086	东方金钰	7700.00	21.900	168630.00	-168713.58	75.88
20110818	110319	3133	A462416407	买入	600086	东方金钰	6600.00	21.900	144540.00	-144611.64	65.04
20110818	110348	3141	A462416407	买入	600086	东方金钰	19000.00	21.900	416100.00	-416306.25	187.25
20110818	111236	3249	A462416407	买入	600086	东方金钰	2900.00	21.946	63643.00	-63674.54	28.64
20110818	112406	3273	A462416407	买入	600777	新潮实业	18700.00	5.400	100980.00	-101044.14	45.44

续表

发生日期	成交时间	委托编号	证券账号	买卖方向	证券代码	证券名称	成交数量	成交价格	成交金额	清算金额	佣金
20111202	134329	4223	A462416407	卖出	600390	金瑞科技	-10000.00	14.402	144019.00	143800.17	64.81
20111202	134349	4233	A462416407	卖出	600086	东方金钰	-6600.00	18.660	123156.00	122970.82	55.42
20111202	134447	4253	A462416407	卖出	600390	金瑞科技	-11787.00	14.400	169734.80	169476.90	76.38
20111202	134509	4257	A462416407	卖出	600086	东方金钰	-20000.00	18.700	374007.00	373444.69	168.30
20111202	134533	4269	A462416407	卖出	600086	东方金钰	-10000.00	18.711	187110.00	186828.68	84.20
20111202	134641	4277	A462416407	卖出	600086	东方金钰	-11025.00	18.750	206718.75	206407.97	93.02
20111202	134656	4301	A462416407	卖出	600390	金瑞科技	-15000.00	14.360	215407.00	215079.65	96.93
20111202	134750	4313	A462416407	卖出	600086	东方金钰	-8000.00	18.700	149600.00	149375.08	67.32
20111202	134840	4325	A462416407	卖出	600086	东方金钰	-23000.00	18.662	429224.00	428578.63	193.15
20111202	134906	4335	A462416407	卖出	600086	东方金钰	-17000.00	18.700	317900.00	317422.04	143.06
20111202	135029	4347	A462416407	卖出	600390	金瑞科技	-35000.00	14.400	504000.00	503234.20	226.80
20111202	135211	4393	A462416407	卖出	600086	东方金钰	-10000.00	18.660	186600.00	186319.42	83.97
20111202	140518	4625	A462416407	卖出	600086	东方金钰	-38700.00	18.662	722222.00	721136.08	325.00
20111202	141616	4809	A462416407	卖出	600086	东方金钰	-110000.00	18.026	1982809.00	1979823.94	892.26
20111202	141722	4829	A462416407	卖出	600086	东方金钰	-200000.00	17.803	3560616.28	3555253.38	1602.28
20111202	142113	4899	A462416407	卖出	600086	东方金钰	-212275.00	17.807	3780019.01	3774325.69	1701.01
20111202	142553	4995	A462416407	买入	600777	新潮实业	50000.00	4.210	210500.00	-210644.73	94.73
20111202	142603	4999	A462416407	买入	600777	新潮实业	66000.00	4.210	277860.00	-278051.04	125.04
20111202	142615	5009	A462416407	买入	600777	新潮实业	50000.00	4.210	210500.00	-210644.73	94.73
20111202	142842	5039	A462416407	买入	600777	新潮实业	60000.00	4.210	252600.00	-252773.67	113.67
20111202	142858	5047	A462416407	买入	600777	新潮实业	180000.00	4.226	760686.91	-761209.22	342.31
20111202	143128	5109	A462416407	买入	600777	新潮实业	50000.00	4.220	211000.00	-211144.95	94.95
20111202	143142	5115	A462416407	买入	600777	新潮实业	68000.00	4.220	286960.00	-287157.13	129.13
20111202	143156	5125	A462416407	买入	600777	新潮实业	68000.00	4.220	286960.00	-287157.13	129.13
20111202	143503	5181	A462416407	买入	600777	新潮实业	55000.00	4.220	232100.00	-232259.45	104.45
20111202	143517	5185	A462416407	买入	600777	新潮实业	100000.00	4.220	422000.00	-422289.90	189.90
20111202	143804	5247	A462416407	买入	600777	新潮实业	50000.00	4.244	212222.82	-212368.32	95.50
20111202	143817	5257	A462416407	买入	600777	新潮实业	56000.00	4.250	238000.00	-238163.10	107.10

续表

发生日期	成交时间	委托编号	证券账号	买卖方向	证券代码	证券名称	成交数量	成交价格	成交金额	清算金额	佣金
20111202	143844	5265	A462416407	买入	600777	新潮实业	150000.00	4.250	637500.00	-637936.88	286.88
20111202	144200	5291	A462416407	买入	600777	新潮实业	70000.00	4.240	296800.00	-297003.56	133.56
20111202	144200	5287	A462416407	买入	600777	新潮实业	50000.00	4.230	211500.00	-211645.18	95.18
20111202	144257	5207	A462416407	买入	600777	新潮实业	100000.00	4.220	422000.00	-422289.90	189.90
20111202	144257	5199	A462416407	买入	600777	新潮实业	78081.00	4.210	328721.01	-328947.01	147.92
20111202	144719	5447	A462416407	买入	600777	新潮实业	110000.00	4.230	465300.00	-465619.39	209.39
20111202	144729	5451	A462416407	买入	600777	新潮实业	150000.00	4.230	634500.00	-634935.53	285.53
20111202	144742	5455	A462416407	买入	600777	新潮实业	180000.00	4.230	761400.00	-761922.63	342.63
20111202	144753	5467	A462416407	买入	600777	新潮实业	88295.00	4.230	373487.85	-373744.22	168.07
20111202	144814	5481	A462416407	买入	600777	新潮实业	55000.00	4.240	233200.00	-233359.94	104.94
20111202	144841	5493	A462416407	买入	600777	新潮实业	94800.00	4.240	401952.00	-402227.68	180.88
20111202	144942	5505	A462416407	买入	600777	新潮实业	110000.00	4.250	467500.00	-467820.38	210.38
20111206	92501	191	A462416407	买入	600777	新潮实业	150000.00	4.190	628500.00	-628932.83	282.83
20111206	92501	201	A462416407	买入	600777	新潮实业	100000.00	4.190	419000.00	-419288.55	188.55
20111206	93108	321	A462416407	买入	600777	新潮实业	150000.00	4.188	628245.99	-628678.70	282.71
20111206	93121	325	A462416407	买入	600777	新潮实业	100000.00	4.200	419972.00	-420260.99	188.99
20111206	93133	329	A462416407	买入	600777	新潮实业	80000.00	4.200	336000.00	-336231.20	151.20
20111206	94153	657	A462416407	买入	600777	新潮实业	100000.00	4.294	429373.00	-429666.22	193.22
20111206	94206	661	A462416407	买入	600777	新潮实业	80000.00	4.300	343977.00	-344211.79	154.79
20111206	94222	673	A462416407	买入	600777	新潮实业	100000.00	4.300	430000.00	-430293.50	193.50
20111206	94247	683	A462416407	买入	600777	新潮实业	128900.00	4.300	554270.00	-554648.32	249.42
20120419	160000	0	A462416407	买入	600372	XR 中航电	1.00	17.160	0.00	0.00	0.00
20120420	95614	1767	A462416407	卖出	600777	新潮实业	-990000.00	4.746	4698249.00	4690446.47	2114.21
20120420	95821	1825	A462416407	卖出	600777	新潮实业	-770000.00	4.705	3623026.00	3617002.59	1630.36
20120420	105159	3123	A462416407	买入	600008	首创股份	50000.00	5.260	263000.00	-263168.35	118.35
20120420	105658	3273	A462416407	买入	600008	首创股份	50000.00	5.270	263500.00	-263668.58	118.58
20120420	110052	3229	A462416407	买入	600008	首创股份	50000.00	5.250	262500.00	-262668.13	118.13
20120420	112411	3967	A462416407	买入	600008	首创股份	370000.00	5.287	1956158.33	-1957408.60	880.27

续表

发生日期	成交时间	委托编号	证券账号	买卖方向	证券代码	证券名称	成交数量	成交价格	成交金额	清算金额	佣金
20120420	100746	1978	0102906777	买入	000062	深圳华强	50000.00	6.200	310000.00	-310139.50	139.50
20120420	100834	2018	0102906777	买入	000062	深圳华强	50000.00	6.268	313395.03	-313536.03	141.03
20120420	100901	2038	0102906777	买入	000062	深圳华强	50000.00	6.272	313595.12	-313736.12	141.12
20120420	100935	2062	0102906777	买入	000062	深圳华强	200000.00	6.278	1255677.00	-1256242.05	565.05
20120420	101037	2112	0102906777	买入	000062	深圳华强	100000.00	6.260	626000.00	-626281.70	281.70
20120420	105148	3198	0102906777	买入	000598	兴蓉投资	20000.00	8.330	166600.00	-166674.97	74.97
20120420	105219	3210	0102906777	买入	000598	兴蓉投资	20000.00	8.330	166600.00	-166674.97	74.97
20120420	105402	3248	0102906777	买入	000598	兴蓉投资	20000.00	8.330	166600.00	-166674.97	74.97
20120420	105543	3300	0102906777	买入	000598	兴蓉投资	20000.00	8.330	166600.00	-166674.97	74.97
20120420	105735	3352	0102906777	买入	000598	兴蓉投资	23000.00	8.330	191590.00	-191676.22	86.22
20120420	105827	3374	0102906777	买入	000598	兴蓉投资	23000.00	8.330	191590.00	-191676.22	86.22
20120420	105852	3384	0102906777	买入	000598	兴蓉投资	23000.00	8.330	191590.00	-191676.22	86.22
20120420	110103	3402	0102906777	买入	000598	兴蓉投资	30000.00	8.320	249600.00	-249712.32	112.32
20120420	110330	3470	0102906777	买入	000598	兴蓉投资	50000.00	8.320	416000.00	-416187.20	187.20
20120420	110504	3478	0102906777	买入	000598	兴蓉投资	50000.00	8.310	415500.00	-415686.98	186.98
20120420	112037	3816	0102906777	买入	000598	兴蓉投资	21000.00	8.330	174930.00	-175008.72	78.72
20120423	140123	6207	A4624l6407	卖出	600777	新潮实业	-60000.00	4.900	294000.00	293513.70	132.30
20120423	141115	6615	A4624l6407	卖出	600777	新潮实业	-60000.00	4.910	294600.00	294112.84	132.57
20120423	135655	5800	0102906777	买入	000062	深圳华强	36000.00	6.739	242619.00	-242728.18	109.18
20120423	140354	6024	A4624l6407	买入	000062	深圳华强	33300.00	6.716	223626.50	-223727.13	100.63
20120423	141048	6290	0102906777	买入	000062	深圳华强	10300.00	6.740	69422.00	-69453.24	31.24
20120423	141646	6480	0102906777	买入	000062	深圳华强	43600.00	6.750	294300.00	-294432.44	132.44
20120503	95737	1917	A4624l6407	卖出	600008	首创股份	-20000.00	5.480	109600.00	109421.09	49.32
20120503	100648	2307	A4624l6407	卖出	600008	首创股份	-30000.00	5.470	164100.00	163832.06	73.85
20120503	103316	3171	A4624l6407	卖出	600777	新潮实业	-381000.00	4.890	1863090.00	1860007.52	838.39
20120503	104052	3377	A4624l6407	卖出	600008	首创股份	-40000.00	5.470	218800.00	218442.74	98.46
20120503	104428	3479	A4624l6407	卖出	600008	首创股份	-30000.00	5.470	164100.00	163832.03	73.85
20120503	111124	4227	A4624l6407	卖出	600008	首创股份	-400000.00	5.407	2162997.00	2159460.62	973.35

续表

发生日期	成交时间	委托编号	证券账号	买卖方向	证券代码	证券名称	成交数量	成交价格	成交金额	清算金额	佣金
20120503	95807	1746	0102906777	卖出	000598	兴蓉投资	-120000.00	8.461	1015369.00	1013896.70	456.92
20120503	95840	1762	0102906777	买入	000062	深圳华强	164700.00	6.393	1052943.00	-1053416.82	473.82
20120503	100010	1814	0102906777	卖出	000598	兴蓉投资	-180000.00	8.450	1521000.00	1518794.47	684.45
20120503	100057	1860	0102906777	买入	000062	深圳华强	100000.00	6.449	644894.00	-645184.20	290.20
20120503	103619	2880	0102906777	卖出	000062	深圳华强	-2800.00	6.400	17920.00	17894.02	8.06
20120503	104215	3072	0102906777	买入	000062	深圳华强	10000.00	6.390	63900.00	-63928.76	28.76
20120503	104340	3134	0102906777	买入	000062	深圳华强	20000.00	6.400	128000.00	-128057.60	57.60
20120503	104450	3168	0102906777	买入	000062	深圳华强	10000.00	6.400	64000.00	-64028.80	28.80
20120503	104613	3224	0102906777	买入	000062	深圳华强	30000.00	6.410	192300.00	-192386.54	86.54
20120503	104628	3236	0102906777	买入	000062	深圳华强	30000.00	6.420	192600.00	-192686.67	86.67
20120503	104647	3252	0102906777	买入	000062	深圳华强	30000.00	6.430	192900.00	-192986.81	86.81
20120503	105357	3418	0102906777	买入	000062	深圳华强	40000.00	6.440	257600.00	-257715.92	115.92
20120503	105410	3424	0102906777	买入	000062	深圳华强	40000.00	6.450	258000.00	-258116.10	116.10
20120503	105421	3426	0102906777	买入	000062	深圳华强	30000.00	6.460	193800.00	-193887.21	87.21
20120503	105439	3436	0102906777	买入	000062	深圳华强	40000.00	6.470	258800.00	-258916.46	116.46
20120503	105504	3452	0102906777	买入	000062	深圳华强	100000.00	6.480	648000.00	-648291.60	291.60
20120503	112052	4040	0102906777	买入	000062	深圳华强	60000.00	6.440	386400.00	-386573.88	173.88
20120503	112926	4190	0102906777	买入	000062	深圳华强	70000.00	6.456	451914.00	-452117.36	203.36
20120503	141315	4104	0102906777	买入	000062	深圳华强	13000.00	6.430	83590.00	-83627.62	37.62
20120504	100245	2076	0102906777	买入	000062	深圳华强	50000.00	6.400	320000.00	-320144.00	144.00
20120504	100408	2124	0102906777	买入	000062	深圳华强	10000.00	6.390	63900.00	-63928.76	28.76
20120504	101738	2522	0102906777	买入	000062	深圳华强	40000.00	6.429	257166.00	-257281.72	115.72
20120504	102916	2866	0102906777	买入	000062	深圳华强	20000.00	6.430	128600.00	-128657.87	57.87
20120504	102926	2850	0102906777	买入	000062	深圳华强	13000.00	6.420	83460.00	-83497.56	37.56
20120504	103414	3012	0102906777	买入	000062	深圳华强	20000.00	6.440	128800.00	-128857.96	57.96
20120504	103428	3022	0102906777	买入	000062	深圳华强	20000.00	6.450	129000.00	-129058.05	58.05
20120504	104006	2878	0102906777	买入	000062	深圳华强	10000.00	6.420	64200.00	-64228.89	28.89
20120504	111037	4080	0102906777	买入	000062	深圳华强	50000.00	6.416	320806.40	-320950.76	144.36

续表

发生日期	成交时间	委托编号	证券账号	买卖方向	证券代码	证券名称	成交数量	成交价格	成交金额	清算金额	佣金
20120507	93522	939	A462416407	买入	600777	新潮实业	50000.00	4.830	241500.00	-241658.68	108.68
20120507	94836	981	A462416407	买入	600777	新潮实业	85900.00	4.830	414897.00	-415169.60	186.70
20120514	132602	4777	A462416407	买入	600777	新潮实业	100000.00	4.740	474000.00	-474313.30	213.30
20120514	145057	4841	A462416407	买入	600777	新潮实业	95100.00	4.700	446970.00	-447266.24	201.14
20120514	132301	4782	0102906777	卖出	000062	深圳华强	-50000.00	6.580	329000.00	328522.95	148.05
20120514	132306	4772	0102906777	卖出	000062	深圳华强	-90000.00	6.600	594000.00	593138.70	267.30
20120522	142754	5163	A462416407	卖出	600777	新潮实业	-231000.00	4.861	1122856.00	1120996.86	505.29
20120522	142906	4794	0102906777	买入	000062	深圳华强	20000.00	6.359	127188.14	-127245.37	57.23
20120522	142929	4802	0102906777	买入	000062	深圳华强	55000.00	6.378	350772.96	-350930.81	157.85
20120522	143051	4830	0102906777	买入	000062	深圳华强	30000.00	6.390	191700.00	-191786.27	86.27
20120522	143535	4976	0102906777	买入	000062	深圳华强	20700.00	6.400	132480.00	-132539.62	59.62
20120522	143849	4944	0102906777	买入	000062	深圳华强	10000.00	6.390	63900.00	-63928.76	28.76
20120522	143849	4930	0102906777	买入	000062	深圳华强	20000.00	6.380	127601.00	-127657.42	57.42
20120522	143849	4818	0102906777	买入	000062	深圳华强	20000.00	6.350	127000.00	-127057.15	57.15
20120528	111230	3249	A462416407	买入	600777	新潮实业	26000.00	4.691	121955.02	-122035.90	54.88
20120528	105933	3322	0102906777	卖出	000062	深圳华强	-6800.00	6.650	45220.00	45154.43	20.35
20120528	111135	3550	0102906777	卖出	000062	深圳华强	-12000.00	6.660	79920.00	79804.12	35.96
20120529	134633	6103	A462416407	买入	600777	新潮实业	-126000.00	4.980	627480.00	626444.15	282.37
20120529	134705	5534	0102906777	卖出	000062	深圳华强	43200.00	6.898	297991.00	-298125.10	134.10
20120529	134732	5544	0102906777	买入	000062	深圳华强	5000.00	6.900	34499.00	-34514.52	15.52
20120529	135549	5734	0102906777	买入	000062	深圳华强	27800.00	6.900	191820.00	-191906.32	86.32
20120529	140704	5826	0102906777	买入	000062	深圳华强	15200.00	6.900	104880.00	-104927.20	47.20
20120530	144256	6473	A462416407	买入	600777	新潮实业	100000.00	4.950	495000.00	-495322.75	222.75
20120530	144332	6493	A462416407	买入	600777	新潮实业	22100.00	4.950	109395.00	-109466.33	49.23
20120530	144403	6503	A462416407	买入	600777	新潮实业	100000.00	4.960	496000.00	-496323.20	223.20
20120530	144615	6563	A462416407	买入	600777	新潮实业	127000.00	4.980	632460.00	-632871.61	284.61
20120530	145622	6867	A462416407	买入	600777	新潮实业	77800.00	5.000	389000.00	-389252.85	175.05
20120530	143434	2850	0102906777	卖出	000062	深圳华强	-60000.00	7.350	441000.00	440360.55	198.45

续表

发生日期	成交时间	委托编号	证券账号	买卖方向	证券代码	证券名称	成交数量	成交价格	成交金额	清算金额	佣金
20120530	143518	2794	0102906777	卖出	000062	深圳华强	-100000.00	7.360	736000.00	734932.80	331.20
20120530	143518	2810	0102906777	卖出	000062	深圳华强	-150000.00	7.360	1104000.00	1102399.20	496.80
20120530	143603	6470	0102906777	卖出	000062	深圳华强	-10000.00	7.370	73700.00	73593.13	33.17
20120530	143618	6480	0102906777	卖出	000062	深圳华强	-10000.00	7.390	73900.00	73792.84	33.26
20120530	143628	6494	0102906777	卖出	000062	深圳华强	-10000.00	7.360	73602.00	73495.28	33.12
20120530	143644	6502	0102906777	卖出	000062	深圳华强	-9200.00	7.360	67712.00	67613.82	30.47
20120530	143710	6512	0102906777	卖出	000062	深圳华强	-10000.00	7.351	73510.97	73404.37	33.08
20120530	144053	6570	0102906777	买入	000606	青海明胶	20000.00	7.360	147200.00	-147266.24	66.24
20120530	144118	6594	0102906777	买入	000606	青海明胶	50000.00	7.380	369000.00	-369166.05	166.05
20120530	144648	5855	A4624164407	卖出	600777	新潮实业	-60000.00	5.150	309000.00	308506.94	139.05
20120601	144758	5883	A4624164407	卖出	600777	新潮实业	-80000.00	5.140	411200.00	410543.76	185.04
20120601	141639	5410	0102906777	卖出	000606	青海明胶	-70000.00	7.233	506327.00	505592.82	227.85
20120601	141700	5418	0102906777	买入	000062	深圳华强	37200.00	6.999	260358.00	-260475.16	117.16
20120601	143350	5692	0102906777	买入	000062	深圳华强	14700.00	7.030	103341.00	-103387.50	46.50
20120601	143600	5758	0102906777	买入	000062	深圳华强	20100.00	7.030	141303.00	-141366.59	63.59
20120601	144712	6020	0102906777	买入	000062	深圳华强	14550.00	6.980	101559.00	-101604.70	45.70
20120601	145033	6110	0102906777	买入	000062	深圳华强	10000.00	7.030	70300.00	-70331.64	31.64
20120601	145103	6122	0102906777	买入	000062	深圳华强	7800.00	7.030	54834.00	-54858.68	24.68
20120601	145239	6164	0102906777	买入	000062	深圳华强	10000.00	7.040	70400.00	-70431.68	31.68
20120601	145356	6204	A4624164407	买入	600777	新潮实业	59900.00	7.031	421177.00	-421366.53	189.53
20120606	103915	2207	A4624164407	买入	600777	新潮实业	6400.00	4.890	31296.00	-31314.88	14.08
20120606	104007	2229	A4624164407	买入	600777	新潮实业	14900.00	4.890	72861.00	-72904.97	32.79
20120606	104135	2251	A4624164407	买入	600777	新潮实业	14900.00	4.890	72861.00	-72904.97	32.79
20120606	104818	2349	A4624164407	买入	600777	新潮实业	10000.00	4.883	48827.00	-48856.47	21.97
20120606	104835	2365	A4624164407	买入	600777	新潮实业	16100.00	4.880	78568.00	-78615.44	35.36
20120606	104918	2387	A4624164407	买入	600777	新潮实业	15000.00	4.880	73200.00	-73244.19	32.94
20120606	105019	2417	A4624164407	买入	600777	新潮实业	30000.00	4.880	146400.00	-146488.38	65.88
20120606	105309	2455	A4624164407	买入	600777	新潮实业	35000.00	4.880	170800.00	-170903.11	76.86

续表

发生日期	成交时间	委托编号	证券账号	买卖方向	证券代码	证券名称	成交数量	成交价格	成交金额	清算金额	佣金
20120606	110013	2607	A462416407	买入	600777	新潮实业	10000.00	4.840	48400.00	-48429.28	21.78
20120606	110212	2639	A462416407	买入	600777	新潮实业	13799.00	4.830	66649.17	-66689.51	29.99
20120606	131952	3391	A462416407	买入	600777	新潮实业	42400.00	4.900	207760.00	-207885.29	93.49
20120606	132157	3425	A462416407	买入	600777	新潮实业	29800.00	4.900	146020.00	-146108.06	65.71
20120606	132422	3495	A462416407	买入	600777	新潮实业	70400.00	4.900	344960.00	-345168.03	155.23
20120606	132633	3569	A462416407	买入	600777	新潮实业	72000.00	4.900	352800.00	-353012.76	158.76
20120606	133129	3637	A462416407	买入	600777	新潮实业	13400.00	4.900	65660.00	-65699.60	29.55
20120606	133346	3663	A462416407	买入	600777	新潮实业	34500.00	4.900	169050.00	-169151.95	76.07
20120606	134830	3795	A462416407	买入	600777	新潮实业	30000.00	4.880	146400.00	-146488.38	65.88
20120606	135749	3865	A462416407	买入	600777	新潮实业	53000.00	4.880	258640.00	-258796.14	116.39
20120606	141451	4033	A462416407	买入	600777	新潮实业	37600.00	4.880	183488.00	-183598.77	82.57
20120606	141627	4103	A462416407	买入	600777	新潮实业	45000.00	4.880	219600.00	-219732.57	98.82
20120606	141858	4143	A462416407	买入	600777	新潮实业	15100.00	4.880	73688.00	-73732.49	33.16
20120606	142022	4181	A462416407	买入	600777	新潮实业	150500.00	4.880	734440.00	-734883.38	330.50
20120606	144133	4569	A462416407	买入	600777	新潮实业	10600.00	4.860	51516.00	-51547.13	23.18
20120606	102753	1912	0102906777	卖出	000062	深圳华强	-4250.00	7.280	30940.00	30895.14	13.92
20120606	103942	2120	0102906777	卖出	000062	深圳华强	-10000.00	7.290	72900.00	72794.29	32.81
20120606	104058	2140	0102906777	卖出	000062	深圳华强	-10000.00	7.301	73005.96	72900.10	32.85
20120606	104407	2192	0102906777	卖出	000062	深圳华强	-23000.00	7.300	167900.00	167656.54	75.56
20120606	104557	2226	0102906777	卖出	000062	深圳华强	-61200.00	7.253	443862.96	443219.36	199.74
20120606	104736	2258	0102906777	卖出	000062	深圳华强	-10000.00	7.270	72700.00	72594.58	32.72
20120606	105917	2508	0102906777	卖出	000062	深圳华强	-23000.00	7.260	166980.00	166737.88	75.14
20120606	131901	2184	0102906777	卖出	000062	深圳华强	-5800.00	7.310	42398.00	42336.52	19.08
20120606	132107	3458	0102906777	卖出	000062	深圳华强	-20000.00	7.330	146600.00	146387.43	65.97
20120606	132216	3460	0102906777	卖出	000062	深圳华强	-23000.00	7.350	169050.00	168804.86	76.07
20120606	132334	3504	0102906777	卖出	000062	深圳华强	-24000.00	7.350	176400.00	176144.21	79.38
20120606	132452	3530	0102906777	卖出	000062	深圳华强	-23000.00	7.350	169050.00	168804.88	76.07
20120606	132604	3548	0102906777	卖出	000062	深圳华强	-27000.00	7.360	198720.00	198431.86	89.42

续表

发生日期	成交时间	委托编号	证券账号	买卖方向	证券代码	证券名称	成交数量	成交价格	成交金额	清算金额	佣金
20120606	133303	3572	0102906777	卖出	000062	深圳华强	-23000.00	7.360	169280.00	169034.54	76.18
20120606	134725	3880	0102906777	卖出	000062	深圳华强	-55000.00	7.380	405900.00	405311.44	182.66
20120606	140544	4134	0102906777	卖出	000062	深圳华强	-15000.00	7.350	110250.00	110090.14	49.61
20120606	140754	4208	0102906777	卖出	000062	深圳华强	-5500.00	7.350	40425.00	40366.38	18.19
20120606	140826	4214	0102906777	卖出	000062	深圳华强	-4500.00	7.350	33075.00	33027.05	14.88
20120606	141557	4358	0102906777	卖出	000062	深圳华强	-30000.00	7.340	220200.00	219880.71	99.09
20120606	141705	4376	0102906777	卖出	000062	深圳华强	-10000.00	7.360	73600.00	73493.28	33.12
20120606	141937	4400	0102906777	卖出	000062	深圳华强	-100000.00	7.361	736054.80	734987.51	331.22
20120606	143436	3802	0102906777	卖出	000062	深圳华强	-7000.00	7.410	51870.00	51794.79	23.34
20120608	103637	2557	A462416407	买入	600777	新潮实业	60000.00	4.990	299400.00	-299579.73	134.73
20120608	103755	2599	A462416407	卖出	600777	新潮实业	177200.00	5.008	887329.51	-887861.71	399.30
20120608	92500	252	0102906777	卖出	000062	深圳华强	-56000.00	7.730	432880.00	432252.32	194.80
20120608	93029	400	0102906777	卖出	000062	深圳华强	-23000.00	7.800	179400.00	179139.87	80.73
20120608	93101	458	0102906777	卖出	000062	深圳华强	-12000.00	7.870	94440.00	94303.06	42.50
20120608	93110	472	0102906777	卖出	000062	深圳华强	-55000.00	7.850	431750.00	431123.94	194.29
20120608	93136	486	0102906777	卖出	000062	深圳华强	-12000.00	7.794	93531.00	93395.38	42.09
20120608	93213	518	0102906777	卖出	000062	深圳华强	-22000.00	7.811	171840.00	171590.83	77.33
20120608	93808	778	0102906777	卖出	000062	深圳华强	-1800.00	7.790	14022.00	14001.66	6.31
20120608	93825	794	0102906777	卖出	000062	深圳华强	-55600.00	7.750	430900.00	430275.17	193.91
20120608	93052	1202	0102906777	卖出	000062	深圳华强	-56700.00	7.502	425376.00	424759.20	191.42
20120608	95102	1178	0102906777	卖出	000062	深圳华强	-3300.00	7.570	24981.00	24944.77	11.24
20120608	95232	1264	0102906777	卖出	000062	深圳华强	-11000.00	7.520	82720.00	82600.07	37.22
20120608	95355	1296	0102906777	卖出	000062	深圳华强	-3100.00	7.550	23405.00	23371.06	10.53
20120608	95422	1312	0102906777	卖出	000062	深圳华强	-11000.00	7.670	84370.00	84247.66	37.97
20120608	95500	1338	0102906777	卖出	000062	深圳华强	-5500.00	7.575	41662.00	41601.58	18.75
20120608	100911	1756	0102906777	买入	000062	深圳华强	56000.00	7.400	414400.00	-414586.48	186.48
20120608	100911	1782	0102906777	买入	000062	深圳华强	45000.00	7.400	333000.00	-333149.85	149.85
20120608	101041	1828	0102906777	买入	000062	深圳华强	60000.00	7.400	444000.00	-44199.80	199.80

续表

发生日期	成交时间	委托编号	证券账号	买卖方向	证券代码	证券名称	成交数量	成交价格	成交金额	清算金额	佣金
20120608	101847	1862	0102906777	买入	000062	深圳华强	20000.00	7.390	147800.00	-147866.51	66.51
20120618	160000	0	A462416407	卖出	600759	正和股份	0.00	0.000	0.05	0.05	0.00
20120619	102613	2081	A462416407	卖出	600777	新潮实业	-150000.00	5.104	765660.00	764437.27	344.55
20120619	103437	2247	A462416407	卖出	600777	新潮实业	-100000.00	5.084	508353.50	507541.36	228.76
20120619	103906	2255	A462416407	卖出	600777	新潮实业	-4000.00	5.100	20400.00	20367.42	9.18
20120619	110220	2639	A462416407	买入	600777	新潮实业	283100.00	5.040	1426824.00	-1427678.40	642.07
20120619	132453	3477	A462416407	买入	600777	新潮实业	96500.00	5.030	485395.00	-485685.81	218.43
20120619	143621	4307	A462416407	买入	600777	新潮实业	39800.00	4.980	198204.00	-198323.04	89.19
20120619	143900	4397	A462416407	买入	600777	新潮实业	177400.00	4.960	879834.99	-880363.97	395.93
20120619	144346	4489	A462416407	买入	600777	新潮实业	24200.00	4.900	118580.00	-118651.51	53.36
20120619	102205	2308	0102906777	卖出	000062	深圳华强	-5000.00	7.310	36550.00	36497.00	16.45
20120619	102326	2350	0102906777	卖出	000062	深圳华强	-8000.00	7.310	58480.00	58395.20	26.32
20120619	102417	2370	0102906777	卖出	000062	深圳华强	-5500.00	7.310	40205.00	40146.69	18.09
20120619	132152	4356	0102906777	卖出	000062	深圳华强	-4500.00	7.330	32985.00	32937.17	14.84
20120619	132233	4378	0102906777	卖出	000062	深圳华强	-12000.00	7.320	87840.00	87712.63	39.53
20120619	132256	4384	0102906777	卖出	000062	深圳华强	-50000.00	7.311	365543.00	365012.96	164.49
20120619	143329	5594	0102906777	卖出	000062	深圳华强	-30000.00	7.270	218100.00	217783.75	98.15
20120619	143816	5720	0102906777	卖出	600777	新潮实业	-138000.00	7.213	995440.45	993997.01	447.95
20120627	95501	939	A462416407	卖出	600777	新潮实业	-30000.00	5.150	154500.00	154253.45	69.53
20120627	95617	949	A462416407	卖出	600777	新潮实业	-31000.00	5.150	159650.00	159395.26	71.84
20120627	95705	1013	A462416407	卖出	600777	新潮实业	-80000.00	5.132	410585.12	409929.78	184.76
20120627	95801	1041	A462416407	卖出	600777	新潮实业	-40000.00	5.120	204800.00	204473.04	92.16
20120627	95921	1061	A462416407	卖出	600777	新潮实业	-100000.00	5.104	510416.00	509600.89	229.69
20120627	102033	1455	A462416407	卖出	600777	新潮实业	-30000.00	5.130	153900.00	153654.34	69.26
20120627	102719	1501	A462416407	卖出	600777	新潮实业	-30500.00	5.130	156465.00	156215.24	70.41
20120627	102829	1449	A462416407	卖出	600777	新潮实业	-20000.00	5.140	102800.00	102635.94	46.26
20120627	144236	3927	A462416407	卖出	600777	新潮实业	-120000.00	5.202	624248.00	623252.84	280.91
20120627	100436	1448	0102906777	买入	000606	青海明胶	20000.00	6.700	134000.00	-134060.30	60.30

续表

发生日期	成交时间	委托编号	证券账号	买卖方向	证券代码	证券名称	成交数量	成交价格	成交金额	清算金额	佣金
20120627	100932	1628	0102906777	买入	000062	深圳华强	25000.00	6.960	173990.80	-174069.10	78.30
20120627	101027	1646	0102906777	买入	000062	深圳华强	30000.00	6.992	209756.00	-209850.39	94.39
20120627	101139	1676	0102906777	买入	000062	深圳华强	35000.00	7.010	245364.00	-245474.41	110.41
20120627	101158	1680	0102906777	买入	000062	深圳华强	25000.00	6.990	174750.00	-174828.64	78.64
20120627	101939	1788	0102906777	买入	000062	深圳华强	13600.00	6.980	94928.00	-94970.72	42.72
20120627	102128	1802	0102906777	买入	000062	深圳华强	12000.00	6.960	83520.00	-83557.58	37.58
20120627	103645	2166	0102906777	买入	000062	深圳华强	10000.00	6.980	69800.00	-69831.41	31.41
20120627	110714	2652	0102906777	买入	000606	青海明胶	25000.00	6.800	170000.00	-170076.50	76.50
20120627	110804	2666	0102906777	买入	000606	青海明胶	1999.00	6.800	13593.20	-13599.32	6.12
20120627	111137	2720	0102906777	买入	000606	青海明胶	72200.00	6.848	494440.42	-494662.92	222.50
20120627	144517	4826	0102906777	买入	000062	深圳华强	10000.00	6.920	69198.00	-69229.14	31.14
20120627	144626	4862	0102906777	买入	000606	青海明胶	20000.00	6.680	133660.00	-133660.12	60.12
20120627	144832	4856	0102906777	买入	000606	青海明胶	20000.00	6.660	133200.00	-133259.94	59.94
20120627	145043	4964	0102906777	买入	000606	青海明胶	10000.00	6.928	69282.00	-69313.18	31.18
20120627	145120	4992	0102906777	买入	000062	深圳华强	25200.00	6.949	175119.00	-175197.80	78.80
20120627	145607	5158	0102906777	买入	000062	深圳华强	6200.00	6.870	42594.00	-42613.17	19.17
20120629	103357	1707	A4624164O7	卖出	600777	新潮实业	-180000.00	4.960	892800.00	891370.44	401.76
20120629	103503	1960	0102906777	买入	000606	青海明胶	30000.00	6.090	182700.00	-182782.22	82.22
20120629	103525	1952	0102906777	买入	000606	青海明胶	12000.00	6.080	72960.00	-72992.83	32.83
20120629	103544	1970	0102906777	买入	000606	青海明胶	23000.00	6.080	139840.00	-139902.93	62.93
20120629	104326	1978	0102906777	买入	000606	青海明胶	33000.00	6.070	200310.00	-200400.14	90.14
20120629	104326	1994	0102906777	买入	000606	青海明胶	48600.00	6.070	295002.00	-295134.75	132.75
20121217	132656	5495	A4624164O7	卖出	600777	新潮实业	-100000.00	5.103	510347.36	509547.36	229.66
20121217	132918	5549	A4624164O7	卖出	600777	新潮实业	-30000.00	5.120	153600.00	153359.28	69.12
20121217	132921	5571	A4624164O7	卖出	600777	新潮实业	-50000.00	5.110	255500.00	255099.52	114.98
20121217	140036	6233	A4624164O7	卖出	600777	新潮实业	-80000.00	5.090	407200.00	406561.55	183.24
20121217	140322	6281	A4624164O7	卖出	600777	新潮实业	-240000.00	5.066	1215860.12	1213953.12	547.14
20121217	143059	6885	A4624164O7	卖出	600777	新潮实业	-500000.00	5.056	2527976.78	2524011.11	1137.59

续表

发生日期	成交时间	委托编号	证券账号	买卖方向	证券代码	证券名称	成交数量	成交价格	成交金额	清算金额	佣金
20121217	132735	5872	0102906777	买入	000606	青海明胶	30000.00	4.980	149400.00	-149467.23	67.23
20121217	132754	5880	0102906777	买入	000606	青海明胶	72100.00	4.990	359779.00	-359940.90	161.90
20121217	133214	5960	0102906777	买入	000606	青海明胶	53900.00	4.990	268961.00	-269082.03	121.03
20121217	135829	6492	0102906777	买入	000606	青海明胶	28100.00	4.970	139657.00	-139719.85	62.85
20121217	140117	6544	0102906777	买入	000606	青海明胶	20000.00	4.979	99589.00	-99633.82	44.82
20121217	140403	6594	0102906777	买入	000606	青海明胶	150000.00	4.999	749807.53	-750144.94	337.41
20121217	140600	6650	0102906777	买入	000606	青海明胶	97800.00	5.060	494868.00	-495090.69	222.69
20121217	141034	6732	0102906777	买入	000606	青海明胶	54300.00	5.066	275106.00	-275229.80	123.80
20121217	143132	7192	0102906777	买入	000606	青海明胶	70000.00	5.060	354200.00	-354359.39	159.39
20121217	143151	7200	0102906777	买入	000606	青海明胶	65000.00	5.061	328994.61	-329142.66	148.05
20121217	143214	7212	0102906777	买入	000606	青海明胶	55000.00	5.060	278300.00	-278425.24	125.24
20121217	143228	7216	0102906777	买入	000606	青海明胶	65000.00	5.060	328900.00	-329048.01	148.01
20121217	143300	7226	0102906777	买入	000606	青海明胶	55000.00	5.054	277987.09	-278112.09	125.09
20121217	143328	7234	0102906777	买入	000606	青海明胶	55000.00	5.050	277750.00	-277874.99	124.99
20121217	143357	7252	0102906777	买入	000606	青海明胶	133800.00	5.060	677028.00	-677332.66	304.66
20121226	101109	2613	A462416407	买入	600777	新潮实业	188800.00	5.020	947776.00	-948315.78	426.50
20121226	101136	2639	A462416407	买入	600777	新潮实业	20600.00	5.020	103412.00	-103470.90	46.54
20121226	95833	1994	0102906777	卖出	000062	深圳华强	-57900.00	6.050	350295.00	349787.07	157.63
20121226	100247	2286	0102906777	卖出	000606	青海明胶	-50000.00	5.090	254500.00	254130.96	114.53
20121226	100438	2370	0102906777	卖出	000606	青海明胶	-50000.00	5.070	253500.00	253132.41	114.08
20121226	100453	2384	0102906777	买入	000606	青海明胶	-100000.00	5.060	506000.00	505266.29	227.70
20121226	103732	3592	0102906777	买入	002486	嘉麟杰	43000.00	7.150	307450.00	-307588.35	138.35
20130104	140011	5391	A462416407	买入	600777	新潮实业	28800.00	5.050	145440.00	-145522.73	65.45
20130104	140421	5403	A462416407	买入	600777	新潮实业	2300.00	5.050	11615.00	-11621.61	5.23
20130104	140421	5431	A462416407	买入	600777	新潮实业	30500.00	5.050	154025.00	-154112.61	69.31
20130104	142218	6031	A462416407	买入	600777	新潮实业	50000.00	5.060	253000.00	-253143.85	113.85
20130104	142238	6041	A462416407	买入	600777	新潮实业	56800.00	5.060	287408.00	-287571.41	129.33
20130104	142409	6091	A462416407	买入	600777	新潮实业	253700.00	5.060	1283722.00	-1284451.89	577.67

续表

发生日期	成交时间	委托编号	证券账号	买卖方向	证券代码	证券名称	成交数量	成交价格	成交金额	清算金额	佣金
20130104	135903	6352	0102906777	卖出	000606	青海明胶	-20000.00	5.150	103005.00	102855.64	46.35
20130104	135951	6362	0102906777	卖出	000606	青海明胶	-10000.00	5.150	51500.00	51425.30	23.18
20130104	140056	6382	0102906777	卖出	000606	青海明胶	-30000.00	5.150	154500.00	154275.96	69.53
20130104	140549	6510	0102906777	卖出	000606	青海明胶	-35000.00	5.150	180250.00	179988.61	81.11
20130104	142139	6888	0102906777	卖出	000606	青海明胶	-70000.00	5.160	361200.00	360676.25	162.54
20130104	142340	6936	0102906777	卖出	000606	青海明胶	-250000.00	5.146	1286422.99	1284557.62	578.89
20130104	142556	6992	0102906777	卖出	000606	青海明胶	-30000.00	5.150	154500.00	154275.96	69.53
20130104	142920	7118	0102906777	买入	002486	嘉麟杰	21600.00	7.149	154418.00	-154487.49	69.49
20130107	95803	1699	A462416407	买入	600777	新潮实业	51700.00	5.020	259534.00	-259681.81	116.79
20130107	95914	1753	A462416407	买入	600777	新潮实业	53500.00	5.030	269105.00	-269258.20	121.10
20130107	100142	1863	A462416407	买入	600777	新潮实业	16300.00	5.030	81989.00	-82035.68	36.90
20130107	95724	1956	0102906777	卖出	000606	青海明胶	-50000.00	5.202	260117.00	259739.85	117.05
20130107	95838	2018	0102906777	卖出	000062	深圳华强	-44000.00	6.121	269329.00	268938.47	121.20
20130107	100004	2082	0102906777	卖出	000606	青海明胶	-15798.00	5.220	82465.56	82345.99	37.11
20130114	130639	4639	A462416407	买入	600777	新潮实业	21000.00	4.900	102900.00	-102958.91	46.31
20130114	131018	4779	A462416407	买入	600777	新潮实业	53900.00	4.890	263571.00	-263721.95	118.61
20130114	131629	4941	A462416407	买入	600777	新潮实业	32100.00	4.890	156969.00	-157058.90	70.64
20130114	132425	5219	A462416407	买入	600777	新潮实业	19700.00	4.890	96333.00	-96388.17	43.35
20130114	134219	5681	A462416407	买入	600777	新潮实业	22800.00	4.890	111492.00	-111555.85	50.17
20130114	135711	6159	A462416407	买入	600777	新潮实业	51900.00	4.920	255348.00	-255494.05	114.91
20130114	140221	6311	A462416407	买入	600777	新潮实业	82300.00	4.920	404916.00	-405147.59	182.21
20130114	140255	6333	A462416407	买入	600777	新潮实业	24500.00	4.930	120785.00	-120854.05	54.35
20130114	141429	6587	A462416407	买入	600777	新潮实业	33000.00	4.920	162360.00	-162452.86	73.06
20130114	141646	6645	A462416407	买入	600777	新潮实业	36000.00	4.920	177120.00	-177221.30	79.70
20130114	141931	6717	A462416407	买入	600777	新潮实业	156600.00	4.930	772038.00	-772479.38	347.42
20130114	142913	6967	A462416407	买入	600777	新潮实业	35800.00	4.930	176494.00	-176594.90	79.42
20130114	130421	5576	0102906777	卖出	000606	青海明胶	-20000.00	5.260	105200.00	105047.46	47.34
20130114	130601	5588	0102906777	卖出	000606	青海明胶	-30000.00	5.260	157800.00	157571.19	71.01

续表

发生日期	成交时间	委托编号	证券账号	买卖方向	证券代码	证券名称	成交数量	成交价格	成交金额	清算金额	佣金
20130114	130941	5762	0102906777	卖出	000606	青海明胶	-50000.00	5.230	261500.00	261120.82	117.68
20130114	132110	6100	0102906777	卖出	002486	嘉麟杰	-14600.00	7.210	105266.00	105113.36	47.37
20130114	132906	6396	0102906777	卖出	002486	嘉麟杰	-20000.00	7.180	143600.00	143391.77	64.62
20130114	134138	6762	0102906777	卖出	002486	嘉麟杰	-30000.00	7.180	215400.00	215087.67	96.93
20130114	135837	7356	0102906777	卖出	000606	青海明胶	-30000.00	5.260	157800.00	157571.19	71.01
20130114	135905	7368	0102906777	卖出	000606	青海明胶	-20000.00	5.270	105400.00	105247.17	47.43
20130114	135948	7382	0102906777	卖出	000606	青海明胶	-23000.00	5.270	121210.00	121034.25	54.54
20130114	140034	7408	0102906777	卖出	000606	青海明胶	-27000.00	5.270	142290.00	142083.68	64.03
20130114	140335	7508	0102906777	卖出	000062	深圳华强	-20000.00	6.475	129500.00	129312.22	58.28
20130114	140421	7544	0102906777	卖出	000062	深圳华强	-20000.00	6.470	129400.00	129212.37	58.23
20130114	140522	7574	0102906777	卖出	000062	深圳华强	-160000.00	6.448	1031660.00	1030164.09	464.25
20130115	103856	3831	A462416407	买入	600777	新潮实业	53400.00	4.980	265921.00	-266072.70	119.66
20130115	105209	4301	A462416407	买入	600777	新潮实业	40000.00	4.920	196800.00	-196912.56	88.56
20130115	105602	4441	A462416407	买入	600777	新潮实业	40000.00	4.930	197200.00	-197312.74	88.74
20130115	105656	4465	A462416407	买入	600777	新潮实业	39500.00	4.940	195130.00	-195241.51	87.81
20130115	112045	5109	A462416407	买入	600777	新潮实业	95000.00	4.930	468350.00	-468617.76	210.76
20130115	145105	8727	A462416407	买入	600777	新潮实业	20000.00	4.980	99600.00	-99656.82	44.82
20130115	145125	8747	A462416407	买入	600777	新潮实业	140600.00	4.990	701594.00	-701994.08	315.72
20130115	103211	4622	0102906777	卖出	000606	青海明胶	-20000.00	5.330	106600.00	106445.43	47.97
20130115	103240	4644	0102906777	卖出	000606	青海明胶	-30000.00	5.330	159900.00	159668.15	71.96
20130115	105046	5440	0102906777	卖出	000606	青海明胶	-100000.00	5.303	530272.51	529503.63	238.62
20130115	105408	5552	0102906777	卖出	000606	青海明胶	-100000.00	5.293	529304.51	528537.01	238.19
20130115	144953	10518	0102906777	卖出	000606	青海明胶	-150000.00	5.350	802514.50	801350.80	361.13
20130130	141958	6995	A462416407	买入	600777	新潮实业	26000.00	5.560	144560.00	-144640.65	65.05
20130130	142116	7043	A462416407	买入	600777	新潮实业	53200.00	5.560	295792.00	-295957.03	133.11
20130130	142655	7195	A462416407	买入	600777	新潮实业	7100.00	5.560	39476.00	-39498.02	17.76
20130130	143926	7569	A462416407	买入	600777	新潮实业	87500.00	5.580	488250.00	-488522.21	219.71
20130130	144523	7369	A462416407	买入	600777	新潮实业	29800.00	5.560	165688.00	-165780.44	74.56

续表

发生日期	成交时间	委托编号	证券账号	买卖方向	证券代码	证券名称	成交数量	成交价格	成交金额	清算金额	佣金
20130130	144540	7623	A462416407	买入	600777	新潮实业	37000.00	5.560	205720.00	-205834.77	92.57
20130130	141933	7108	0102906777	卖出	000062	深圳华强	-23000.00	6.720	154560.00	154335.89	69.55
20130130	142055	7130	0102906777	卖出	000062	深圳华强	-50000.00	6.703	335141.00	334655.05	150.81
20130130	143209	7168	0102906777	卖出	000062	深圳华强	-27100.00	6.720	182112.00	181847.95	81.95
20130130	143846	7604	0102906777	卖出	000062	深圳华强	-100000.00	6.704	670386.00	669413.95	301.67
20130131	94218	1303	A462416407	买入	600777	新潮实业	35000.00	5.420	189700.00	-189806.37	85.37
20130131	94302	1333	A462416407	买入	600777	新潮实业	30000.00	5.410	162300.00	-162391.04	73.04
20130131	94332	1363	A462416407	买入	600777	新潮实业	63400.00	5.410	342994.00	-343186.39	154.35
20130131	94633	1351	A462416407	买入	600777	新潮实业	40000.00	5.400	216000.00	-216121.20	97.20
20130131	95515	1951	A462416407	买入	600777	新潮实业	30000.00	5.420	162600.00	-162691.17	73.17
20130131	95625	2015	A462416407	买入	600777	新潮实业	80000.00	5.439	435100.00	-435343.80	195.80
20130131	95814	2105	A462416407	买入	600777	新潮实业	50000.00	5.440	272000.00	-272152.40	122.40
20130131	95905	2145	A462416407	买入	600777	新潮实业	49200.00	5.450	268140.00	-268290.18	120.66
20130131	94025	1336	0102906777	卖出	000062	深圳华强	-33000.00	6.890	227370.00	227040.31	102.32
20130131	94117	1390	0102906777	卖出	000062	深圳华强	-100000.00	6.858	685759.00	684764.63	308.59
20130131	95228	1362	0102906777	卖出	000062	深圳华强	-15900.00	6.880	109392.00	109233.38	49.23
20130131	95333	2062	0102906777	卖出	000062	深圳华强	-100000.00	6.843	684256.84	683264.66	307.92
20130131	95436	2114	0102906777	卖出	000062	深圳华强	-51099.00	6.783	346616.82	346114.22	155.98
20130415	160000	0	0102906777	卖出	000062	深圳华强	0.00	0.000	0.14	0.14	0.00
20130527	160000	0	A462416407	买入	000386	北巴传媒	1.00	17.830	0.25	0.25	0.00
20130813	160000	0	A462416407	卖出	600372	DR 中航电	0.00	0.000	0.00	0.00	0.00
20130816	160000	0	A462416407	卖出	600372	中航电子	0.00	0.000	0.10	0.10	0.00
20130822	160000	0	A462416407	卖出	600759	正和股份	0.00	0.000	0.09	0.09	0.00
20140219	104233	3573	A462416407	卖出	600777	新潮实业	-19000.00	8.520	161880.00	161633.87	72.85
20140219	104318	3591	A462416407	卖出	600777	新潮实业	-30000.00	8.500	255000.00	254612.25	114.75
20140219	104614	3657	A462416407	卖出	600777	新潮实业	-100000.00	8.442	844233.00	842948.87	379.90
20140219	104911	3751	A462416407	卖出	600777	新潮实业	-130300.00	8.452	1101326.00	1099650.85	495.60
20140219	111411	3579	A462416407	卖出	600777	新潮实业	-90000.00	8.510	765900.00	764735.44	344.66

续表

发生日期	成交时间	委托编号	证券账号	买卖方向	证券代码	证券名称	成交数量	成交价格	成交金额	清算金额	佣金
20140219	112200	4569	A462416407	卖出	600777	新潮实业	-100000.00	8.500	850000.00	848707.50	382.50
20140219	134553	6385	A462416407	卖出	600777	新潮实业	-150000.00	8.400	1260000.00	1258083.00	567.00
20140219	134620	6395	A462416407	卖出	600777	新潮实业	-250000.00	8.373	2093167.00	2089981.90	941.93
20140219	104755	6194	0102906777	买入	002164	宁波东力	150000.00	4.058	608739.77	-609013.70	273.93
20140219	105737	6582	0102906777	买入	000019	深深宝A	33000.00	8.279	273191.89	-273314.83	122.94
20140219	110633	6252	0102906777	买入	002164	宁波东力	44753.00	4.050	181249.65	-181331.21	81.56
20140219	111704	7264	0102906777	买入	000019	深深宝A	40000.00	8.270	330800.00	-330948.86	148.86
20140219	122254	7524	0102906777	买入	002164	宁波东力	456300.00	4.091	1866572.90	-1867412.86	839.96
20140219	130459	8172	0102906777	买入	002164	宁波东力	59400.00	4.100	243540.00	-243649.59	109.59
20140219	130529	8190	0102906777	买入	002164	宁波东力	113800.00	4.100	466580.00	-466789.96	209.96
20140219	134647	9960	0102906777	买入	002164	宁波东力	23000.00	4.060	93380.00	-93422.02	42.02
20140219	134706	9980	0102906777	买入	002164	宁波东力	100000.00	4.070	407000.00	-407183.15	183.15
20140219	134732	10008	0102906777	买入	002164	宁波东力	55000.00	4.080	224400.00	-224500.98	100.98
20140219	134806	10036	0102906777	买入	002164	宁波东力	559600.00	4.090	2288674.00	-2289703.90	1029.90
20140219	135149	10136	0102906777	买入	002164	宁波东力	81700.00	4.080	333336.00	-333486.00	150.00
20140326	110529	3179	A462416407	卖出	600777	新潮实业	69100.00	8.177	565009.27	565304.98	254.25
20140326	112732	3537	A462416407	卖出	600777	新潮实业	6700.00	8.160	54672.00	-54700.62	24.60
20140326	110414	4662	0102906777	买入	000019	深深宝A	-73000.00	8.510	621230.00	620329.21	279.55
20140331	103806	2477	A462416407	卖出	600777	新潮实业	-30000.00	7.960	238800.00	238435.74	107.46
20140331	103951	2499	A462416407	卖出	600777	新潮实业	-100000.00	7.946	794635.00	793422.76	357.59
20140331	104051	2507	A462416407	卖出	600777	新潮实业	-30000.00	8.000	240000.00	239634.00	108.00
20140331	104203	2527	A462416407	卖出	600777	新潮实业	-35800.00	8.010	286758.00	286320.72	129.04
20140331	112039	3119	A462416407	卖出	600777	新潮实业	-160000.00	8.000	1280045.00	1278092.94	576.02
20140331	104435	3412	0102906777	买入	002164	宁波东力	30000.00	3.930	117890.00	-117943.05	53.05
20140331	104706	3478	0102906777	买入	002164	宁波东力	20000.00	3.925	78505.00	-78540.33	35.33
20140331	105024	3562	0102906777	买入	002164	宁波东力	30000.00	3.930	117900.00	-117953.06	53.06
20140331	105111	3594	0102906777	买入	002164	宁波东力	100000.00	3.948	394805.00	-394982.66	177.66
20140331	105725	3700	0102906777	买入	002164	宁波东力	20000.00	3.940	78800.00	-78835.46	35.46

续表

发生日期	成交时间	委托编号	证券账号	买卖方向	证券代码	证券名称	成交数量	成交价格	成交金额	清算金额	佣金
20140331	110106	3782	0102906777	买人	002164	宁波东力	10000.00	3.930	39300.00	-39317.69	17.69
20140331	110520	3436	0102906777	买人	002164	宁波东力	30000.00	3.910	117300.00	-117352.79	52.79
20140331	110520	3504	0102906777	买人	002164	宁波东力	27000.00	3.910	105570.00	-105617.51	47.51
20140331	110520	3804	0102906777	买人	002164	宁波东力	129700.00	3.910	507127.00	-507355.21	228.21
20140331	112210	4200	0102906777	买人	002164	宁波东力	200000.00	3.974	794839.20	-795196.88	357.68
20140331	112249	4204	0102906777	买人	002164	宁波东力	121300.00	3.975	482138.00	-482354.96	216.96
20140331	132953	4701	0102906777	卖出	600777	新潮实业	-100000.00	8.100	810000.00	808765.50	364.50
20140411	133015	4707	A462416407	卖出	600777	新潮实业	-120000.00	8.090	970800.00	969320.34	436.86
20140411	133040	5712	0102906777	买人	002164	宁波东力	40000.00	3.990	159600.00	-159671.82	71.82
20140411	133102	5722	0102906777	买人	002164	宁波东力	60000.00	4.000	240000.00	-240108.00	108.00
20140411	133206	5758	0102906777	买人	002164	宁波东力	50000.00	4.000	200000.00	-200090.00	90.00
20140411	133337	5806	0102906777	买人	002164	宁波东力	90000.00	4.010	360900.00	-361062.41	162.41
20140411	133519	5856	0102906777	买人	002164	宁波东力	50000.00	4.010	200500.00	-200590.23	90.23
20140411	135333	6302	0102906777	买人	002164	宁波东力	126071.00	4.020	506805.42	-507033.48	228.06
20140411	135805	6380	0102906777	买人	002164	宁波东力	27300.00	4.040	110292.00	-110341.63	49.63
20140416	144801	5653	A462416407	卖出	600777	新潮实业	-100000.00	8.300	830000.00	828736.50	373.50
20140416	144912	5723	A462416407	卖出	600777	新潮实业	-100000.00	8.310	831000.00	829735.05	373.95
20140416	145632	5885	A462416407	卖出	600777	新潮实业	-100000.00	8.330	833000.00	831732.15	374.85
20140416	144926	7360	0102906777	买人	002164	宁波东力	223800.00	4.050	906390.00	-906797.88	407.88
20140416	144945	7366	0102906777	买人	002164	宁波东力	4500.00	4.050	18225.00	-18233.20	8.20
20140416	144955	7376	0102906777	买人	002164	宁波东力	4100.00	4.050	16605.00	-16612.47	7.47
20140416	145005	7384	0102906777	买人	002164	宁波东力	12700.00	4.050	51435.00	-51458.15	23.15
20140416	145332	7518	0102906777	买人	002164	宁波东力	163000.00	4.060	661780.00	-662077.80	297.80
20140416	150021	7740	0102906777	买人	002164	宁波东力	123200.00	4.070	501424.00	-501649.64	225.64
20140416	150021	7742	0102906777	买人	002164	宁波东力	27007.00	4.070	109918.49	-109967.95	49.46
20140417	145807	5517	A462416407	卖出	600777	新潮实业	-200000.00	8.258	1651641.30	1649126.41	743.24
20140417	110337	4290	0102906777	买人	002164	宁波东力	55000.00	4.060	223300.00	-223400.49	100.49
20140417	150022	8078	0102906777	买人	002164	宁波东力	220722.00	4.120	909374.64	-909783.86	409.22

续表

发生日期	成交时间	委托编号	证券账号	买卖方向	证券代码	证券名称	成交数量	成交价格	成交金额	清算金额	佣金
20140418	130129	4254	0102906777	买入	002164	宁波东力	180700.00	4.090	739063.00	-739395.58	332.58
20140421	94736	1069	A462416407	卖出	600777	新潮实业	-35000.00	8.070	282450.00	282019.45	127.10
20140421	94845	1117	A462416407	卖出	600777	新潮实业	-45000.00	8.060	362700.00	362147.08	163.22
20140421	95036	1163	A462416407	卖出	600777	新潮实业	-20000.00	8.080	161600.00	161353.68	72.72
20140421	94758	1532	0102906777	买入	002164	宁波东力	71000.00	3.970	281870.00	-281996.84	126.84
20140421	94909	1596	0102906777	买入	002164	宁波东力	91400.00	3.960	361944.00	-362106.87	162.87
20140421	95112	1708	0102906777	买入	002164	宁波东力	40700.00	3.960	161172.00	-161244.53	72.53
20140508	160000	0	0102906777	卖出	000062	深圳华强	0.00	0.000	0.28	0.28	0.00
20140520	160000	0	A462416407	卖出	600759	正利股份	0.00	0.000	0.01	0.01	0.00
20140619	160000	0	0102906777	卖出	000606	青海明胶	0.00	0.000	0.01	0.01	0.00
20140625	160000	0	A462416407	卖出	600796	钱江生化	0.00	0.000	0.03	0.03	0.00
20140701	130837	3701	A462416407	卖出	600777	新潮实业	-5600.00	8.853	49578.00	49502.75	22.31
20140701	130939	3709	A462416407	卖出	600777	新潮实业	-3400.00	8.870	30158.00	30112.23	13.57
20140701	131620	3845	A462416407	卖出	600777	新潮实业	-22000.00	8.830	194260.00	193965.12	87.42
20140701	132351	3967	A462416407	卖出	600777	新潮实业	-20000.00	8.832	176642.00	176373.87	79.49
20140701	132549	4017	A462416407	卖出	600777	新潮实业	-98000.00	8.814	863732.42	862421.20	388.68
20140701	132946	4099	A462416407	卖出	600777	新潮实业	-30000.00	8.830	264900.00	264497.89	119.21
20140701	133213	4149	A462416407	卖出	600777	新潮实业	-30000.00	8.820	264600.00	264198.33	119.07
20140701	131127	6514	0102906777	买入	002164	*ST东力	20500.00	3.890	79745.00	-79780.89	35.89
20140701	131715	6692	0102906777	买入	002164	*ST东力	49800.00	3.889	193658.97	-193746.12	87.15
20140701	132412	6840	0102906777	买入	002164	*ST东力	45200.00	3.900	176280.00	-176359.33	79.33
20140701	132649	6918	0102906777	买入	002164	*ST东力	21000.00	3.900	81900.00	-81936.86	36.86
20140701	133315	7154	0102906777	买入	002164	*ST东力	20000.00	3.900	78000.00	-78035.10	35.10
20140701	133401	7180	0102906777	买入	002164	*ST东力	15600.00	3.900	60840.00	-60867.38	27.38
20140701	133424	7194	0102906777	买入	002164	*ST东力	50000.00	3.900	195000.00	-195087.75	87.75
20140701	133944	7378	0102906777	买入	002164	*ST东力	30000.00	3.910	117300.00	-117352.79	52.79
20140701	134014	7396	0102906777	买入	002164	*ST东力	185500.00	3.927	728408.00	-728735.78	327.78
20140701	141057	7220	0102906777	买入	002164	*ST东力	3662.00	3.890	14245.18	-14251.59	6.41

续表

发生日期	成交时间	委托编号	证券账号	买卖方向	证券代码	证券名称	成交数量	成交价格	成交金额	清算金额	佣金
20140701	143908	9206	0102906777	买入	002164	*ST东力	29300.00	3.920	114856.00	-114907.69	51.69
20140717	160000	0	A4624164 07	卖出	600386	北巴传媒	0.00	0.000	0.26	0.26	0.00
20140729	160000	0	A4624164 07	卖出	600372	中航电子	0.00	0.000	0.14	0.14	0.00
20140801	111027	4687	A4624164 07	卖出	600777	新潮实业	-90000.00	9.000	810000.00	808771.50	364.50
20140801	111115	4705	A4624164 07	卖出	600777	新潮实业	-100000.00	8.990	899000.00	897636.44	404.55
20140801	111156	6134	0102906777	买入	000019	深深宝A	200000.00	7.023	1404530.40	-1405162.44	632.04
20140801	112654	6570	0102906777	买入	000019	深深宝A	42600.00	7.040	299903.60	-300038.56	134.96
20140829	141623	6751	A4624164 07	卖出	600777	新潮实业	-12000.00	10.040	120480.00	120298.10	54.22
20140829	141651	6765	A4624164 07	卖出	600777	新潮实业	-20000.00	10.026	200526.00	200223.23	90.24
20140829	141707	6773	A4624164 07	卖出	600777	新潮实业	-23000.00	10.050	231150.00	230801.01	104.02
20140829	141724	6785	A4624164 07	卖出	600777	新潮实业	-40000.00	10.020	400800.00	400194.84	180.36
20140829	142036	6873	A4624164 07	卖出	600777	新潮实业	-100000.00	10.000	1000000.00	998490.00	450.00
20140829	143013	7153	A4624164 07	卖出	600777	新潮实业	-50000.00	9.990	499500.00	498745.72	224.78
20140829	144016	7233	A4624164 07	卖出	600777	新潮实业	-6000.00	10.000	60000.00	59909.40	27.00
20140829	104054	6172	0102906777	买入	000019	深深宝A	-12600.00	7.950	100170.00	100024.74	45.08
20140829	104603	6256	0102906777	卖出	000019	深深宝A	-110000.00	8.000	880000.00	878724.00	396.00
20140829	104631	6392	0102906777	买入	000610	西安旅游	33000.00	7.610	251130.00	-251243.01	113.01
20140829	104726	6434	0102906777	买入	000610	西安旅游	95100.00	7.651	727656.23	-727983.68	327.45
20140829	110338	7046	0102906777	卖出	000019	深深宝A	-20000.00	8.020	160400.00	160167.42	72.18
20140829	110441	7136	0102906777	买入	000610	西安旅游	21000.00	7.660	160859.00	-160931.39	72.39
20140829	110652	7214	0102906777	买入	000610	西安旅游	-100000.00	8.012	801174.30	800012.59	360.53
20140829	110726	7258	0102906777	买入	000610	西安旅游	12000.00	7.650	91800.00	-91841.31	41.31
20140829	110742	7268	0102906777	买入	000610	西安旅游	30000.00	7.660	229800.00	-229903.41	103.41
20140829	110859	7338	0102906777	买入	000610	西安旅游	12400.00	7.660	94984.00	-95026.74	42.74
20140829	110957	7392	0102906777	买入	000610	西安旅游	49900.00	7.670	382733.00	-382905.23	172.23
20140829	141910	11462	0102906777	买入	002164	*ST东力	70000.00	4.890	342300.00	-342454.04	154.04
20140829	141942	11476	0102906777	买入	002164	*ST东力	124300.00	4.899	608985.00	-609259.04	274.04
20140829	142102	11548	0102906777	买入	002164	*ST东力	203700.00	4.900	998116.00	-998565.15	449.15

续表

发生日期	成交时间	委托编号	证券账号	买卖方向	证券代码	证券名称	成交数量	成交价格	成交金额	清算金额	佣金
20140829	143123	12094	0102906777	买入	002164	*ST 东力	101700.00	4.900	498313.00	-498537.24	224.24
20140829	144049	12594	0102906777	买入	002164	*ST 东力	12300.00	4.900	60270.00	-60297.12	27.12
20140911	135431	13699	A462416407	卖出	600777	新潮实业	97200.00	10.386	1009557.00	-1010069.62	454.30
20140911	135244	17142	0102906777	卖出	002164	*ST 东力	-285500.00	5.640	1610220.00	1607885.18	724.60
20140911	135816	17590	0102906777	买入	000610	西安旅游	71500.00	8.340	596295.00	-596563.33	268.33
20140911	141218	18566	0102906777	卖出	002164	*ST 东力	-77700.00	5.640	438228.00	437592.57	197.20
20140911	141306	18634	0102906777	买入	000610	西安旅游	52500.00	8.350	438361.00	-438558.26	197.26
20140911	141959	18910	0102906777	卖出	002164	*ST 东力	-42100.00	5.660	238286.00	237940.49	107.23
20140911	142222	19222	0102906777	买入	000610	西安旅游	12600.00	8.326	104912.00	-104959.21	47.21
20140911	145254	21336	0102906777	买入	000610	西安旅游	16000.00	8.320	133120.00	-133179.90	59.90
20140911	145436	21426	0102906777	卖出	002164	*ST 东力	-100000.00	5.680	568000.00	567176.40	255.60
20140911	145522	21550	0102906777	买入	000610	西安旅游	68200.00	8.310	566742.00	-566997.03	255.03
20140917	143718	13019	A462416407	卖出	600777	新潮实业	108200.00	10.243	1108254.98	-1108818.61	498.71
20140917	143854	13107	0102906777	卖出	002164	*ST 东力	44600.00	10.250	457150.00	-457382.48	205.72
20140917	143308	16720	0102906777	卖出	002164	*ST 东力	-23000.00	5.930	136390.00	136192.23	61.38
20140917	143331	16740	0102906777	卖出	002164	*ST 东力	-70000.00	5.920	414400.00	413799.12	186.48
20140917	143419	16758	0102906777	卖出	002164	*ST 东力	-35000.00	5.930	207550.00	207249.04	93.40
20140917	143427	16802	0102906777	买入	000610	西安旅游	6800.00	8.380	56984.00	-57009.64	25.64
20140917	143452	16836	0102906777	买入	000610	西安旅游	48000.00	8.398	403088.00	-403269.39	181.39
20140917	143610	16896	0102906777	卖出	002164	*ST 东力	-36000.00	5.930	213480.00	213170.45	96.07
20140917	143632	16944	0102906777	卖出	002164	*ST 东力	-136000.00	5.920	805120.00	803952.57	362.30
20140917	143807	17044	0102906777	卖出	002164	*ST 东力	-200000.00	5.920	1184095.98	1182379.04	532.84
20140917	144028	17160	0102906777	买入	000610	西安旅游	9700.00	8.430	81771.00	-81807.80	36.80
20140917	144832	17894	0102906777	买入	000610	西安旅游	100000.00	8.476	847593.00	-847974.42	381.42
20140924	144846	17635	A462416407	卖出	600777	新潮实业	-300000.00	11.110	3332960.97	3327948.19	1499.83
20140924	144913	22182	0102906777	买入	000610	西安旅游	200000.00	8.946	1789135.98	-1789941.09	805.11
20140924	144949	22236	0102906777	买入	000610	西安旅游	6401.00	8.950	57288.95	-57314.73	25.78
20140924	145112	22356	0102906777	买入	000610	西安旅游	164500.00	8.998	1480089.00	-1480755.04	666.04

续表

发生日期	成交时间	委托编号	证券账号	买卖方向	证券代码	证券名称	成交数量	成交价格	成交金额	清算金额	佣金
20140925	110342	8937	A462416407	卖出	600777	新潮实业	-50000.00	11.140	557000.00	556162.35	250.65
20140925	110652	9135	A462416407	卖出	600777	新潮实业	-150000.00	11.108	1666183.78	1663677.80	749.78
20140925	135518	13075	A462416407	卖出	600777	新潮实业	-40000.00	11.200	448000.00	447326.40	201.60
20140925	135533	13093	A462416407	卖出	600777	新潮实业	-43700.00	11.200	489440.00	488704.09	220.25
20140925	135903	13315	A462416407	卖出	600777	新潮实业	-110000.00	11.160	1227644.00	1225797.91	552.44
20140925	140052	13411	A462416407	卖出	600777	新潮实业	-6300.00	11.150	70245.00	70139.36	31.61
20140925	141325	14279	A462416407	卖出	600777	新潮实业	-300000.00	11.085	3325613.00	3320610.86	1496.53
20140925	110420	11148	0102906777	买入	000610	西安旅游	30000.00	8.930	267900.00	-268020.56	120.56
20140925	110513	11200	0102906777	买入	000610	西安旅游	32300.00	8.920	288116.00	-288245.65	129.65
20140925	110715	11370	0102906777	买入	000610	西安旅游	96000.00	8.930	857280.00	-857665.78	385.78
20140925	111741	12032	0102906777	买入	000610	西安旅游	23621.00	8.950	211407.95	-211503.08	95.13
20140925	112506	12486	0102906777	买入	000610	西安旅游	66200.00	8.980	594476.00	-594743.51	267.51
20140925	135546	17022	0102906777	买入	000610	西安旅游	83000.00	9.000	747000.00	-747336.15	336.15
20140925	135618	17056	0102906777	买入	000610	西安旅游	20600.00	8.999	185389.00	-185472.43	83.43
20140925	140128	17438	0102906777	买入	000610	西安旅游	144300.00	8.998	1298438.00	-1290022.30	584.30
20140925	141407	18668	0102906777	买入	000610	西安旅游	10500.00	8.910	93555.00	-93597.10	42.10
20140925	141422	18684	0102906777	买入	000610	西安旅游	23000.00	8.920	205160.00	-205252.32	92.32
20140925	141708	18870	0102906777	买入	000610	西安旅游	30000.00	8.954	268612.00	-268732.88	120.88
20140925	141849	18998	0102906777	买入	000610	西安旅游	60000.00	8.995	539720.00	-539962.87	242.87
20140925	142139	19166	0102906777	买入	000610	西安旅游	100000.00	8.988	898758.02	-899162.46	404.44
20140925	142259	19280	0102906777	买入	000610	西安旅游	83800.00	8.999	754129.00	-754468.36	339.36
20140925	142821	19036	0102906777	买入	000610	西安旅游	50000.00	8.950	447500.00	-447701.38	201.38
20140925	143216	19342	0102906777	买入	000610	西安旅游	12500.00	8.950	111875.00	-111925.34	50.34
20141110	141812	15012	0102906777	卖出	002164	*ST 东力	-990000.00	5.555	5498968.00	5491819.15	1649.69
20141110	141832	15032	0102906777	卖出	002164	*ST 东力	-990000.00	5.550	5494533.00	5487389.76	1648.36
20141110	141944	15098	0102906777	卖出	002164	西安旅游	-12600.00	9.540	120204.00	120047.73	36.06
20141110	142628	15072	0102906777	卖出	002164	*ST 东力	-220000.00	5.550	1221000.00	1219412.67	366.30
20141110	143718	16264	0102906777	卖出	002164	*ST 东力	-800000.00	5.552	4441662.67	4435888.23	1332.50

续表

发生日期	成交时间	委托编号	证券账号	买卖方向	证券代码	证券名称	成交数量	成交价格	成交金额	清算金额	佣金
20141110	144238	16644	0102906777	卖出	002164	*ST东力	-150000.00	5.551	832607.00	831524.49	249.78
20141110	144311	16654	0102906777	卖出	002164	*ST东力	-850000.00	5.550	4717500.00	4711366.85	1415.25
20141113	94806	3354	0102906777	买入	000610	西安旅游	31300.00	9.500	297339.90	-297429.10	89.20
20141211	102531	4808	0102906777	卖出	000610	西安旅游	-94000.00	10.300	968200.00	966941.34	290.46
20141211	102644	10936	0102906777	卖出	000610	西安旅游	-60000.00	10.310	618600.00	617795.82	185.58
20141211	102700	10960	0102906777	卖出	000610	西安旅游	-50000.00	10.320	516000.00	515329.21	154.80
20141211	104648	13656	0102906777	卖出	000610	西安旅游	-15000.00	10.584	158757.00	158550.62	47.63
20141211	104822	13790	0102906777	卖出	000610	西安旅游	-15000.00	10.781	161718.00	161507.75	48.52
20141211	105523	14402	0102906777	买入	000043	中航地产	100000.00	8.150	814952.00	-815196.49	244.49
20141211	105754	14580	0102906777	买入	000043	中航地产	100000.00	8.140	813987.00	-814231.20	244.20
20141211	105958	14648	0102906777	买入	000043	中航地产	97600.00	8.100	790560.00	-790797.17	237.17
20141212	103640	10818	0102906777	卖出	000610	西安旅游	-160000.00	10.601	1696216.00	1694010.93	508.86
20141212	103710	10880	0102906777	买入	000043	中航地产	208300.00	8.130	1693479.00	-1693987.04	508.04
20141216	142934	20958	0102906777	卖出	000610	西安旅游	-50000.00	11.150	557500.00	556775.23	167.25
20141216	142952	20984	0102906777	买入	000043	中航地产	50900.00	8.150	414835.00	-414959.45	124.45
20141216	143113	20994	0102906777	买入	000043	中航地产	400.00	8.150	3260.00	-3265.00	5.00
20141216	143321	21230	0102906777	卖出	000610	西安旅游	-60000.00	11.102	666117.00	665251.04	199.84
20141216	143345	21262	0102906777	买入	000043	中航地产	77000.00	8.180	629860.00	-630048.96	188.96
20141216	143513	21390	0102906777	买入	000043	中航地产	4600.00	8.220	37812.00	-37823.34	11.34
20141216	144854	22704	0102906777	卖出	000610	西安旅游	16500.00	8.240	135960.00	-136000.79	40.79
20141222	103202	11092	0102906777	卖出	000610	西安旅游	-20000.00	9.890	197803.86	197545.86	59.34
20141222	103221	11118	0102906777	卖出	000610	西安旅游	-20000.00	9.900	198000.00	197742.60	59.40
20141222	103247	11164	0102906777	卖出	000610	西安旅游	-20000.00	9.900	198000.00	197742.60	59.40
20141222	103442	11222	0102906777	买入	000043	中航地产	-30122.00	9.930	299111.46	298722.62	89.73
20141222	104300	12118	0102906777	卖出	000043	中航地产	11800.00	7.970	94046.00	-94074.21	28.21
20141222	104606	12160	0102906777	买入	000043	中航地产	100000.00	7.970	797000.00	-797239.10	239.10
20141222	104746	12528	0102906777	卖出	000610	西安旅游	-2373302.00	9.990	2370656.01	2367574.14	711.20
20141222	104839	12592	0102906777	买入	000043	中航地产	295900.00	7.998	2366574.00	-2367283.97	709.97

续表

交易日期	委托编号	申请编号	资产账户	交易类别	证券账号	证券代码	证券名称	买卖方向	证券类别	业务标志	成交数量	成交价格	成交金额	清算金额	应证券额	成交时间	净佣金	风险金	应记利息
20150127	10456	604214	66617553	深圳	0102906777	610	西安旅游	卖出	股票	证券卖出	-12249	10.79	132166.7	131994.9	1050449	102617	24.42	0	0
20150127	10602	604266	66617553	深圳	0102906777	43	中航地产	卖出	股票	证券卖出	-63000	8.56	539280	538578.9	1000000	102731	99.69	0	0
20150127	10650	604282	66617553	深圳	0102906777	628	高新发展	买入	股票	证券买入	17400	9.76	169824	-169825	17400	102750	31.39	0	0
20150127	10884	604378	66617553	深圳	0102906777	628	高新发展	买入	股票	证券买入	28600	9.795	280147	-280231	46000	103015	51.76	0	0
20150127	10930	604398	66617553	深圳	0102906777	628	高新发展	买入	股票	证券买入	16200	9.81	158922	-158970	62200	103039	29.37	0	0
20150127	10986	604421	66617553	深圳	0102906777	628	高新发展	买入	股票	证券买入	4600	9.81	45126	-45139.5	66800	103109	8.35	0	0
20150127	11136	604477	66617553	深圳	0102906777	628	高新发展	买入	股票	证券买入	1700	9.85	16745	-16750	68500	103259	3.09	0	0
20150127	4840	602019	66617553	深圳	0102906777	610	西安旅游	卖出	股票	证券卖出	-30000	10.68	320404	319987.5	1020449	100338	59.24	0	0
20150127	4922	602056	66617553	深圳	0102906777	610	西安旅游	卖出	股票	证券卖出	-3900	10.7	41730	41675.75	1016549	100430	7.72	0	0
20150203	5004	602086	66617553	深圳	0102906777	628	高新发展	买入	股票	证券买入	38800	9.29	360452	-360560	107300	100527	66.66	0	0
20150203	5080	602116	66617553	深圳	0102906777	628	高新发展	买入	股票	证券买入	-30000	10.68	320400	319983.5	986549	100612	59.22	0	0
20150203	5100	602123	66617553	深圳	0102906777	628	高新发展	买入	股票	证券买入	30000	9.3	279000	-279084	137300	100631	51.59	0	0
20150203	5146	602140	66617553	深圳	0102906777	628	高新发展	买入	股票	证券买入	4500	9.3	41850	-41862.6	141800	100654	7.74	0	0
20150203	12036	604829	66617553	深圳	0102906777	610	西安旅游	卖出	股票	证券卖出	-186549	11	2052039	2049371	800000	110727	379.42	0	0
20150203	12286	604919	66617553	深圳	0102906777	628	高新发展	卖出	股票	证券卖出	-20000	11.094	221870	221581.6	780000	110830	41.03	0	0
20150203	12298	604924	66617553	深圳	0102906777	628	高新发展	卖出	股票	证券卖出	-30000	11.111	333340	332906.7	750000	110843	61.64	0	0
20150203	12338	604939	66617553	深圳	0102906777	628	高新发展	卖出	股票	证券卖出	-23000	11.158	256623	256289.4	727000	110911	47.46	0	0
20150203	12448	604980	66617553	深圳	0102906777	610	西安旅游	卖出	股票	证券卖出	50000	9.51	475500	-475643	191800	111025	87.92	0	0
20150205	12582	605031	66617553	深圳	0102906777	628	高新发展	买入	股票	证券买入	70000	9.564	669498	-669699	261800	111200	123.76	0	0
20150205	12636	605055	66617553	深圳	0102906777	628	高新发展	买入	股票	证券买入	120000	9.59	1150786	-1151132	381800	111240	212.76	0	0
20150205	12670	605068	66617553	深圳	0102906777	628	高新发展	买入	股票	证券买入	59000	9.55	563450	-563619	440800	131109	104.19	0	0
20150205	15630	606213	66617553	深圳	0102906777	610	西安旅游	卖出	股票	证券卖出	-75000	11	825000	823927.5	652000	132301	152.55	0	0
20150205	15672	606230	66617553	深圳	0102906777	628	高新发展	买入	股票	证券买入	5000	9.52	47600	-47614.3	445800	132332	8.8	0	0
20150205	15796	606275	66617553	深圳	0102906777	628	高新发展	买入	股票	证券买入	12000	9.55	114600	-114634	457800	132530	21.19	0	0
20150205	15986	606353	66617553	深圳	0102906777	628	高新发展	买入	股票	证券买入	10000	9.58	95795	-95823.7	467800	132834	17.7	0	0
20150205	16040	606373	66617553	深圳	0102906777	628	高新发展	买入	股票	证券买入	15000	9.59	143850	-143893	482800	132922	26.6	0	0
20150205	16076	606388	66617553	深圳	0102906777	628	高新发展	买入	股票	证券买入	33200	9.55	317060	-317155	516000	133533	58.63	0	0
20150205	15690	606237	66617553	深圳	0102906777	628	高新发展	买入	股票	证券买入	11000	9.52	104720	-104751	527000	133929	19.36	0	0
20150213	13690	605527	66617553	深圳	0102906777	43	中航地产	卖出	股票	证券卖出	-80000	8.43	674400	673523.3	920000	132253	124.71	0	0
20150213	13738	605547	66617553	深圳	0102906777	628	高新发展	买入	股票	证券买入	72100	9.348	673959	-674161	599100	132335	124.6	0	0
20150216	3562	601480	66617553	深圳	0102906777	610	西安旅游	卖出	股票	证券卖出	-52000	11.45	595400	594626	600000	94751	110.09	0	0
20150216	3620	601502	66617553	深圳	0102906777	628	高新发展	买入	股票	证券买入	62200	9.55	594010	-594188	661300	94811	109.84	0	0
20150226	607911	66617553	深圳	0102906777	43	中航地产	卖出	股票	证券卖出	-100000	8.733	873323	872187.7	820000	145543	161.49	0	0

1 随着行业监管规则的变化，交割单格式会相应做调整。因此，不同时期的交割单表头有差异。

续表

交易日期	委托编号	申请编号	资产账户	交易类别	证券账号	证券代码	证券名称	买卖方向	证券类别	业务标志	成交数量	成交价格	成交金额	清算金额	后证券额	成交时间	净佣金	风险金	应记利息
20150226	19898	607975	66617553	深圳	01029067777	628	高新发展	买入	股票	证券买入	87900	9.92	871968	-872230	749200	150018	161.19	0	0
20150303	10104	604177	66617553	深圳	01029067777	43	中航地产	卖出	股票	证券卖出	-30000	8.6	258000	257664.6	790000	101556	47.7	0	0
20150303	10276	604247	66617553	深圳	01029067777	43	中航地产	卖出	股票	证券卖出	-20000	8.6	172000	171776.4	770000	101725	31.79	0	0
20150303	10512	604342	66617553	深圳	01029067777	43	中航地产	卖出	股票	证券卖出	-20000	8.61	172200	171976.1	750000	101935	31.84	0	0
20150303	10698	604415	66617553	深圳	01029067777	628	高新发展	卖出	股票	证券卖出	-100000	8.581	858075	856959.5	650000	102029	158.65	0	0
20150303	10824	604469	66617553	深圳	01029067777	43	中航地产	卖出	股票	证券卖出	-20000	8.599	171980	171756.4	630000	102120	31.8	0	0
20150303	11132	604591	66617553	深圳	01029067777	628	高新发展	买入	股票	证券买入	33000	10.497	346411.5	-346515	782200	102353	64.01	0	0
20150303	11432	604704	66617553	深圳	01029067777	628	高新发展	买入	股票	证券买入	122200	10.5	1283100	-1283485	904400	103307	237.17	0	0
20150303	10952	604520	66617553	深圳	01029067777	43	中航地产	卖出	股票	证券卖出	-30000	8.6	258000	257664.6	600000	132228	47.69	0	0
20150304	2446	601084	66617553	深圳	01029067777	628	高新发展	卖出	股票	证券卖出	24700	10.43	257616	-257693	929100	93710	47.63	0	0
20150305	15192	606174	66617553	深圳	01029067777	610	西安旅游	卖出	股票	证券卖出	-40000	12.807	512283	511617	560000	110515	94.63	0	0
20150305	15208	606179	66617553	深圳	01029067777	610	西安旅游	卖出	股票	证券卖出	-50000	12.806	640288	639455.6	510000	110530	118.39	0	0
20150305	15252	606198	66617553	深圳	01029067777	610	西安旅游	卖出	股票	证券卖出	-50000	12.801	640041	639208.9	460000	110554	118.26	0	0
20150305	15304	606216	66617553	深圳	01029067777	628	高新发展	买入	股票	证券买入	170500	10.5	1790197	-1790734	1099600	110642	330.99	0	0
20150305	15726	606382	66617553	深圳	01029067777	610	西安旅游	卖出	股票	证券卖出	-30000	12.98	389388.2	388882	430000	111136	72.01	0	0
20150305	15874	606441	66617553	深圳	01029067777	610	西安旅游	卖出	股票	证券卖出	37000	10.5	388500	-388617	1136600	112051	71.83	0	0
20150305	16520	606695	66617553	深圳	01029067777	610	西安旅游	卖出	股票	证券卖出	-30000	12.971	389144	388638.1	400000	112230	71.95	0	0
20150305	16534	606701	66617553	深圳	01029067777	610	西安旅游	卖出	股票	证券卖出	-20000	12.99	259800	259462.3	380000	112253	48.03	0	0
20150305	16564	606709	66617553	深圳	01029067777	628	高新发展	买入	股票	证券买入	41000	10.45	428450	-428579	1177600	112518	79.23	0	0
20150305	16652	606750	66617553	深圳	01029067777	610	西安旅游	卖出	股票	证券卖出	21000	10.45	219450	-219516	1198600	112539	40.57	0	0
20150305	23042	609205	66617553	深圳	01029067777	628	高新发展	买入	股票	证券买入	-12000	13.434	161206.6	160997	368000	141145	29.8	0	0
20150305	23114	609232	66617553	深圳	01029067777	610	西安旅游	卖出	股票	证券卖出	-12000	13.48	161760	161549.7	356000	141235	29.91	0	0
20150305	23182	609257	66617553	深圳	01029067777	610	西安旅游	卖出	股票	证券卖出	-12000	13.5	162000	161789.4	344000	141324	29.95	0	0
20150305	23218	609269	66617553	深圳	01029067777	610	西安旅游	卖出	股票	证券卖出	-12000	13.53	162360	162148.9	332000	141441	30.02	0	0
20150305	23676	609444	66617553	深圳	01029067777	628	高新发展	卖出	股票	证券卖出	-32000	13.75	440000	439428	300000	141900	81.36	0	0
20150305	23844	609506	66617553	深圳	01029067777	628	高新发展	买入	股票	证券买入	102900	10.545	1085090	-1085416	1301500	142012	200.65	0	0
20150316	26788	610720	66617553	深圳	01029067777	628	高新发展	卖出	股票	证券卖出	-30000	13.23	396900	396384	270000	143046	73.4	0	0
20150316	26814	610730	66617553	深圳	01029067777	43	中航地产	卖出	股票	证券卖出	-50000	11.08	554000	553279.8	550000	143103	102.44	0	0
20150316	27012	610801	66617553	深圳	01029067777	610	西安旅游	卖出	股票	证券卖出	-70000	13.26	928200	926993.3	200000	143340	171.62	0	0
20150316	28048	611207	66617553	深圳	01029067777	2164	宁波东力	买入	股票	证券买入	23000	7.57	174110	-174162	23015	144205	32.19	0	0

续表

交易日期	委托编号	申请编号	资产账户	交易类别	证券账号	证券代码	证券名称	买卖方向	证券类别	业务标志	成交数量	成交价格	成交金额	清算金额	后证券额	成交时间	净佣金	风险金	应记利息
20150316	28096	611226	66617553	深圳	0102906777	2164	宁波东力	买入	股票	证券买入	40000	7.58	303200	-303291	63015	144221	56.08	0	0
20150316	28256	611288	66617553	深圳	0102906777	2164	宁波东力	买入	股票	证券买入	55000	7.57	416350	-416475	118015	144341	76.99	0	0
20150316	28498	611376	66617553	深圳	0102906777	2164	宁波东力	买入	股票	证券买入	84800	7.58	642784	-642977	202815	144551	118.88	0	0
20150316	28154	611250	66617553	深圳	0102906777	2164	宁波东力	买入	股票	证券买入	45000	7.56	340200	-340302	247815	144948	62.91	0	0
20150316	29128	611608	66617553	深圳	0102906777	610	西安旅游	卖出	股票	证券卖出	-20000	13.285	265691	265345.6	180000	145035	49.13	0	0
20150316	29216	611643	66617553	深圳	0102906777	610	西安旅游	卖出	股票	证券卖出	-20000	13.27	265400	265055	160000	145108	49.07	0	0
20150316	29300	611672	66617553	深圳	0102906777	610	西安旅游	卖出	股票	证券卖出	-20000	13.26	265200	264855.3	140000	145146	49.05	0	0
20150316	29358	611691	66617553	深圳	0102906777	610	西安旅游	卖出	股票	证券卖出	-40000	13.25	530000	529311	100000	145209	97.95	0	0
20150316	29552	611770	66617553	深圳	0102906777	43	中航地产	卖出	股票	证券卖出	-141200	11.01	1554612	1552591	408800	145400	287.45	0	0
20150316	29848	611884	66617553	深圳	0102906777	2164	宁波东力	买入	股票	证券买入	100000	7.554	755413.7	-755640	347815	145526	139.67	0	0
20150316	29964	611929	66617553	深圳	0102906777	2164	宁波东力	买入	股票	证券买入	30000	7.559	226756	-226824	377815	145601	41.93	0	0
20150316	30024	611950	66617553	深圳	0102906777	2164	宁波东力	买入	股票	证券买入	100000	7.56	755987	-756214	477815	145628	139.78	0	0
20150316	30364	612072	66617553	深圳	0102906777	2164	宁波东力	买入	股票	证券买入	100400	7.55	758020	-758247	578215	150019	140.16	0	0
20150316	30162	612007	66617553	深圳	0102906777	2164	宁波东力	买入	股票	证券买入	50000	7.55	377500	-377613	628215	150019	69.8	0	0
20150316	33926	613622	66617553	深圳	0102906777	610	西安旅游	卖出	股票	证券卖出	-16500	13.8	227700	227404	83500	142108	42.11	0	0
20150318	34310	613767	66617553	深圳	0102906777	610	西安旅游	卖出	股票	证券卖出	-83400	13.752	1146889	1145398	100	142401	211.94	0	0
20150318	34456	613824	66617553	深圳	0102906777	628	高薪发展	买入	股票	证券买入	101100	11.547	1167451	-1167801	1402600	142523	215.83	0	0
20150318	35278	614123	66617553	深圳	0102906777	628	高薪发展	买入	股票	证券买入	16700	11.53	192551	-192609	1419300	143131	35.61	0	0
20150320	11828	604856	66617553	深圳	0102906777	2164	宁波东力	卖出	股票	证券卖出	-28215	8.732	246386	246065.6	600000	101238	45.54	0	0
20150320	12042	604947	66617553	深圳	0102906777	628	高薪发展	买入	股票	证券买入	21700	11.998	260360	-260438	1441000	101343	48.14	0	0
20150320	12216	605015	66617553	深圳	0102906777	2164	宁波东力	卖出	股票	证券卖出	-35000	8.751	306279	305880.8	565000	101445	56.61	0	0
20150320	12324	605056	66617553	深圳	0102906777	628	高薪发展	买入	股票	证券买入	25500	11.992	305791	-305883	1466500	101516	56.55	0	0
20150320	13010	605340	66617553	深圳	0102906777	2164	宁波东力	卖出	股票	证券卖出	-15000	8.83	132450	132277.8	550000	101922	24.49	0	0
20150320	17062	606917	66617553	深圳	0102906777	628	高薪发展	买入	股票	证券买入	11100	11.969	132861	-132901	1477600	104844	24.56	0	0
20150320	17856	607215	66617553	深圳	0102906777	2164	宁波东力	卖出	股票	证券卖出	-50000	8.86	443000	442424.1	500000	105416	81.91	0	0
20150320	17916	607239	66617553	深圳	0102906777	628	高薪发展	买入	股票	证券买入	37000	11.95	442150	-442283	1514600	105445	81.75	0	0
20150330	16066	608033	66617553	深圳	0102906777	2164	宁波东力	卖出	股票	证券卖出	-60000	9.1	546000	545290.2	440000	150000	100.94	0	0
20150330	16190	608095	66617553	深圳	0102906777	2164	宁波东力	卖出	股票	证券卖出	-40000	9.1	364004	363530.8	400000	150000	67.3	0	0
20150330	16398	608199	66617553	深圳	0102906777	2164	宁波东力	卖出	股票	证券卖出	-300000	9.1	2730015	2726466	100000	150000	504.78	0	0
20150330	16590	608295	66617553	深圳	0102906777	2164	宁波东力	卖出	股票	证券卖出	-90000	9.103	819271.1	818206	10000	150000	151.46	0	0

续表

交易日期	委托编号	申请编号	资产账户	交易类别	证券账号	证券代码	证券名称	买卖方向	证券类别	业务标志	成交数量	成交价格	成交金额	清算金额	后证券额	成交时间	净用金	风险金	应记利息
20150330	16728	608364	66617553	深圳	0102906777	628	高新发展	买入	股票	证券买入	100000	11.742	1174215	-1174567	1614600	150000	217.11	0	0
20150330	16846	608421	66617553	深圳	0102906777	628	高新发展	买入	股票	证券买入	18900	11.75	222075	-222142	1633500	150000	41.06	0	0
20150330	16986	608489	66617553	深圳	0102906777	628	高新发展	买入	股票	证券买入	70000	11.78	824600	-824847	1703500	150000	152.45	0	0
20150330	17158	608575	66617553	深圳	0102906777	628	高新发展	买入	股票	证券买入	40000	11.8	472000	-472142	1743500	150000	87.29	0	0
20150330	16958	608476	66617553	深圳	0102906777	628	高新发展	买入	股票	证券买入	50000	11.77	588500	-588677	1793500	150000	108.8	0	0
20150330	18902	609447	66617553	深圳	0102906777	628	高新发展	买入	股票	证券买入	34000	11.76	399840	-399960	1827500	150000	73.94	0	0
20150330	19068	609530	66617553	深圳	0102906777	628	高新发展	买入	股票	证券买入	25000	11.75	293750	-293838	1852500	150000	54.32	0	0
20150330	20348	610170	66617553	深圳	0102906777	628	高新发展	买入	股票	证券买入	40600	11.755	477251	-477394	1893100	150000	88.26	0	0
20150330	20516	610254	66617553	深圳	0102906777	43	中航地产	卖出	股票	证券卖出	-100000	12.232	1223232	1221642	308800	150000	226.18	0	0
20150330	20774	610382	66617553	深圳	0102906777	628	高新发展	买入	股票	证券买入	7500	11.75	88125	-88151.4	1900600	150000	16.28	0	0
20150330	20892	610441	66617553	深圳	0102906777	628	高新发展	买入	股票	证券买入	96000	11.792	1132051	-1132391	1996600	150000	209.3	0	0
20150330	23518	611750	66617553	深圳	0102906777	43	中航地产	卖出	股票	证券卖出	-50000	12.55	627500	626684.2	258800	150000	116	0	0
20150330	23596	611788	66617553	深圳	0102906777	628	高新发展	买入	股票	证券买入	53100	11.82	627642	-627830	2049700	150000	116.07	0	0
20150401	5732	602866	66617553	深圳	0102906777	2164	宁波东力	买入	股票	证券买入	50000	8.88	444000	-444133	60000	150000	82.1	0	0
20150401	5972	602986	66617553	深圳	0102906777	2164	宁波东力	买入	股票	证券买入	23800	8.85	210630	-210693	83800	150000	38.95	0	0
20150401	6074	603037	66617553	深圳	0102906777	2164	宁波东力	买入	股票	证券买入	23000	8.86	203780	-203841	106800	150000	37.67	0	0
20150401	6316	603158	66617553	深圳	0102906777	2164	宁波东力	买入	股票	证券买入	117000	8.85	1035450	-1035761	223800	150000	191.46	0	0
20150401	5560	602780	66617553	深圳	0102906777	43	中航地产	卖出	股票	证券卖出	-178600	11.81	2109280	2106538	80200	150000	390.04	0	0
20150401	8962	604478	66617553	深圳	0102906777	2164	宁波东力	买入	股票	证券买入	600	8.85	5310	-5315	224400	150000	4.39	0	0
20150401	9248	604621	66617553	深圳	0102906777	2164	宁波东力	卖出	股票	证券卖出	-80100	11.65	933165	931951.8	100	150000	172.54	0	0
20150401	10860	605427	66617553	深圳	0102906777	2164	宁波东力	买入	股票	证券买入	103944	8.966	931995.7	-932275	328344	150000	172.31	0	0
20150401	11978	605986	66617553	深圳	0102906777	628	高新发展	买入	股票	证券买入	17000	12.16	206720	-206782	2066700	150000	38.22	0	0
20150408	19304	609624	66617553	深圳	0102906777	2164	宁波东力	卖出	股票	证券卖出	-50000	10.21	510500	509836.3	278344	150000	94.4	0	0
20150408	19470	609707	66617553	深圳	0102906777	2164	宁波东力	卖出	股票	证券卖出	-8300	10.2	84660	84549.94	270044	150000	15.66	0	0
20150408	19570	609757	66617553	深圳	0102906777	2164	宁波东力	买入	股票	证券买入	-70000	10.217	715208	714278.2	200044	150000	132.24	0	0
20150408	21132	610538	66617553	深圳	0102906777	2164	宁波东力	买入	股票	证券买入	129000	10.14	1308060	-1308452	329044	150000	241.85	0	0
20150409	12944	606451	66617553	深圳	0102906777	2164	宁波东力	卖出	股票	证券卖出	-60000	11.103	666183	665317	269044	150000	123.17	0	0
20150409	13070	606514	66617553	深圳	0102906777	2164	宁波东力	卖出	股票	证券卖出	-14000	11.1	155400	155198	255044	150000	28.73	0	0
20150409	13330	606643	66617553	深圳	0102906777	2164	宁波东力	卖出	股票	证券卖出	-9600	11.08	106368	106229.7	245444	150000	19.68	0	0
20150409	13462	606708	66617553	深圳	0102906777	628	高新发展	卖出	股票	证券卖出	-66700	12.408	827618	826542.1	2000000	150000	153.05	0	0

续表

交易日期	委托编号	申请编号	资产账户	交易类别	证券账号	证券代码	证券名称	买卖方向	证券类别	业务标志	成交数量	成交价格	成交金额	清算金额	后证券额	成交时间	净用金	风险金	应记利息
20150409	13602	606778	66617553	深圳	01029067777	628	高新发展	卖出	股票	证券卖出	-2500	12.42	31050	31009.63	1997500	150000	5.75	0	0
20150409	13912	606931	66617553	深圳	01029067777	2164	宁波东力	卖出	股票	证券卖出	-245400	11.001	2699638	2696128	44	150000	499.24	0	0
20150409	15910	607925	66617553	深圳	01029067777	628	高新发展	卖出	股票	证券卖出	-90000	12.304	1107335	1105895	1907500	150000	204.76	0	0
20150409	16626	608282	66617553	深圳	01029067777	628	高新发展	卖出	股票	证券卖出	-20000	12.31	246200	245879.9	1887500	150000	45.53	0	0
20150409	16700	608319	66617553	深圳	01029067777	628	高新发展	卖出	股票	证券卖出	-150000	12.308	1846245	1843845	1737500	150000	341.37	0	0
20150409	16840	608389	66617553	深圳	01029067777	628	高新发展	卖出	股票	证券卖出	-29500	12.32	363440	362967.5	1708000	150000	67.21	0	0
20150409	17154	608546	66617553	深圳	01029067777	628	高新发展	卖出	股票	证券卖出	-33000	12.3	405900	405372.3	1675000	150000	75.05	0	0
20150409	19514	609725	66617553	深圳	01029067777	628	高新发展	卖出	股票	证券卖出	-114500	12.007	1374804	1373017	1560500	150000	254.23	0	0
20150409	20302	610119	66617553	深圳	01029067777	628	高新发展	买入	股票	证券买入	300000	11.7	3510000	-3511053	1860500	150000	649	0	0
20150409	21956	610945	66617553	深圳	01029067777	628	高新发展	买入	股票	证券买入	112319	11.768	1321731	-1322128	1972819	150000	244.38	0	0
20150409	25190	612562	66617553	深圳	01029067777	628	高新发展	卖出	股票	证券卖出	-5000	11.88	59400	59322.79	1967819	150000	10.98	0	0
20150409	32250	616091	66617553	深圳	01029067777	2164	宁波东力	买入	股票	证券买入	120000	10.804	1296429	-1296818	120044	150000	239.71	0	0
20150409	32678	616305	66617553	深圳	01029067777	2164	宁波东力	买入	股票	证券买入	150000	10.888	1633140	-1633630	270044	150000	301.97	0	0
20150409	36082	618007	66617553	深圳	01029067777	628	高新发展	卖出	股票	证券卖出	-20000	12.01	240200	239887.7	1947819	150000	44.42	0	0
20150409	37270	618598	66617553	深圳	01029067777	628	高新发展	卖出	股票	证券卖出	-70000	12.007	840470	839377.4	1877819	150000	155.44	0	0
20150409	39360	619643	66617553	深圳	01029067777	628	高新发展	卖出	股票	证券卖出	-30000	11.982	359459.8	358992.5	1847819	150000	66.47	0	0
20150409	39466	619696	66617553	深圳	01029067777	628	高新发展	卖出	股票	证券卖出	-30000	11.965	358945	358478.4	1817819	150000	66.37	0	0
20150409	39710	619818	66617553	深圳	01029067777	628	高新发展	卖出	股票	证券卖出	-35000	11.953	418369	417825.1	1782819	150000	77.34	0	0
20150409	39976	619950	66617553	深圳	01029067777	628	高新发展	卖出	股票	证券卖出	-40000	11.93	477200	476579.6	1742819	150000	88.26	0	0
20150409	41018	620471	66617553	深圳	01029067777	628	高新发展	卖出	股票	证券卖出	-100000	11.9	1190000	1188453	1642819	150000	220.02	0	0
20150409	41834	620867	66617553	深圳	01029067777	2164	宁波东力	买入	股票	证券买入	20000	10.96	219200	-219266	290044	150000	40.56	0	0
20150409	41884	620892	66617553	深圳	01029067777	2164	宁波东力	买入	股票	证券买入	10000	10.97	109700	-109733	300044	150000	20.29	0	0
20150409	41986	620943	66617553	深圳	01029067777	2164	宁波东力	买入	股票	证券买入	50000	10.99	549500	-549665	350044	150000	101.6	0	0
20150409	42286	621093	66617553	深圳	01029067777	628	高新发展	卖出	股票	证券卖出	-130000	12	1560000	1557972	1512819	150000	288.43	0	0
20150409	42044	620972	66617553	深圳	01029067777	2164	宁波东力	买入	股票	证券买入	10000	10.99	109900	-109933	360044	150000	20.31	0	0
20150409	43616	621758	66617553	深圳	01029067777	2164	宁波东力	买入	股票	证券买入	55000	11.05	607750	-607932	415044	150000	112.37	0	0
20150409	43530	621715	66617553	深圳	01029067777	2164	宁波东力	买入	股票	证券买入	3700	11.03	40811	-40823.2	418744	150000	7.55	0	0
20150409	43748	621824	66617553	深圳	01029067777	2164	宁波东力	买入	股票	证券买入	19000	11.05	209950	-210013	437744	150000	38.82	0	0
20150409	44126	622013	66617553	深圳	01029067777	2164	宁波东力	买入	股票	证券买入	48000	11.079	531811	-531971	485744	150000	98.33	0	0
20150409	44178	622039	66617553	深圳	01029067777	2164	宁波东力	买入	股票	证券买入	13000	11.08	144040	-144083	498744	150000	26.62	0	0

续表

交易日期	委托编号	申请编号	资产账户	交易类别	证券账号	证券代码	证券名称	买卖方向	证券类别	业务标志	成交数量	成交价格	成交金额	清算金额	后证券额	成交时间	净佣金	风险金	应记利息
20150409	44308	622104	66617553	深圳	01029067777	2164	宁波东力	买入	股票	证券买入	1300	11.1	14430	-14435	500044	150000	3.34	0	0
20150409	44932	622416	66617553	深圳	01029067777	628	高新发展	卖出	股票	证券卖出	-12800	12.01	153728	153528.1	1500019	150000	28.44	0	0
20150409	45370	622635	66617553	深圳	01029067777	2164	宁波东力	买入	股票	证券买入	1900	11.15	21185	-21191.4	501944	150000	3.93	0	0
20150409	45718	622809	66617553	深圳	01029067777	2164	宁波东力	买入	股票	证券买入	1200	11.19	13428	-13433	503144	150000	3.45	0	0
20150409	47478	623683	66617553	深圳	01029067777	2164	宁波东力	买入	股票	证券买入	11800	11.149	131560	-131599	514944	150000	24.33	0	0
20150410	0	0	66617553	深圳	01029067777	2164	宁波东力	卖出	股票	股息入账	0	0	48919.68	48919.68	514944	180030	0	0	0
20150413	27514	613737	66617553	深圳	01029067777	2164	宁波东力	买入	股票	证券买入	4500	10.85	48825	-48839.7	519444	150000	9.03	0	0
20150415	25546	612771	66617553	深圳	01029067777	2164	宁波东力	卖出	股票	证券卖出	-119444	12.422	1483764	1481836	400000	150000	274.34	0	0
20150415	25884	612940	66617553	深圳	01029067777	2164	宁波东力	卖出	股票	证券卖出	-50000	12.4	620000	619194	350000	150000	114.63	0	0
20150415	29224	614610	66617553	深圳	01029067777	2164	宁波东力	卖出	股票	证券卖出	-30000	12.38	371400	370917.2	320000	150000	68.67	0	0
20150415	25598	612797	66617553	深圳	01029067777	2164	宁波东力	卖出	股票	证券卖出	-20000	12.42	248400	248077.1	300000	150000	45.94	0	0
20150415	42390	621189	66617553	深圳	01029067777	2164	宁波东力	卖出	股票	证券卖出	-30000	12.5	375000	374512.5	270000	150000	69.3	0	0
20150415	43532	621760	66617553	深圳	01029067777	2164	宁波东力	卖出	股票	证券卖出	-43300	12.403	538279	537579.2	226600	150000	99.53	0	0
20150415	46764	623376	66617553	深圳	01029067777	2164	宁波东力	卖出	股票	证券卖出	-202200	12.108	2448276	2445093	24400	150000	452.68	0	0
20150415	30073	9305	66617553	上海	A462416407	600126	杭钢股份	买入	股票	证券买入	142800	11.727	1674687	-1675275	142800	110816	395.19	0	0
20150415	31875	9826	66617553	上海	A462416407	600126	杭钢股份	买入	股票	证券买入	55900	11.68	652928.4	-653158	198700	111641	154.15	0	0
20150415	34403	10565	66617553	上海	A462416407	600126	杭钢股份	买入	股票	证券买入	27900	11.66	325314	-325428	226600	131803	76.81	0	0
20150415	50115	15028	66617553	上海	A462416407	600126	杭钢股份	买入	股票	证券买入	24100	11.827	285039	-285139	250700	143013	67.22	0	0
20150415	50435	15123	66617553	上海	A462416407	600126	杭钢股份	买入	股票	证券买入	13200	11.82	156024	-156079	263900	143159	36.79	0	0
20150415	51397	15413	66617553	上海	A462416407	600126	杭钢股份	买入	股票	证券买入	33800	11.853	400615	-400755	297700	143750	94.41	0	0
20150415	51461	15424	66617553	上海	A462416407	600126	杭钢股份	买入	股票	证券买入	11500	11.83	136045	-136093	309200	143824	32.07	0	0
20150415	54895	16402	66617553	上海	A462416407	600126	杭钢股份	买入	股票	证券买入	50000	11.478	573910	-574112	359200	145544	135.75	0	0
20150415	55003	16429	66617553	上海	A462416407	600126	杭钢股份	买入	股票	证券买入	130500	11.493	1499885	-1500413	489700	145605	354.72	0	0
20150415	55129	16464	66617553	上海	A462416407	600126	杭钢股份	买入	股票	证券买入	31000	11.447	354860	-354985	520700	145633	83.95	0	0
20150415	55175	16475	66617553	上海	A462416407	600126	杭钢股份	买入	股票	证券买入	1400	11.45	16030	-16035.8	522100	145649	3.98	0	0
20150416	11134	605566	66617553	深圳	01029067777	2164	宁波东力	卖出	股票	证券卖出	-24300	11.839	287678.5	287304.5	100	150000	53.15	0	0
20150416	17076	608524	66617553	深圳	01029067777	628	高新发展	卖出	股票	证券卖出	-80000	13.7	1096032	1094607	1420019	150000	202.68	0	0
20150416	17028	608500	66617553	深圳	01029067777	628	高新发展	卖出	股票	证券卖出	-40000	13.72	548800	548086.6	1380019	150000	101.49	0	0
20150416	26560	613258	66617553	深圳	01029067777	628	高新发展	卖出	股票	证券卖出	-38000	14.2	539600	538898.5	1342019	150000	99.77	0	0
20150416	26680	613318	66617553	深圳	01029067777	628	高新发展	卖出	股票	证券卖出	-19700	14.22	280134	279769.8	1322319	150000	51.79	0	0

续表

交易日期	委托编号	申请编号	资产账户	交易类别	证券账号	证券代码	证券名称	买卖方向	证券类别	业务标志	成交数量	成交价格	成交金额	清算金额	后证券额	成交时间	净用金	风险金	应记利息
20150416	37484	618719	66617553	深圳	01029O6777	628	高新发展	卖出	股票	证券卖出	-20000	13.803	276055	275696.1	1302319	150000	51.05	0	0
20150416	37584	618769	66617553	深圳	01029O6777	628	高新发展	卖出	股票	证券卖出	-50000	13.73	686510	685617.5	1252319	150000	126.95	0	0
20150416	38092	619023	66617553	深圳	01029O6777	628	高新发展	卖出	股票	证券卖出	-20000	13.84	276800	276440.2	1232319	150000	51.18	0	0
20150416	38154	619054	66617553	深圳	01029O6777	628	高新发展	卖出	股票	证券卖出	-32300	13.84	447032	446450.9	1200019	150000	82.66	0	0
20150416	39718	619836	66617553	深圳	01029O6777	628	高新发展	卖出	股票	证券卖出	-50000	13.9	695000	694096.5	1150019	150000	128.51	0	0
20150416	14961	4353	66617553	上海	A462416407	600126	杭钢股份	买入	股票	证券买入	25400	10.99	279146	-279245	547500	100251	66.35	0	0
20150416	21187	6188	66617553	上海	A462416407	600126	杭钢股份	买入	股票	证券买入	106100	11	1167100	-1167514	653600	103239	277.39	0	0
20150416	22603	6571	66617553	上海	A462416407	600126	杭钢股份	买入	股票	证券买入	42800	11.1	475080	-475248	696400	104112	112.79	0	0
20150416	32257	9290	66617553	上海	A462416407	600126	杭钢股份	买入	股票	证券买入	72300	11.326	818865	-819154	768700	131001	193.96	0	0
20150416	44445	12720	66617553	上海	A462416407	600126	杭钢股份	买入	股票	证券买入	47800	10.94	522932	-523118	816500	142807	124.36	0	0
20150416	44703	12785	66617553	上海	A462416407	600126	杭钢股份	买入	股票	证券买入	39800	11	437800	-437955	856300	143018	104.05	0	0
20150416	46191	13212	66617553	上海	A462416407	600126	杭钢股份	买入	股票	证券买入	65800	10.99	723142	-723398	922100	144054	171.9	0	0
20150416	47057	13478	66617553	上海	A462416407	600126	杭钢股份	买入	股票	证券买入	62500	11.098	693638.5	-693884	984600	144626	164.71	0	0
20150417	16498	608244	66617553	深圳	01029O6777	628	高新发展	卖出	股票	证券卖出	-40000	14.152	566062	5653326.1	1110019	150000	104.66	0	0
20150417	22677	6801	66617553	深圳	01029O6777	628	高新发展	卖出	股票	证券卖出	51400	10.99	564886	-565086	1036000	102809	134.27	0	0
20150427	3198	601599	66617553	深圳	01029O6777	628	高新发展	卖出	股票	证券卖出	-35000	14.3	500500	499849.4	1075019	150000	92.54	0	0
20150427	4420	602210	66617553	深圳	01029O6777	628	高新发展	卖出	股票	证券卖出	-4200	14.33	60186	60107.75	1070819	150000	11.14	0	0
20150427	4510	602255	66617553	深圳	01029O6777	628	高新发展	卖出	股票	证券卖出	-7200	14.33	103176	103041.9	1063619	150000	19.08	0	0
20150427	6290	603139	66617553	深圳	01029O6777	628	高新发展	卖出	股票	证券卖出	-100000	14.18	1418000	1416157	963619	150000	262.16	0	0
20150427	12106	606045	66617553	深圳	01029O6777	628	高新发展	卖出	股票	证券卖出	-30600	14.224	435254	434688.2	933019	150000	80.48	0	0
20150427	5305	1685	66617553	上海	A462416407	600126	杭钢股份	卖出	股票	证券卖出	-80000	10.812	864926.3	863753.9	956000	150000	205.99	0	0
20150427	7155	2283	66617553	上海	A462416407	600126	杭钢股份	卖出	股票	证券卖出	-56000	10.761	602607	601790	900000	93247	143.62	0	0
20150427	8095	2581	66617553	上海	A462416407	600126	杭钢股份	卖出	股票	证券卖出	-33000	10.83	357390	356905.6	867000	93621	85.1	0	0
20150427	8217	2624	66617553	上海	A462416407	600126	杭钢股份	卖出	股票	证券卖出	-33000	10.83	357390	356905.6	834000	93816	85.1	0	0
20150427	8555	2733	66617553	上海	A462416407	600126	杭钢股份	卖出	股票	证券卖出	-34000	10.85	368900	368400	800000	93835	87.81	0	0
20150514	41825	12872	66617553	上海	A462416407	600131	岷江水电	买入	股票	证券买入	210000	9.3	1953000	-1953712	210000	94155	473.96	0	0
20150514	41699	12838	66617553	上海	A462416407	600126	杭钢股份	买入	股票	证券买入	21600	10.96	236736	-236820	821600	141650	56.29	0	0
20150514	42817	13170	66617553	上海	A462416407	600131	岷江水电	买入	股票	证券买入	135838	9.298	1263014	-1263475	345838	142053	306.5	0	0
20150514	42989	13222	66617553	上海	A462416407	600126	杭钢股份	买入	股票	证券买入	49100	10.96	538136	-538327	870700	142424	127.96	0	0
20150514	43919	13486	66617553	上海	A462416407	600126	杭钢股份	买入	股票	证券买入	129600	11.06	1433376	-1433884	1000300	142550	340.44	0	0

续表

交易日期	委托编号	申请编号	资产账户	交易类别	证券账号	证券代码	证券名称	买卖方向	证券类别	业务标志	成交数量	成交价格	成交金额	清算金额	后证券额	成交时间	净用金	风险金	应记利息
20150514	41448	620696	66617553	深圳	0102906777	628	高新发展	卖出	股票	证券卖出	-133000	16.174	2151114	2148317	800019	150000	397.77	0	0
20150514	42770	621357	66617553	深圳	0102906777	628	高新发展	卖出	股票	证券卖出	-200000	16.105	3221019	3216832	600019	150000	595.72	0	0
20150521	46804	623384	66617553	深圳	0102906777	628	高新发展	卖出	股票	证券卖出	-20000	18.36	367200	366722.6	580019	150000	67.91	0	0
20150521	46872	623418	66617553	深圳	0102906777	628	高新发展	卖出	股票	证券卖出	-10000	18.364	183645	183406.3	570019	150000	33.95	0	0
20150521	47828	623895	66617553	深圳	0102906777	628	高新发展	卖出	股票	证券卖出	-20000	18.41	368200	367721.3	550019	150000	68.08	0	0
20150521	47904	623933	66617553	深圳	0102906777	628	高新发展	卖出	股票	证券卖出	-20000	18.42	368400	367921.1	530019	150000	68.12	0	0
20150521	48196	624079	66617553	深圳	0102906777	628	高新发展	卖出	股票	证券卖出	-20000	18.46	369200	368720	510019	150000	68.27	0	0
20150521	49220	624591	66617553	深圳	0102906777	628	高新发展	卖出	股票	证券卖出	-10000	18.68	186800	186557.2	500019	150000	34.53	0	0
20150521	49338	624650	66617553	深圳	0102906777	628	高新发展	卖出	股票	证券卖出	-30000	18.66	559800	559072.3	470019	150000	103.53	0	0
20150521	49884	624923	66617553	深圳	0102906777	628	高新发展	卖出	股票	证券卖出	-20000	18.76	375200	374712.2	450019	150000	69.38	0	0
20150521	51204	625583	66617553	深圳	0102906777	628	高新发展	卖出	股票	证券卖出	-30000	18.645	559355.8	558628.6	420019	150000	103.43	0	0
20150521	51282	625622	66617553	深圳	0102906777	628	高新发展	卖出	股票	证券卖出	-20000	18.67	373400	372914.6	400019	150000	69.04	0	0
20150521	45077	13925	66617553	上海	A462416407	600131	岷江水电	买入	股票	证券买入	129100	9.959	1285706	-1286169	474938	141408	309.24	0	0
20150521	45527	14065	66617553	上海	A462416407	600131	岷江水电	买入	股票	证券买入	14600	9.95	145270	-145322	489538	141739	34.93	0	0
20150521	45661	14109	66617553	上海	A462416407	600131	岷江水电	买入	股票	证券买入	22400	9.95	222880	-222960	511938	142027	53.61	0	0
20150521	46789	14427	66617553	上海	A462416407	600131	岷江水电	买入	股票	证券买入	69500	9.92	689440	-689689	581438	142430	165.9	0	0
20150521	46887	14457	66617553	上海	A462416407	600131	岷江水电	买入	股票	证券买入	1700	9.93	16881	-16887.1	583138	142515	4.05	0	0
20150521	47641	14670	66617553	上海	A462416407	600131	岷江水电	买入	股票	证券买入	41500	9.98	414170	-414319	624638	142934	99.59	0	0
20150521	47849	14730	66617553	上海	A462416407	600126	杭钢股份	买入	股票	证券买入	-200000	12.701	2540142	2536720	800300	143035	594.41	0	0
20150521	47891	14744	66617553	上海	A462416407	600131	岷江水电	买入	股票	证券买入	169900	10	1699000	-1699612	794538	143051	408.25	0	0
20150521	47995	14774	66617553	上海	A462416407	600131	岷江水电	买入	股票	证券买入	83700	10	837000	-837301	878238	143124	201.19	0	0
20150521	48435	14916	66617553	上海	A462416407	600131	岷江水电	买入	股票	证券买入	93100	10	931000	-931335	971338	143909	223.81	0	0
20150521	50019	15380	66617553	上海	A462416407	600126	杭钢股份	卖出	股票	证券卖出	-33000	12.723	419864	419298.4	767300	144119	98.23	0	0
20150521	50093	15402	66617553	上海	A462416407	600126	杭钢股份	卖出	股票	证券卖出	-27000	12.74	343980	343516.6	740300	144138	80.46	0	0
20150521	50207	15432	66617553	上海	A462416407	600126	杭钢股份	卖出	股票	证券卖出	-36000	12.74	458640	458022.2	704300	144208	107.29	0	0
20150521	50541	15521	66617553	上海	A462416407	600126	杭钢股份	卖出	股票	证券卖出	-27000	12.73	343710	343247	677300	144340	80.43	0	0
20150521	50867	15624	66617553	上海	A462416407	600131	岷江水电	买入	股票	证券买入	43500	10.03	436305	-436462	1014838	144507	104.85	0	0
20150521	51075	15686	66617553	上海	A462416407	600131	岷江水电	买入	股票	证券买入	99900	10.04	1002996	-1003357	1114738	144601	241.01	0	0
20150521	51657	15862	66617553	上海	A462416407	600131	岷江水电	买入	股票	证券买入	12400	10.04	124496	-124541	1127138	144821	29.92	0	0
20150521	54255	16617	66617553	上海	A462416407	600126	杭钢股份	卖出	股票	证券卖出	-300000	12.723	3816983	3811841	377300	145723	893.06	0	0

续表

交易日期	委托编号	申请编号	资产账号	交易类别	证券账号	证券代码	证券名称	买卖方向	证券类别	业务标志	成交数量	成交价格	成交金额	清算金额	后证券额	成交时间	净佣金	风险金	应记利息
20150521	54383	16662	66617553	上海	A462416407	600131	岷江水电	买入	股票	证券买入	294100	10.047	2954733	-2955796	1421238	145750	709.92	0	0
20150521	54723	16759	66617553	上海	A462416407	600131	杭钢股份	卖出	股票	证券卖出	-67349	12.7	855332.3	854180	309951	145859	200.23	0	0
20150521	54787	16780	66617553	上海	A462416407	600131	岷江水电	买入	股票	证券买入	85000	10.06	855100	-855408	1506238	145904	205.48	0	0
20150521	54901	16817	66617553	上海	A462416407	600131	岷江水电	买入	股票	证券买入	11100	10.07	111777	-111817	1517338	145925	26.85	0	0
20150521	54941	16831	66617553	上海	A462416407	600131	岷江水电	买入	股票	证券买入	24800	10.07	249736	-249826	1542138	145934	60.04	0	0
20150521	54833	16793	66617553	上海	A462416407	600131	岷江水电	买入	股票	证券买入	22490	10.06	226249.4	-226331	1564628	145940	54.35	0	0
20150521	54989	16842	66617553	上海	A462416407	600131	岷江水电	买入	股票	证券买入	19200	10.07	193344	-193414	1583828	145947	46.46	0	0
20150521	27963	8927	66617553	上海	A462416407	600131	岷江水电	买入	股票	证券买入	6400	11.42	73088	-73113.8	1590228	102432	17.31	0	0
20150528	49404	624678	66617553	深圳	01029067777	628	高新发展	卖出	股票	证券卖出	-10000	18.86	188598	188352.8	390019	150000	34.86	0	0
20150528	49456	624704	66617553	深圳	01029067777	628	高新发展	卖出	股票	证券卖出	-90000	18.847	1696210	1694005	300019	150000	313.61	0	0
20150601	32021	9940	66617553	上海	A462416407	600131	岷江水电	卖出	股票	证券卖出	-109951	12.841	1411882	1409980	200000	111110	330.04	0	0
20150601	32071	9956	66617553	上海	A462416407	600131	岷江水电	买入	股票	证券买入	92800	10.5	974400	-974748	1683028	111135	232.81	0	0
20150601	32579	10123	66617553	上海	A462416407	600131	岷江水电	买入	股票	证券买入	41200	10.56	435072	-435227	1724228	111530	103.9	0	0
20150601	44655	13631	66617553	上海	A462416407	600131	杭钢股份	买入	股票	证券买入	-100000	12.85	1285000	1283269	100000	135147	300.35	0	0
20150601	44731	13653	66617553	上海	A462416407	600131	岷江水电	卖出	股票	证券卖出	69300	10.527	729491	-729751	1793528	135212	174.32	0	0
20150601	44819	13678	66617553	上海	A462416407	600131	杭钢股份	卖出	股票	证券卖出	52500	10.53	552825	-553022	1846028	135249	132.07	0	0
20150601	44937	13706	66617553	上海	A462416407	600131	岷江水电	卖出	股票	证券卖出	-85700	12.87	1102959	1101474	14300	135346	257.75	0	0
20150601	45357	13828	66617553	上海	A462416407	600131	岷江水电	买入	股票	证券买入	81400	10.5	854700	-855005	1927428	135902	204.25	0	0
20150601	45397	13843	66617553	上海	A462416407	600131	岷江水电	买入	股票	证券买入	1600	10.5	16800	-16806	1929028	135923	4.01	0	0
20150601	46349	14114	66617553	上海	A462416407	600131	岷江水电	买入	股票	证券买入	21900	10.5	229950	-230032	1950928	140151	54.96	0	0
20150601	46933	14284	66617553	上海	A462416407	600131	岷江水电	卖出	股票	证券卖出	-14200	12.83	182186	181940.6	100	140517	42.6	0	0
20150601	47025	14305	66617553	上海	A462416407	600131	岷江水电	买入	股票	证券买入	17300	10.536	182266	-182331	1968228	140551	43.53	0	0
20150601	53847	16273	66617553	上海	A462416407	600131	岷江水电	卖出	股票	证券卖出	172300	10.918	1881192	-1881860	2140528	143818	447.46	0	0
20150608	37044	618520	66617553	深圳	01029067777	628	高新发展	卖出	股票	证券卖出	-100000	21.904	2190439	2187592	200019	150000	404.95	0	0
20150608	37506	618751	66617553	深圳	01029067777	628	高新发展	卖出	股票	证券卖出	-100000	21.802	2180228	2177394	100019	150000	403.08	0	0
20150608	47517	14779	66617553	上海	A462416407	600131	岷江水电	买入	股票	证券买入	100000	13.2	1319957	-1320413	2240528	105552	307.73	0	0
20150608	48133	14960	66617553	上海	A462416407	600131	岷江水电	买入	股票	证券买入	100000	13.235	1323536	-1323993	2340528	105759	308.45	0	0
20150609	47701	15164	66617553	上海	A462416407	600131	岷江水电	买入	股票	证券买入	16500	13.39	220935	-221011	2357028	111658	51.43	0	0
20150611	0	0	66617553	深圳	01029067777	43	中航地产	卖出	股票	股息入账	0	0	9.5	9.5	100	180030	0	0	0
20150615	37416	618702	66617553	深圳	01029067777	628	高新发展	卖出	股票	证券卖出	-17400	22.224	386705	386202.3	82619	150000	71.52	0	0

续表

交易日期	委托编号	申请编号	资产账户	交易类别	证券账号	证券代码	证券名称	买卖方向	证券类别	业务标志	成交数量	成交价格	成交金额	清算金额	后证券额	成交时间	净用金	风险金	应记利息
20150615	38216	619102	66617553	深圳	0102906777	628	高新发展	卖出	股票	证券卖出	-82600	22	1817200	1814838	19	150000	336.01	0	0
20150615	42678	621333	66617553	深圳	0102906777	2164	宁波东力	买入	股票	证券买入	123000	17.849	2195417	-2196076	123100	150000	405.88	0	0
20150615	0	0	66617553	上海	A462416407	600131	岷江水电	买入	股票	股息入账	0	0	111958.8	111958.8	2357028	160000	0	0	0
20150616	44935	14007	66617553	上海	A462416407	600131	XD岷江水	买入	股票	证券买入	7900	14.79	116841	-116881	2364928	130345	26.94	0	0
20150625	51072	625513	66617553	深圳	0102906777	2164	宁波东力	卖出	股票	证券卖出	-23000	14.266	328126	327699.5	100100	150000	60.66	0	0
20150625	52470	626212	66617553	深圳	0102906777	2164	宁波东力	卖出	股票	证券卖出	-100000	14.151	1415113	1413273	100	150000	261.65	0	0
20150625	63325	19335	66617553	上海	A462416407	600131	岷江水电	买入	股票	证券买入	115200	12.529	1443331	-1443833	2480128	144422	338.2	0	0
20150625	67787	20621	66617553	上海	A462416407	600131	岷江水电	买入	股票	证券买入	23800	12.5	297500	-297604	2503928	145128	69.69	0	0
20150625	0	0	66617553	上海	A462416407	600386	北巴传媒	卖出	股票	股息入账	0	0	0.27	0.27	1	160000	0	0	0
20150706	63395	19021	66617553	上海	A462416407	600131	岷江水电	卖出	股票	证券卖出	-12000	7.835	94017	93887.58	2491928	144152	23.38	0	0
20150706	63525	19064	66617553	上海	A462416407	600131	岷江水电	卖出	股票	证券卖出	-23000	7.9	181700	181450	2468928	144234	45.13	0	0
20150706	63735	19113	66617553	上海	A462416407	600131	岷江水电	卖出	股票	证券卖出	-23000	7.94	182620	182368.8	2445928	144328	45.33	0	0
20150706	63943	19178	66617553	上海	A462416407	600131	岷江水电	卖出	股票	证券卖出	-13000	8	104000	103857	2432928	144426	25.78	0	0
20150706	64179	19251	66617553	上海	A462416407	600131	岷江水电	卖出	股票	证券卖出	-32000	8.09	258880	258524.3	2400928	144525	64.06	0	0
20150706	68965	20711	66617553	上海	A462416407	600131	岷江水电	买入	股票	证券买入	64800	8.18	530064	-530262	2465728	145850	130.99	0	0
20150707	0	0	66617553	深圳	0102906777	62	深圳华强	卖出	股票	股息入账	0	0	0.04	0.04	1	180030	0	0	0
20150709	38911	11808	66617553	上海	A462416407	600131	岷江水电	卖出	股票	证券卖出	-50000	7.15	357500	357005.3	2415728	112209	90.22	0	0
20150709	38981	11829	66617553	上海	A462416407	600131	岷江水电	卖出	股票	证券卖出	-100000	7.18	718000	717006.6	2315728	112236	181.05	0	0
20150709	39189	11892	66617553	上海	A462416407	600131	岷江水电	卖出	股票	证券卖出	-70000	7.11	497700	497011	2245728	112341	125.71	0	0
20150709	39251	11912	66617553	上海	A462416407	600131	岷江水电	卖出	股票	证券卖出	-50000	7.1	355000	354508.5	2195728	112356	89.7	0	0
20150709	39657	12034	66617553	上海	A462416407	600131	岷江水电	卖出	股票	证券卖出	-40000	7.097	283876	283483	2155728	112601	71.73	0	0
20150709	39059	11850	66617553	上海	A462416407	600131	岷江水电	卖出	股票	证券卖出	-80000	7.18	574400	573605.3	2075728	130007	144.85	0	0
20150714	64849	19445	66617553	上海	A462416407	600131	岷江水电	卖出	股票	证券卖出	-50000	8.901	445037	444428.5	2025728	133055	108.62	0	0
20150714	65409	19596	66617553	上海	A462416407	600131	岷江水电	卖出	股票	证券卖出	-200000	8.802	1760419	1758010	1825728	133253	430.36	0	0
20150714	66503	19915	66617553	上海	A462416407	600131	岷江水电	卖出	股票	证券卖出	-100000	8.9	890001.5	888784.5	1725728	133614	217.14	0	0
20150714	67551	20227	66617553	上海	A462416407	600131	岷江水电	卖出	股票	证券卖出	-30000	8.86	265801	265437.5	1695728	134103	64.9	0	0
20150714	67627	20249	66617553	上海	A462416407	600131	岷江水电	卖出	股票	证券卖出	-110000	8.835	971899	970569.5	1585728	134131	237.46	0	0
20150714	68675	20562	66617553	上海	A462416407	600131	岷江水电	卖出	股票	证券卖出	-100000	9	900000	898770	1485728	134617	219.32	0	0
20150714	69955	20929	66617553	上海	A462416407	600131	岷江水电	卖出	股票	证券卖出	-17800	8.92	158776	158558.9	1467928	135344	38.74	0	0
20150714	69999	20944	66617553	上海	A462416407	600131	岷江水电	卖出	股票	证券卖出	-100000	8.892	889242.1	888026.1	1367928	135405	217	0	0

续表

交易日期	委托编号	申请编号	资产账户	交易类别	证券账号	证券代码	证券名称	买卖方向	证券类别	业务标志	成交数量	成交价格	成交金额	清算金额	后证券额	成交时间	净用金	风险金	应记利息
20150714	70379	21058	66617553	上海	A46241 6407	600131	岷江水电	卖出	股票	证券卖出	-15857	8.9	141127.3	140934.3	1352071	135620	34.44	0	0
20150714	70575	21119	66617553	上海	A46241 6407	600131	岷江水电	卖出	股票	证券卖出	-30000	8.83	264900	264537.6	1322071	135729	64.74	0	0
20150714	70627	21138	66617553	上海	A46241 6407	600131	岷江水电	卖出	股票	证券卖出	-300000	8.802	2640739	2637126	1022071	135747	645.58	0	0
20150714	73095	21180	66617553	上海	A46241 6407	600131	岷江水电	卖出	股票	证券卖出	-176445	8.8	1552716	1550592	845626	141106	379.52	0	0
20150714	74179	22165	66617553	上海	A46241 6407	600131	岷江水电	卖出	股票	证券卖出	-50700	8.7	441090	440486.2	794926	141359	108.07	0	0
20150716	21621	6587	66617553	上海	A46241 6407	600126	杭钢股份	买入	股票	证券买入	50000	7.434	371712	-371854	50100	101037	93.2	0	0
20150716	21685	6611	66617553	上海	A46241 6407	600126	杭钢股份	买入	股票	证券买入	50000	7.429	371438	-371579	100100	101051	93.15	0	0
20150716	21763	6634	66617553	上海	A46241 6407	600131	岷江水电	买入	股票	证券买入	13000	7.948	103320	-103359	807926	101113	25.65	0	0
20150716	21837	6660	66617553	上海	A46241 6407	600126	杭钢股份	买入	股票	证券买入	13000	7.926	103040	-103079	820926	101136	25.59	0	0
20150716	21951	6701	66617553	上海	A46241 6407	600131	岷江水电	买入	股票	证券买入	50000	7.42	371000	-371141	150100	101156	93.09	0	0
20150716	22125	6758	66617553	上海	A46241 6407	600131	岷江水电	买入	股票	证券买入	20000	7.92	158400	-158460	840926	101242	39.3	0	0
20150716	22273	6802	66617553	上海	A46241 6407	600131	岷江水电	买入	股票	证券买入	20000	7.9	158000	-158059	860926	101311	39.24	0	0
20150716	22445	6854	66617553	上海	A46241 6407	600131	岷江水电	买入	股票	证券买入	13000	7.891	102588	-102627	873926	101346	25.49	0	0
20150716	22537	6886	66617553	上海	A46241 6407	600131	岷江水电	买入	股票	证券买入	100000	7.892	789193	-789490	973926	101404	196.08	0	0
20150716	22657	6919	66617553	上海	A46241 6407	600131	岷江水电	买入	股票	证券买入	20000	7.808	156166	-156225	993926	101425	38.86	0	0
20150716	22775	6955	66617553	上海	A46241 6407	600131	岷江水电	买入	股票	证券买入	30000	7.778	233348	-233436	1023926	101450	58.09	0	0
20150716	23033	7042	66617553	上海	A46241 6407	600126	杭钢股份	买入	股票	证券买入	24900	7.77	193473	-193546	1048826	101547	48.17	0	0
20150716	23187	7091	66617553	上海	A46241 6407	600131	岷江水电	买入	股票	证券买入	25900	7.356	190520	-190593	176000	101613	47.87	0	0
20150716	23381	7153	66617553	上海	A46241 6407	600126	杭钢股份	买入	股票	证券买入	20000	7.4	148000	-148056	196000	101643	37.14	0	0
20150716	23427	7169	66617553	上海	A46241 6407	600131	岷江水电	买入	股票	证券买入	25600	7.86	201216	-201292	1074426	101653	50	0	0
20150716	23769	7254	66617553	上海	A46241 6407	600126	杭钢股份	买入	股票	证券买入	35000	7.446	260623	-260722	231000	101754	65.34	0	0
20150716	23905	7290	66617553	上海	A46241 6407	600126	杭钢股份	买入	股票	证券买入	200000	7.498	1499641	-1500211	431000	101822	375.47	0	0
20150716	24483	7477	66617553	上海	A46241 6407	600131	岷江水电	买入	股票	证券买入	10967	7.44	81594.48	-81625.5	441967	102052	20.46	0	0
20150716	24555	7504	66617553	上海	A46241 6407	600131	岷江水电	买入	股票	证券买入	20000	7.91	158200	-158259	1094426	102107	39.29	0	0
20150716	24811	7581	66617553	上海	A46241 6407	600126	杭钢股份	买入	股票	证券买入	100000	7.5	750000	-750285	541967	102214	187.8	0	0
20150716	26067	7962	66617553	上海	A46241 6407	600131	岷江水电	买入	股票	证券买入	15724	7.95	125005.8	-125053	1110150	102727	30.97	0	0
20150716	26209	8004	66617553	上海	A46241 6407	600126	杭钢股份	买入	股票	证券买入	73590	7.48	550453.2	-550662	615557	102805	137.89	0	0
20150716	28943	8782	66617553	上海	A46241 6407	600126	杭钢股份	买入	股票	证券买入	120000	7.649	917926	-918273	735557	103938	229.12	0	0
20150716	28983	8794	66617553	上海	A46241 6407	600131	岷江水电	买入	股票	证券买入	120000	8.12	974400	-974764	1230150	103950	241.02	0	0
20150716	29045	8812	66617553	上海	A46241 6407	600131	岷江水电	买入	股票	证券买入	50000	8.104	405197	-405349	1280150	104009	100.25	0	0

续表

交易日期	委托编号	申请编号	资产账户	交易类别	证券账号	证券代码	证券名称	买卖方向	证券类别	业务标志	成交数量	成交价格	成交金额	清算金额	后证券额	成交时间	净佣金	风险金	应记利息
20150716	29295	8891	66617553	上海	A462416407	600126	杭钢股份	买入	股票	证券买入	50000	7.65	382500	-382645	785557	104127	95.48	0	0
20150716	29493	8954	66617553	上海	A462416407	600131	岷江水电	买入	股票	证券买入	30000	8.1	243000	-243091	1310150	104229	60.13	0	0
20150716	29653	9006	66617553	上海	A462416407	600131	岷江水电	买入	股票	证券买入	120000	8.1	972000	-972364	1430150	104319	240.55	0	0
20150716	29211	8862	66617553	上海	A462416407	600126	杭钢股份	买入	股票	证券买入	50000	7.64	382000	-382145	835557	104423	95.36	0	0
20150723	39629	12318	66617553	上海	A462416407	600126	杭钢股份	卖出	股票	证券卖出	-120000	8.96	1075255	1073785	715557	130115	262.24	0	0
20150723	39781	12356	66617553	上海	A462416407	600131	岷江水电	买入	股票	证券买入	116500	9.35	1089275	-1089672	15466650	130147	264.13	0	0
20150723	39993	12415	66617553	上海	A462416407	600126	杭钢股份	卖出	股票	证券卖出	-100000	9.004	900402	899171.5	615557	130227	219.43	0	0
20150723	40297	12502	66617553	上海	A462416407	600131	岷江水电	买入	股票	证券买入	96000	9.353	897845	-898172	1642650	130318	217.69	0	0
20150723	40175	12467	66617553	上海	A462416407	600126	杭钢股份	卖出	股票	证券卖出	-115500	9	1039500	1038079	500057	130919	253.38	0	0
20150724	36503	11478	66617553	上海	A462416407	600126	杭钢股份	买入	股票	证券买入	10000	8.78	87800	-87832.3	510057	104508	21.47	0	0
20150724	36615	11512	66617553	上海	A462416407	600126	杭钢股份	买入	股票	证券买入	18300	8.77	160491	-160550	528357	104543	39.25	0	0
20150724	37349	11756	66617553	上海	A462416407	600131	岷江水电	卖出	股票	证券卖出	83200	9.5	790400	-790687	1725850	104756	191.22	0	0
20150805	0	0	66617553	上海	A462416407	600126	杭钢股份	卖出	股票	股息入账	0	0	2509.7	2509.7	528357	160000	0	0	0
20150806	21043	6583	66617553	上海	A462416407	600131	岷江水电	买入	股票	证券买入	300	8.36	2508	-2513.05	1726150	110047	4.83	0	0
20150818	68050	68050	66617553	上海	A462416407	600126	杭钢股份	卖出	股票	证券卖出	-28000	10.57	295960	295569.3	500357	145133	68.49	0	0
20150818	68106	68106	66617553	上海	A462416407	600126	杭钢股份	卖出	股票	证券卖出	-74747	10.55	788580.9	787539.9	425610	145200	182.42	0	0
20150818	68211	68211	66617553	上海	A462416407	600126	杭钢股份	卖出	股票	证券卖出	-100000	10.5	1050036	1048650	325610	145230	242.91	0	0
20150818	68512	68512	66617553	上海	A462416407	600126	杭钢股份	卖出	股票	证券卖出	-208480	10.407	2169609	2166746	117130	145410	502.12	0	0
20150818	69310	69310	66617553	上海	A462416407	600126	杭钢股份	卖出	股票	证券卖出	-117100	10.257	1201041	1199456	30	145756	277.8	0	0
20150819	5200	5200	66617553	上海	A462416407	600136	道博股份	买入	股票	证券买入	50000	30.44	1522000	-1522487	50000	93357	352.06	0	0
20150819	6120	6120	66617553	上海	A462416407	600131	岷江水电	买入	股票	证券买入	30000	9.053	271588	-271675	1756150	93539	62.83	0	0
20150819	8255	8255	66617553	上海	A462416407	600131	岷江水电	买入	股票	证券买入	30000	9.22	276600	-276689	1786150	94003	63.99	0	0
20150819	8593	8593	66617553	上海	A462416407	600131	岷江水电	买入	股票	证券买入	70000	9.289	650213	-650421	1856150	94039	150.35	0	0
20150819	8443	8443	66617553	上海	A462416407	600131	岷江水电	买入	股票	证券买入	70000	9.249	647438	-647645	1926150	94221	149.71	0	0
20150819	9532	9532	66617553	上海	A462416407	600131	岷江水电	买入	股票	证券买入	30000	9.246	277365	-277454	1956150	94246	64.19	0	0
20150819	10397	10397	66617553	上海	A462416407	600131	岷江水电	买入	股票	证券买入	30000	9.22	276600	-276689	1986150	94518	64	0	0
20150819	10709	10709	66617553	上海	A462416407	600131	岷江水电	买入	股票	证券买入	75226	9.293	699072.3	-699296	2061376	94846	161.64	0	0
20150819	13234	13234	66617553	上海	A462416407	600131	岷江水电	买入	股票	证券买入	93500	9.358	874961	-875241	2154876	95506	202.33	0	0
20150819	0	0	66617553	上海	A462416407	600126	杭钢股份	买入	股票	股息红利税后补缴	28270	0	21.2	-21.2	0	0	0	0	0

续表

交易日期	委托编号	申请编号	资产账户	交易类别	证券账号	证券代码	证券名称	买卖方向	证券类别	业务标志	成交数量	成交价格	成交金额	清算金额	后证券额	成交时间	净佣金	风险金	应记利息
20150819	0	0	66617553	上海	A462416407	600126	中航电子	买入	股票	股息红利税补缴	500057	0	125.01	-125.01	0	160000	0	0	0
20150820	0	0	66617553	上海	A462416407	600372	岷江水电	卖出	股票	股息人账	-3	0	0.14	0.14	0	160000	0	0	0
20150821	42658	42658	66617553	上海	A462416407	600131	岷江水电	卖出	股票	证券卖出	-100000	9.882	988182	986877.5	2054876	142812	228.5	0	0
20150821	42777	42777	66617553	上海	A462416407	600131	岷江水电	卖出	股票	证券卖出	-23000	9.904	227790.5	227489.8	2031876	142845	52.7	0	0
20150821	42983	42983	66617553	上海	A462416407	600131	岷江水电	卖出	股票	证券卖出	-22000	9.92	218240	217951.9	2009876	142942	50.48	0	0
20150821	43300	43300	66617553	上海	A462416407	600131	岷江水电	卖出	股票	证券卖出	-10000	9.99	99900	99768.12	1999876	143156	23.1	0	0
20150821	46668	46668	66617553	上海	A462416407	600131	岷江水电	卖出	股票	证券卖出	-20000	9.697	193938	193682	1979876	144752	44.85	0	0
20150821	46737	46737	66617553	上海	A462416407	600131	岷江水电	卖出	股票	证券卖出	-3300	9.72	32076	32033.67	1976576	144822	7.41	0	0
20150821	48029	48029	66617553	上海	A462416407	600131	岷江水电	卖出	股票	证券卖出	-150000	9.5	1425000	1423119	1826576	145334	329.47	0	0
20150821	48189	48189	66617553	上海	A462416407	600131	岷江水电	卖出	股票	证券卖出	-50000	9.49	474500	473873.6	1776576	145620	109.78	0	0
20150821	49754	49754	66617553	上海	A462416407	600131	岷江水电	卖出	股票	证券卖出	-240000	9.493	2278362	2275354	1536576	145747	526.92	0	0
20150821	49927	49927	66617553	上海	A462416407	600131	岷江水电	卖出	股票	证券卖出	-100000	9.6	960000	958732.8	1436576	145836	222.04	0	0
20150821	50252	50252	66617553	上海	A462416407	600131	岷江水电	卖出	股票	证券卖出	-19020	9.6	182592	182351	1417556	145924	42.23	0	0
20150824	10105	10105	66617553	上海	A462416407	600131	岷江水电	卖出	股票	证券卖出	-990000	8.62	8533800	8522536	427556	95902	1974.31	0	0
20150824	13147	13147	66617553	上海	A462416407	600131	岷江水电	卖出	股票	证券卖出	-427556	8.62	3685533	3680668	0	102010	852.65	0	0
20150824	0	0	66617553	上海	A462416407	600131		买入	股票	股息红利税补缴	431526	0	1078.82	-1078.82	0	0	0	0	0
20150824	0	0	66617553	上海	A462416407	600131		买入	股票	股息红利税补缴	200000	0	500	-500	0	0	0	0	0
20150824	0	0	66617553	上海	A462416407	600131		买入	股票	股息红利税补缴	16500	0	41.25	-41.25	0	0	0	0	0
20150826	14834	14834	66617553	上海	A462416407	600126	杭钢股份	买入	股票	证券买入	30000	7.469	224056	-224128	30030	100308	51.83	0	0
20150826	14801	14801	66617553	上海	A462416407	600131	岷江水电	买入	股票	证券买入	20000	7.52	150400	-150448	20000	100313	34.78	0	0
20150826	15075	15075	66617553	上海	A462416407	600126	杭钢股份	买入	股票	证券买入	200000	7.398	1479699	-1480172	230030	100510	342.38	0	0
20150826	14963	14963	66617553	上海	A462416407	600136	道博股份	买入	股票	证券买入	50000	25	1250000	-1250400	100000	100513	289.12	0	0
20150826	14153	14153	66617553	上海	A462416407	600126	杭钢股份	买入	股票	证券买入	50000	7.3	365000	-365117	280030	100643	84.41	0	0
20150826	16304	16304	66617553	上海	A462416407	600131	岷江水电	买入	股票	证券买入	50000	7.445	372228	-372347	70000	101124	86.11	0	0
20150826	17057	17057	66617553	上海	A462416407	600131	岷江水电	买入	股票	证券买入	30000	7.26	217800	-217870	100000	101801	50.38	0	0
20150826	16903	16903	66617553	上海	A462416407	600136	道博股份	买入	股票	证券买入	50000	24.75	1237500	-1237896	150000	101848	286.24	0	0
20150827	4801	4801	66617553	上海	A462416407	600131	岷江水电	买入	股票	证券买入	20000	7.369	147379	-147426	120000	93548	34.08	0	0
20150827	4941	4941	66617553	上海	A462416407	600131	岷江水电	买入	股票	证券买入	20000	7.38	147600	-147647	140000	93613	34.13	0	0

续表

交易日期	委托编号	申请编号	资产账户	交易类别	证券账号	证券代码	证券名称	买卖方向	证券类别	业务标志	成交数量	成交价格	成交金额	清算金额	后证券额	成交时间	净用金	风险金	应记利息
20150827	5208	5208	66617553	上海	A4624l6407	600131	岷江水电	买入	股票	证券买入	20000	7.37	147408	-147455	160000	93640	34.09	0	0
20150827	5337	5337	66617553	上海	A4624l6407	600131	岷江水电	买入	股票	证券买入	72300	7.35	531370	-531540	232300	93658	122.89	0	0
20150914	11534	11534	66617553	上海	A4624l6407	600126	杭钢股份	卖出	股票	证券卖出	-280000	8.704	2437076	2433859	30	101932	563.96	0	0
20150914	11670	11670	66617553	上海	A4624l6407	600131	岷江水电	买入	股票	证券买入	23000	7.469	171793	-171848	255300	102325	39.76	0	0
20150914	11575	11575	66617553	深圳	0102906777	628	高新发展	买入	股票	证券买入	20000	11.25	224995	-225063	20019	101949	47.53	0	0
20150914	11626	11626	66617553	深圳	0102906777	628	高新发展	买入	股票	证券买入	46329	11.25	521201.3	-521358	66348	102037	110.14	0	0
20150914	11748	11748	66617553	深圳	0102906777	628	高新发展	买入	股票	证券买入	23000	11.296	259805	-259883	89348	102101	54.87	0	0
20150914	12223	12223	66617553	深圳	0102906777	628	高新发展	买入	股票	证券买入	110000	11.349	1248368	-1248743	199348	102718	263.74	0	0
20150915	0	0	66617553	上海	A4624l6407	600126		买入	股票	股息红利税补缴	30	0	0.01	-0.01	0	0	0	0	0
20150929	11613	11613	66617553	上海	A4624l6407	600136	道博股份	卖出	股票	证券卖出	-50000	34.34	1717000	1714734	100000	104148	397.14	0	0
20150929	12323	12323	66617553	上海	A4624l6407	600131	岷江水电	买入	股票	证券买入	50000	6.937	346833.5	-346945	305300	104914	80.22	0	0
20150929	12467	12467	66617553	上海	A4624l6407	600131	岷江水电	买入	股票	证券买入	30000	6.94	208200	-208267	335300	105100	48.15	0	0
20150929	12182	12182	66617553	上海	A4624l6407	600131	岷江水电	买入	股票	证券买入	30000	6.9	207000	-207066	365300	110045	47.88	0	0
20150929	12931	12931	66617553	上海	A4624l6407	600131	岷江水电	买入	股票	证券买入	54100	6.9	373290	-373409	419400	110048	86.35	0	0
20150929	11725	11725	66617553	深圳	0102906777	628	高新发展	买入	股票	证券买入	23000	11.1	255300	-255377	222348	104306	53.97	0	0
20150929	11897	11897	66617553	深圳	0102906777	628	高新发展	买入	股票	证券买入	22000	11.098	244166	-244239	244348	104500	51.63	0	0
20150929	12078	12078	66617553	上海	A4624l6407	600136	道博股份	买入	股票	证券买入	8000	10.98	87840	-87866.4	252348	104655	18.55	0	0
20151028	28055	28055	66617553	上海	A4624l6407	600136	道博股份	卖出	股票	证券卖出	-20000	44.5	890000	888825.2	80000	130150	205.85	0	0
20151028	28015	28015	66617553	上海	A4624l6407	600136	道博股份	买入	股票	证券买入	-2000	44.68	89360	89242.04	78000	130441	20.66	0	0
20151028	28881	28881	66617553	上海	A4624l6407	600136	道博股份	买入	股票	证券买入	112500	8.678	976322	-976634	531900	131017	225.87	0	0
20151028	38264	38264	66617553	上海	A4624l6407	600136	道博股份	卖出	股票	证券卖出	-8000	45.001	360010	359534.8	70000	145526	83.27	0	0
20151029	38384	38384	66617553	深圳	0102906777	628	高新发展	卖出	股票	证券卖出	-20000	45.004	900086	898897.9	50000	145555	208.2	0	0
20151029	38795	38795	66617553	深圳	0102906777	628	高新发展	买入	股票	证券买入	70000	8.75	612500	-612696	601900	145739	141.62	0	0
20151029	38498	38498	66617553	深圳	0102906777	628	高新发展	买入	股票	证券买入	9897	12.88	127473.4	-127512	262245	145632	26.93	0	0
20151029	38596	38596	66617553	深圳	0102906777	628	高新发展	买入	股票	证券买入	30000	12.9	387000	-387116	292245	150019	81.73	0	0
20151030	24309	24309	66617553	深圳	0102906777	628	高新发展	买入	股票	证券买入	9800	13.45	131810	-131850	302045	131708	27.8	0	0